项目资助：中原千人计划基础研究领军人才（ZYQR201810122）；河南财经政法大学华贸金融研究院2019年度研究课题“河南省城乡空间优化与金融响应策略研究”（HYK-2019007）

经济管理学术文库 • 经济类

制造业升级与经济增长

Manufacturing Upgrading and Economic Growth

李　蕾／著

经济管理出版社
ECONOMY & MANAGEMENT PUBLISHING HOUSE

图书在版编目（CIP）数据

制造业升级与经济增长/李蕾著.—北京：经济管理出版社，2020.1
ISBN 978-7-5096-7037-8

Ⅰ.①制… Ⅱ.①李… Ⅲ.①制造工业—产业结构升级—研究—中国 ②中国经济—经济增长—研究 Ⅳ.①F426.4 ②F124.1

中国版本图书馆 CIP 数据核字(2020)第 021993 号

组稿编辑：张巧梅
责任编辑：张巧梅
责任印制：黄章平
责任校对：陈晓霞

出版发行：经济管理出版社
（北京市海淀区北蜂窝 8 号中雅大厦 A 座 11 层 100038）
网　　址：www.E-mp.com.cn
电　　话：（010）51915602
印　　刷：三河市延风印装有限公司
经　　销：新华书店
开　　本：720mm×1000mm/16
印　　张：14.5
字　　数：244 千字
版　　次：2020 年 5 月第 1 版　　2020 年 5 月第 1 次印刷
书　　号：ISBN 978-7-5096-7037-8
定　　价：78.00 元

前　言

当前，世界经济已经进入服务经济时代，服务业成为全球经济的最大贡献者。然而，2008 年的金融危机使以金融业和房地产业等虚拟经济为发展重点的美国、英国、日本等发达国家遭受重创，先进制造业等实体经济的重要作用重新凸显。世界各国纷纷提出旨在促进制造业升级的再工业化战略，意欲通过制造业的高端智能发展提振经济，占领新一轮科技革命的制高点。在这样的时代背景下，本书选择制造业升级与经济增长这一主题，具有鲜明的时代发展特征。研究结论一方面能够对新时期各国的产业政策做出合理的解释，即说明各国提出的制造业升级计划能否在金融危机后实现稳增长的目标；另一方面也能为各国制造业的进一步发展提供政策借鉴，即如何使各国的制造业升级更好地促进经济增长。对中国而言，供给侧结构性改革体现在产业层面的应有之义就是通过制造业升级提升产品质量和国际竞争力，从而达到促进经济增长的目的。因此，本书尤其能够为新时期中国深化实体经济领域的改革举措提供经验支撑和政策借鉴。

首先，从制造业在 GDP 中的占比、制造业增加值增长率以及制造业对经济增长的贡献三个角度对制造业地位的新变化进行分析，发现 20 世纪 90 年代以来，中低收入国家制造业增加值在 GDP 中的占比呈现较为明显的增加趋势，而高收入经济体的制造业占比则出现小幅下降。制造业增加值增长率和制造业对经济增长的贡献同样表现为中低收入国家上升趋势较高以及收入经济体更为明显的现象。这意味着制造业在中低收入国家中扮演着越来越重要的角色，但这并不表明制造业对高收入经济体不再重要。新时期各国重振经济的制造业升级计划再次将制造业提升到经济增长战略的高度。

同时，基于对数据的统计性描述，从制造业产业结构、制造产品出口结构及制造业生产率三个方面考察世界各国制造业的升级情况及其与经济增长的相关性。结果表明，高收入经济体和中低收入国家均经历着制造业的升级过程，而且在不同收入水平国家之间、高收入经济体内部各国之间、中低收入国家内部各国之间的截面及时间序列上均综合表现为制造业升级与经济增长显著的正相关关系，奠定了进一步实证研究的基础。

其次，采用偏离份额模型对制造业升级的直接经济增长效应进行分析，发现制造业劳动生产率的提高主要是由各类制造业行业生产率提高的内部增长效应贡献的，而劳动力在不同行业间转移的资源再配置效应对生产率的贡献则很小。这意味着以各类制造业行业技术进步为基础的产业内升级对制造业具有较大的生产率提升效应，而基于劳动力流动的产业间升级对制造业生产率的提升效应较弱。进一步对内部增长效应的分解发现，高收入经济体制造业生产率的提高更依赖技术密集型制造业行业生产率的提高，而中等收入国家则更依赖非技术密集型制造业行业生产率的提高。

再次，分别基于投入产出模型的列向分析和行向分析构建依赖度和供给度指标，对制造业升级的间接经济增长效应进行研究。结果表明，制造业升级的技术密集型制造业行业的更快发展，会产生对服务业更大的需求和供给，从而驱动服务业规模的扩大，即制造业产业间升级对服务业具有规模扩大效应。同时，技术密集型制造业行业的发展会产生对知识密集型生产性服务业更大的需求和更高程度的供给，从而促进知识密集型生产性服务业的发展，即制造业产业间升级对服务业发展具有层次提升效应。另外，与高收入经济体相比，中等收入国家的制造业对服务业整体及不同层次服务业的依赖度和供给度均存在较大差距，尤其体现在对知识密集型生产性服务业的依赖度和供给度上。这主要是因为中等收入国家技术水平较为落后，各制造业行业在全球价值链中处于低端生产环节，导致制造业与服务业的融合发展程度较低，尤其难以产生对高层次服务业的需求和供给。这在一定程度上意味着制造业各行业的产业内升级对服务业也具有规模扩大和层次提升的双重效应。

最后，构建动态面板计量经济模型对制造业升级的总经济增长效应进行研究，发现不管是高收入经济体还是中低收入国家，制造业产业间升级和产业内升级均可通过服务业传导促进经济显著增长，而且产业内升级通过服务业产生的经济增长效应大于产业间升级。由于中低收入国家制造业与服务业的融合发展程度和层次低于高收入经济体，因此制造业升级通过服务业传导产生的经济增长效应弱于高收入经济体。从两种升级方式对经济增长的直接影响和总影响来看，制造业产业内升级对高收入经济体和中低收入国家均表现出显著的促进作用。产业间升级对高收入经济体的直接影响不稳健，总经济增长效应微弱，而对中低收入国家的直接影响和总影响均表现出显著的抑制作用。前者与高收入经济体较为有限的产业结构升级空间有关，后者与中低收入国家在技术密集型行业的全球价值链中处于低端生产环节及忽略要素禀赋而盲目追求产业结构的高级化有关。

作为中低收入国家的一员，未来中国制造业升级既要通过改善要素禀赋结构升级产业结构，又要依靠创新驱动进行产业内升级，尤其要提高技术密集型制造业的产业内升级水平。同时，要积极改造升级传统产业，淘汰落后和过剩的产能。另外，还要大力发展服务型制造业，促进制造业与服务业二者协同升级。

目　录

第一章　绪论

本章是全书内容的统领，在内容上将从研究背景、问题提出与研究意义、相关概念的界定、研究思路与方法以及可能的创新与不足等几个方面进行阐述。

第一节　研究背景、问题提出与研究意义

一、研究背景

（一）世界进入服务经济时代

产业结构演变理论表明，一国经济通常是从农业社会向工业社会进而向服务经济社会转变的。这意味着，服务业的快速发展是各国产业结构高级化的表现。因而，服务经济成为各国产业结构升级的目标，世界各国纷纷将生产资源从工业领域向服务业领域倾斜，并大力发展服务业。相应地，服务业呈现出一种快速增长的态势，在国民经济中的相对规模不断扩大。从 20 世纪末开始，服务业已发展成为世界经济的主导产业，全球经济逐渐进入服务经济时代。2014 年世界服务业在 GDP 中的占比达到 68%，美国、英国、日本、法国等发达国家的服务业占 GDP 的比重更高达 70% 以上，中国香港则自 2004 年以来一直处于 90% 以上的高水平。同时，许多发展中国家纷纷遵循发达国家的产业结构演变轨迹，大力推动服务业发展，致力于提高服务业增加值在 GDP 中的占比。如帕劳、马耳他、巴西、印度、南非、保加利亚等国家的服务业在 20 世纪 90 年代已发展成为国民经济的主导产业。中国服务业的规模也在 2013 年超过工业，成为 GDP 的最大贡

献者[①]。随着经济的不断发展，越来越多的国家出现服务业主导国民经济的现象，世界经济的服务化特征日益明显。

（二）新时期各国以再工业化战略稳增长

伴随着服务业的快速发展，工业在国民经济中的相对规模逐渐缩小，学术界将此现象称为“去工业化”。然而，进入21世纪，2008年的金融危机使一些以金融业等服务性虚拟经济为发展重点的发达国家遭受重创。各国纷纷追求的服务经济并没有成功地帮助发达国家在金融危机后走出经济衰退的困境，这意味着缺乏制造业等实体经济支撑的服务业难以维持经济的持续健康增长。因此，伴随着全球科学技术的新发展，新一轮产业革命孕育兴起，实体经济领域中的先进制造业日益重要。相应地，制造业升级成为危机后世界各国在产业发展层面稳增长的重要政策选择。近年来，美国积极实施基于工业互联网的“再工业化”战略，打造引领世界的、能够支撑未来发展的高端制造业。2015年2月，布鲁金斯研究所确定一批高度重要且具有较大竞争性和增长性的先进产业部门，认为它们是复苏美国经济的重要组成部分，并将其作为繁荣未来美国经济的关键引擎；德国提出“工业4.0”战略，旨在基于物联信息系统提高制造业的智能化水平；日本在《日本制造业白皮书》中，将机器人、再生医疗及3D打印技术等作为重点发展对象；英国发布《英国制造业2050》，以“服务+再制造”模式努力把握市场新机遇，提升国际竞争力；法国提出“新工业法国”战略，通过创新重塑工业实力，解决能源、数字革命和经济生活三大问题（张其仔、李蕾，2017）。可见，以高端化和智能化为特征的制造业升级在新时期被各国视为提振经济、占领新一轮科技革命制高点的有效途径，成为各国提升制造业竞争力和打造未来经济可持续增长的重要战略抉择。

（三）中国进入供给侧结构性改革的关键时期

作为制造业大国，中国制造近年来表现出两个典型特征：一方面，海外购热潮不断涌现，如国人出国购买马桶盖、净化器、奶粉等，创造了大量的国外消费；另一方面，国内的钢铁、电解铝、汽车、建材等产品出现严重的产能过剩问题，成为国民经济的重大包袱。这说明我国制造产品的供需结构并不匹配，供给质量和供给结构存在严重缺陷，表现为低层次、低质量的产品无法满足随收入水平的提高而不断提升的对高层次、高质量产品的需求。因而出现在低端产品产能

① 数据来源于世界银行的世界发展指数数据库。

过剩的同时存在高端产品供给不足或根本无法供给的现象。而隐藏在这些背后的则是不合理的产业结构和处于低层次的生产技术结构、投入结构和动力结构导致的缺乏竞争力的中国制造。

2015 年，习近平总书记提出以“三去一降一补”为重点的供给侧结构性改革，也就是要通过改革来调整结构，实现无效、低端供给的减少和有效、中高端供给的扩大，从而构建更具灵活性、更能适应需求结构变化的供给结构。因此，供给侧结构性改革的关键就是调整结构，包括产业结构、技术结构、投入结构、动力结构等，而多种结构结合起来共同调整就表现为产业的转型升级。可见，供给侧结构性改革体现在产业层面上，其题中应有之义就是通过制造业升级优化产业结构，提升产品质量和国际市场竞争力，以更好地适应不断升级的需求结构，从而达到促进经济增长的目的。

二、问题提出

在服务经济特征日益明显的后金融危机时期，各国以制造业升级为宗旨的再工业化战略能否实现稳增长的目标？这一目标是如何实现的，或者说通过什么机制产生？进一步地，未来各国，尤其是收入水平较低且处于供给侧结构性改革关键时期的中国，如何通过制造业升级更有效地促进经济增长？

在理论层面，发展经济学结构主义学派认为，经济系统往往处于一种非均衡的状态，因而生产要素在不同产业部门间的生产率存在差异。要素资源从低生产率部门向高生产率部门转移，或者从低生产率增长率的部门向高生产率增长率的部门转移都能够加速经济增长。这意味着不同产业部门不同比例的增长可以通过提高资源的再配置效率而促进经济增长，Timmer 和 Szirmai（2000）将此现象称为结构红利假说。这样，结构主义理论就成为制造业结构升级促进经济增长的重要理论支撑。另外，制造业升级显然还具有不同于产业结构变动的特殊性，其过程必然会出现内涵于人力资本和新设备等生产工具中的技术进步，而技术进步是新增长理论中实现经济持续增长的关键。这意味着，制造业升级不仅能通过自身结构变动产生增长效应，还可以通过各行业的生产率提升而促进经济增长，再从经济增长理论层面对制造业升级的经济增长效应给出合理的解释。

另外，作为国民经济的基础产业，制造业具有很强的产业关联性。产业关联理论表明，伴随制造业升级过程发生的中间投入需求的高级化和产品的精细化，不仅能够通过需求驱动作用促进关联产业的高级化，在新技术革命与信息化的渗透下，以电子信息制造业、装备制造业等为代表的先进制造业还可以为关联产业提供更高水平的技术和生产装备，通过促进平台和介质的升级提高下游产业的生产效率。同时，作为技术创新的重要载体，制造业具有明显的外部性，蕴含于制造业升级过程的技术进步和创新能够通过溢出效应来促进关联产业的技术进步和效率的提高，从而间接促进经济增长。

在实践层面，自英国工业革命以来，引领世界经济增长的国家和成功追赶上发达经济体的国家，以及在引领世界经济增长后出现衰退或停滞国家的发展事实构成正反两方面的经验证据。18 世纪末和 19 世纪初英国“世界工厂”的崛起，19 世纪末和 20 世纪初美国和德国的强盛无不是踏着以制造业为主体的工业革命的肩膀，通过以生产方式的变革和具有时代含义的高科技的应用为特征的制造业升级而实现的。“二战”后日本的腾飞、“亚洲四小龙”的发展奇迹以及东南亚各国经济的快速增长，除了充分利用后发优势外，在很大程度上得益于其较强的产业升级能力，即通过升级提升产品质量，满足不断变化的市场需求，在合理的转换中提高生产效益。改革开放以来，我国经济取得突飞猛进的发展，也与我国工业化过程中制造业的持续升级密切相关。

另外，19 世纪后期英国世界工业强国地位的下降乃至“二战”后经济仍然一蹶不振的事实，20 世纪 90 年代以来日本经济增长的停滞以及 90 年代末期东亚各国纷纷陷入金融危机的困境，与各国忽视对制造业结构的及时调整，从而导致新兴的、能够带动经济出现新增长的支柱产业的发展不足密切相关。英国错失了第二次工业革命中从纺织食品等传统部门向电子机械等先进领域转变的机遇，没能及时建立新的产业体系。日本和东亚各国在信息技术革命和经济全球化的环境中，未能成功地进行技术创新，导致各国产业升级缓慢，成为阻碍经济持续增长的重要原因。

理论和实践均表明，基于具有时代特征的科技革命推动制造业升级是经济增长的巨大驱动力。那么，在西方发达国家大多已纷纷进入服务经济时代以及许多发展中国家也纷纷步入服务经济时代的背景下，新时期各国的制造业升级计划到底能否奏效，这种政策选择是否合理，能否帮助各国走出后金融危机的经济低迷现状，以及如何进行升级才能更有效地促进经济增长等，成为各国政府和学术界等领域首要关注的问题。然而，目前关于该问题还缺乏较为系统的实证分析。鉴于此，本书以制造业升级与经济增长为主题，从产业间升级和产业内升级两个视角出发，分别基于偏离份额分析模型、投入产出分析法以及动态面板计量经济模型对制造业升级的直接经济增长效应、间接经济增长效应和总经济增长效应进行实证分析，在综合把握制造业升级对经济增长影响的基础上，努力对上述问题做出回答。

三、研究意义

（一）理论意义

第一，作为经济增长的发动机，制造业是各国经济增长战略和产业结构调整战略的重要领域，也始终是各国产业政策制定的着力点和重要方向，因而引起学术界的广泛关注。然而，目前关于制造业升级对经济增长影响的研究一方面集中于制造业结构变动对生产率的影响层面，另一方面集中于制造业升级对总量经济增长的影响层面。研究内容或者说研究框架缺乏系统性和全面性。而且目前的研究大多是以一国或几国为研究对象，很少有学者将较多的国家纳入研究范围，缺乏在对不同收入水平经济体进行分类情况下的比较分析。本书一方面以尽可能多的国家为研究对象，对高收入经济体和中低收入经济体制造业的升级情况及其对经济增长的影响进行比较分析；另一方面将制造业升级的直接经济增长效应、间接经济增长效应和总经济增长效应纳入分析框架，分别基于偏离份额分析模型、投入产出分析法以及动态面板计量经济模型进行实证检验。因此，本书的研究能更全面、更系统地把握制造业升级对经济增长的影响，从经验分析上使制造业升级对经济增长影响的研究成果不断丰富。

第二，制造业升级既表现为以技术密集型行业相对规模不断扩大为特征的产业间升级，又表现为以各制造业行业内部技术水平和生产率不断提高为特征的产业内升级。相应地，制造业升级对经济增长的影响也体现为两个方面：一是产业间升级的经济增长效应，二是产业内升级的经济增长效应。而现有研究大多关注的是产业（制造业）结构变动对生产率的提升效应，即使从升级视角进行的研究也大多聚焦于结构高级化的产业间升级对经济增长的影响，而很少有学者实证分析制造业产业内升级的经济增长效应。本书将制造业各行业的产业内升级从现有聚焦于产业结构高级化的制造业升级中分离出来，从制造业产业间升级和产业内升级两个视角出发进行研究，是对现有关于制造业升级影响经济增长研究内容的一种扩展，也为后续进行制造业升级的细化研究和实证分析提供了一个新的视角和方向。

第三，伴随着信息技术的广泛应用，制造业与服务业呈现融合发展趋势。一方面生产性服务业的快速发展对制造业升级具有巨大的促进作用；另一方面制造业升级对服务业也具有不可忽视的驱动和支撑作用。而目前的研究大多集中于对前者的实证分析和论证层面，对后者的关注则较少。本书将制造业升级对服务业的促进作用称为制造业升级的间接经济增长效应，通过对非竞争型投入产出表进行列向分析和行向分析，构建基于完全消耗系数的依赖度和基于完全分配系数的供给度。以这两个指标为基础，首次从不同技术密集度的制造业行业对服务业及不同层次服务业的需求驱动作用和供给支撑作用两个层面分析制造业升级对服务业发展的影响。因此，本书一方面是对目前投入产出模型分析中大多基于直接消耗系数构造依赖度指标进行分析的进一步发展，另一方面是对大多数学者仅从需求角度而较少从供给角度进行分析的一个补充。

（二）现实意义

第一，以制造业升级与经济增长为主题，再次将制造业提升到经济增长战略的高度，是对服务经济时代制造业重要性的重新审视。不管是工业化时期、服务经济时代还是后金融危机时期，制造业都是国民经济的基础支撑产业。制造业的这种重要性不仅仅体现在其相对规模及增长率的变化上，更重要的是体现在为其对技术进步和科技创新的核心支撑作用及对相关部门强大的技术外溢效应。这为各国尤其是一些发展中国家，在工业化程度还处于较低水平，或者在制造业发展较为薄弱的情况下纷纷盲目追求服务经济的战略敲响警钟。即使是工业化程度较高的发达国家，也同样不能轻视制造业的发展。金融危机后各国经济极为缓慢的复苏过程即是最好的证明，缺乏制造业实体支撑的服务经济难以实现持续增长。

第二，金融危机后期，各国纷纷提出再工业化战略，将制造业的高端化和智能化发展作为重振经济和占领新一轮科技革命制高点的重要引擎。在这样的现实背景下，选择从制造业升级对经济增长影响的视角进行研究，具有鲜明的时代发展特征。本书一方面能够对新时期各国，尤其是以服务经济为主导的发达国家聚焦于制造业高端升级的产业政策给出合理的解释，即说明各国提出的制造业升级计划能否在金融危机后实现稳增长的目标；另一方面也能为包括中国在内的发展中国家制造业的进一步发展提供政策借鉴，即如何使各国的制造业升级更好地促进经济增长。

第三，中国正处于深化经济改革的关键时期，供给侧结构性改革就是要通过改革来调整结构，实现无效、低端供给的减少和有效、中高端供给的扩大，从而构建更具灵活性、更能适应需求结构变化的供给结构。可见，供给侧结构性改革反映到产业层面上，其题中应有之义就是通过制造业升级实现产业结构的优化，以提升产品质量和国际市场竞争力，从而达到促进经济增长的目的。因此，本书尤其能够为新时期中国深化实体经济领域的改革举措提供经验支撑和政策借鉴。

第二节 相关概念的界定

一、制造业升级的内涵及测度

（一）制造业升级的内涵

关于产业升级内涵的研究大量存在于国内外学术界。根据学者关注角度的不同，大致可以分为两类。一类聚焦于产业结构的升级，如徐东华（1999）指出产业升级就是产业结构整体质的变化，这主要是因为产业升级通常表现为产业结构的变动（高燕，2006），也即产业结构升级是产业升级的外在和宏观表现（王国平，2013）。很多学者对二者交替使用，可以说产业升级就是产业结构升级（刘健，2000）。吴崇伯（1988）指出，产业升级是迅速地从劳动密集型产业转向知识技术密集型产业的结构升级过程，基本方向是产业结构在协调化基础上的高级化，这是经济全球化背景下产业升级的必然选择（李悦，2004）。同时，学者林峰（2006）认为，产业结构升级就是产业结构在协调化、合理化和高级化的协调演进过程中发生的质的飞跃。戴伯勋、沈宏达（2001），王述英（2005），唐晓华（2011）等更直接地将产业结构升级称为产业结构的高级化。

另一类是全球价值链视角的产业升级，以国外研究为主。国外学者 Porter（1990）认为，产业升级就是国家依据更为丰裕的资源禀赋发展比较优势的产业转移过程。Gereffi（1999，2005）将产业升级定义为一个经济组织进入获利能力更强、产品更高端复杂的资本技术密集型经济领域的动态提升过程。从全球生产网络的角度看，产业升级表现为从低附加值活动向高附加值活动的攀升过程。Humphrey 和 Schmitz（2002）以及 Poon（2004）都认为，产业升级是制造商通过技术和市场获得改善竞争力，从而进入或从事资本更密集或技术含量更高，也即附加价值更高的产品生产活动。

一种是聚焦于结构变动视角的产业升级强调技术密集型行业相对规模不断扩

大的产业结构的高级化，而基于价值链视角的产业升级则强调生产经营主体在其生产领域或所属价值链中改进能力、提升位置，从而实现附加价值和经济效益的提高（李晓华，2013）。另一种是将结构视角的升级观与价值链视角的升级观进行融合，如国内学者刘志彪（2000）认为，产业升级是由低技术、低附加值状态向高技术、高附加值状态的产业演变，主要表现为资源在等量资本获得等量利润导向下在产业部门间移动和竞争导向下同一产业内从低效企业向高效企业移动的两种资源配置趋势。以制造业为例，产业升级在形态上至少包括重化工业化、高加工度化和知识技术密集化三种变化趋势。张耀辉（2002）将附加值是否增加视为产业升级与否的标准，指出产业升级是一个外在表现为传统产业逐渐消失，高科技产业和新兴产业逐渐兴起并替代传统产业的结构变化过程。江东（2010）指出产业升级一方面表现为基于技术进步及流程重组创造附加值的产业内升级运动，另一方面表现为劳动密集型行业相对规模不断扩大，而资本和技术密集型行业相对规模不断缩小的产业间升级运动。朱卫平和陈林（2011）认为，产业升级是一个产业素质、技术进步和产业结构提升的周而复始的动态过程。在这个过程中，伴随着资源比较优势的动态转化，新兴主导产业不断出现，迫使旧主导产业改造升级。詹浩勇（2013）从微观要素配置的角度指出制造业升级是要素配置更倾向技术化、信息化、知识化和网络化的产业发展现象。李晓华（2013）认为，产业升级是随着社会生产力的发展，产业素质基于要素禀赋不断提升，最终实现主导产业依次更替的过程。他从微观、宏观和在全球分工体系中的地位三个层面对产业升级进行综合阐述。在微观方面，产业升级表现为企业的技术水平、生产效率的提高和能力的增强；在宏观方面，产业升级表现为产业结构从劳动密集型转向资本、技术密集型，并伴随出现生产率的提高以及能耗、物耗、水耗和污染物排放的降低；在全球分工体系中，产业升级表现为对产业控制力的提高或对国外装备、核心零部件依赖程度的下降以及所获价值比重的增加。某一产业内部企业素质的整体提升属于产业内升级，而产业结构的优化则属于产业间升级。

上述从不同角度对产业升级进行的界定，基本都反映了知识技术集约化、高附加值化等内涵于产业升级过程的本质特征。基于上述不同学者对产业升级的阐述，结合本书的研究对象和内容，这里从两个角度对制造业升级进行界定：制造业升级一方面表现为产业结构的升级，即从以劳动密集型产业为主转向以技术和知识密集型产业为主的结构高级化过程，可称为制造业的产业间升级；另一方面表现为制造业各类行业技术的进步①，即制造业内部各类行业通过采用新技术和新工艺对传统技术和工艺进行改造，并不断生产新产品，从而实现从低技术生产环节向高技术生产环节的攀升，促进制造业乃至整体经济效率的提升，可称为制造业各类行业的产业内升级。两方面均呈现出产业从低技术水平向高技术水平、从低附加值状态向高附加值状态的演变，在理论层面表现为对经济增长的促进作用。

（二）制造业升级的测度

新增长理论研究者认为，产业升级与劳动生产率的增长存在一定的相关性，这意味着劳动生产率可以作为产业升级水平的一个较好的衡量指标。Grossman 和 Helpman（1991）通过研究发现，注重创新的城市经济增长率往往高于注重传统产品的城市经济增长率，因此他们认为可以用劳动生产率增长率或经济增长率来衡量产业升级的水平。由于劳动力受生产效率驱使会在各产业部门间发生转移，因此，Kuznets（1971）和 Kaldor（1961）提出用劳动力在各产业部门间的转移速度来衡量产业升级的快慢，并认为这是描述产业升级最简单的方法。Moore（1978）提出了基于向量空间夹角的 Moore 值模型，以此测定产业结构的变化，是产业升级进展的较好反映，成为国内学术界衡量产业升级速度应用较为广泛的基础指标。

目前，国内研究者大多从三次产业出发，一种是采用 Moore 值测定法与产业份额年均变动值对产业升级水平进行测度。如高燕（2006）、靖学青（2008）、谭晶荣等（2012）在用产业结构超前系数测定产业升级方向的基础上，利用上述两指标对不同区域不同时间段产业升级的速度进行评价。另一种是直接基于产业结构高级化的视角对产业升级进行测度。如靖学青（2005）、柯军和徐德云（2008）通过对三次产业产值份额或收入比重赋予不同的权重构建衡量产业结构高级化的产业结构层次系数，以此反映产业结构升级的信息。周昌林和魏建良（2007）以三次产业在 GDP 中的占比作为权重，对各自的劳动生产率进行加权求和来衡量产业升级，类似于产业结构层次系数。黄茂兴、李军军（2009）以第二产业增加值和就业人员占经济总体的比重作为反映产业结构升级的衡量指标。干春晖等（2011）认为，在信息经济时代，产业的服务化转型是产业结构升级的重

① 本书多数情况下是按 OECD 划分的低技术、中低技术、中高技术和高技术四类行业进行分析。因此，各类制造业行业的产业内升级是指这四类不同要素密集度的制造业行业的产业内升级。

要特征，因此创新性地构建第三产业与第二产业的产值之比对产业结构高级化进行测度。关雪凌和丁振辉（2012）、张立群和邓晶（2013）采用产业结构高级化的传统方法，以第二产业和三产业产值之和与总产值之比作为评价指标。还有学者将两种方法结合使用，如付凌晖（2010）基于 Moore 结构变化值，以目标产业结构向量与不同层次产业结构向量之间的夹角为基础，通过权重赋予的方法计算产业结构的高级化值来衡量产业升级水平。

另外，也有学者基于产业升级的本质内涵和特征表现对其进行测定。刘家顺等（2006）提出附加值衡量法、加工度衡量法、技术集约程度衡量法、知识化程度衡量法和第三次产业比重衡量法，但多数方法都不易准确量化。史忠良（2007）提出附加值溢出量、产业高加工度化系数、结构效益系数三个指标，并对后两个指标给出了定量计算公式。杨建文（2004）则在三次产业结构比例、霍夫曼比例、工业加工程度、知识技术集约化程度、新兴产业产值比重的基础上，又提出基础产业超前系数、生态环保产业的发展情况以及产业水平满足率等指标对产业升级进行衡量。

还有研究者通过构建评价指标体系对产业升级水平进行测度，如吕明元（2015）从产业结构合理化、产业结构高级化和产业系统运营财务状况三个层面着手构建产业升级的评价指标体系。王玉燕等（2016）则设计并构建包括经济效益、技术创新、结构优化、绿色驱动四大层次和 18 项细化指标的工业转型升级评价指标体系。该指标体系涵盖了工业转型升级更为丰富的内涵。

关于制造业升级测度的研究则较少。郭庆然（2014）基于钱纳里对制造业的三类划分法，将属于资本或技术密集型的第二类和第三类产业在制造业增加值中的比重作为制造业结构升级的衡量。盛丰（2014）认为，利润率的高低反映了制造业在产品价值链中的地位，因此用地区工业利润率衡量制造业升级，同时也有学者采用区域制造业产品附加值和区域单位资本利用效率两个指标进行测度。孙理军和严良（2016）在对基于 GVC 的产业升级测度相关研究进行回顾的基础上，从经济、社会和环境三方面构建制造业升级的衡量指标。其中，经济层面选择制造业人均水平增加值的增长率。具体方法是以某一年为基期，将其后各期的人均制造业增加值除以基期年份的人均水平，然后减去 1 并乘以 100，得到该时期相对于基期年份的升级程度，值大于 0 为升级，否则为降级。

综上，目前学术界对产业升级的测度一方面是以不同行业的相对规模，如三次产业中第二产业或第三产业的占比来衡量，或者是对三次产业相对规模赋予不同的权重构造结构高级化系数来衡量。在制造业中则以资本密集型行业的占比以及高新技术产业或战略性新兴产业等技术密集型行业的占比来表示；另一方面则是基于劳动生产率、加工度、增加值率或利润率等效率指标来衡量产业升级水平。

根据本书的研究需要，基于现有研究，并与前文对制造业升级内涵的界定相对应，这里同样从两个角度来衡量制造业升级：一是采用技术密集型制造业行业在制造业中的占比来衡量制造业的产业间升级水平。技术密集型制造业行业占比越大，表明升级层次越高。技术密集型制造业行业占比增长越快，表明升级趋势越明显。二是用制造业劳动生产率来综合衡量制造业各行业的产业内升级水平①。制造业劳动生产率越高，则表明制造业各行业产业内升级的综合水平越高。制造业劳动生产率增长越快，表明制造业各行业产业内升级的综合提升速度越快。需要说明的是，对制造业产业间升级和产业内升级的分类测量主要是为构建第七章计量模型中制造业升级的两个核心解释变量，而本书第四章的分析不受此分类及测量指标的限制，即第四章中对各国制造业劳动生产率的分析并不特指制造业的产业内升级，主要目的是从效率角度来考察各国制造业的升级情况及其与经济增长的相关性。

二、直接经济增长效应

制造业升级的直接经济增长效应是制造业升级对制造业生产率或制造业增长的影响。基于新古典经济学，长期经济增长源于两方面：一是投入要素增加，二是要素生产率提高。单纯依靠要素投入规模扩大的经济增长是一种粗放型的增长方式，以大量消耗资源、破坏环境为代价，因而长期来看具有不可持续性。只有通过投入要素生产率的提高才能实现可持续的经济增长。而生产率的提高一方面是各行业内部生产率的提高所致，另一方面是要素在具有不同生产率的行业间转移产生的。前者可称为制造业各行业产业内升级的生产率提升效应，后者可称为基于生产要素流动的制造业产业间升级的生产率提升效应。

（一）产业间升级的生产率提升效应

制造业产业间升级是指劳动密集型行业相对规模不断缩小，而技术密集型行

① 这是因为，本书第五章分析发现，制造业生产率的提高主要是由各类制造业行业生产率的提高贡献的，而结构变动的生产率增长效应十分有限，因此可以用制造业的生产率水平近似并综合衡量各类制造业行业的产业内升级水平。

业相对规模不断扩大的产业结构的高级化现象。从生产要素投入的角度来看，主要表现为生产要素从劳动密集型行业流向技术密集型行业，因此也可以称为资源在不同行业间的再配置。Peneder（2002）曾明确指出，不同产业部门在生产率和生产率增长率上存在差异，因此生产要素从低生产率或低生产率增长率的产业部门向高生产率或高生产率增长率的产业部门流动时，能够通过资源再配置效率的提高促进经济增长。对制造业来说，整个制造业部门生产率增长率超过各制造业行业生产率增长率加权和的余值即是结构变动产生的资源再配置效应，也即本书分析的基于要素流动的制造业产业间升级对生产率增长的贡献。这是发展经济学中结构主义理论给出的制造业升级促进经济增长的核心原因及作用机制。在市场机制的作用下，要素资源往往是从生产率或生产率增长率较低的部门流向生产率或生产率增长率较高的部门，从而出现所谓的结构升级的红利效应。

产业部门间不均衡的技术创新和外部效应的存在，对制造业结构升级的结构红利效应有放大作用。其中，不均衡的技术创新使不同产业部门在生产率和生产率增长率上存在差异，为要素在不同产业部门间流动的生产率提升效应创造更大的空间。进一步地，外部效应理论表明，技术进步快的产业部门能够通过技术外溢促进关联产业的技术进步，进而带动关联产业生产率的提高。因此，制造业结构升级的资源再配置效应与制造业各行业之间的产业关联程度也有很大关系。

（二）产业内升级的生产率提升效应

制造业的产业内升级主要是指制造业各行业的技术进步，即制造业内部各行业中的企业通过采用新技术、新工艺对传统技术和工艺加以改进，并不断生产新产品，促使生产活动从低技术生产环节向高技术生产环节的提升。可见，制造业各行业的产业内升级主要是由各行业生产工艺和技术装备的更新改造推动的，归根结底是制造业技术进步推动的。这意味着，伴随着产业内升级的过程，制造业各行业必然会出现生产率的提升现象。从 Humphrey 和 Schmitz（2002）提出的工艺流程升级、产品升级、功能升级和跨产业升级四种价值链升级模式来看，前三种升级模式均属于产业内升级的范畴。多数学者的经验研究以及本书的研究表明，产业内升级是生产率乃至经济增长的重要因素，其对生产率增长和经济增长的贡献远远超出了产业间升级对生产率增长和经济增长的贡献。

三、间接经济增长效应

制造业升级的间接经济增长效应是制造业升级通过产业关联而产生的对其他产业的影响。作为国民经济的基础，制造业具有很强的前后关联性，把国民经济各产业部门联系在一起。王佳、张金水（2011）通过7部门DSGE模型的脉冲响应分析，发现给予制造业的经济刺激政策对各部门产出的带动作用最大，这在很大程度上说明了制造业对其他经济部门的重要性。这种重要性主要是由于，一方面制造业要消耗大量的原材料、零部件和服务投入等中间产品，另一方面制造业部门能生产出有助于增强国民经济其他部门生产率和竞争力的零部件和机械装备，为其他产业的运行提供基础。不过，随着信息技术的不断发展，产业关联将由以物质为基础向以信息为基础转变，从而开辟出新的传递路径（周振华，2003）。同时考虑到服务业的日益重要性及其与制造业关系的日益紧密性，本书的研究主要集中于制造业对服务业产生的关联增长效应方面。

制造业与服务业相互依赖、共生共融，两者协同发展才有助于社会生产率的提高。制造业与服务业融合发展表现为两个方面：一是制造业的服务化，二是服务业的制造化①。产业关联效应的产生也主要来自这两个视角的产业融合。黄永春等（2013）从制造业的外部性视角，提出需求拉动效应、效率增强效应和竞争刺激效应三个制造业对服务业产生影响的效应机制。其中，需求拉动效应和竞争刺激效应是制造业基于制造业的服务化对服务业产生的影响，而效率提升效应则是制造业基于服务业的制造化对服务业产生的影响。因此，本书制造业升级的间接经济增长效应就表现为制造业升级在需求层面对服务业的驱动作用和在供给层面对服务业的支撑作用两个方面。

在提出"服务经济时代背景下，生产性服务业与制造业的关联很显著"这一观点的基础上，Hansen（1990）基于专业化分工和规模报酬递增的原理，分析了制造业服务化视角下两者通过产业关联促进生产性服务业发展的机制。制造的专业化分工和生产的日益精细化使其产生对法律、管理、技术等更多的需求，而自身提供相应服务的成本较高，于是将这些服务项目进行外包，并从具有成本优

① 虽然李美云（2011）认为服务业制造化由于没有改变服务业的服务功能使其并不能称为真正意义上的产业融合，但本书关注的重点是制造产品作为服务业的中间投入从供给层面产生的对服务业的影响。因此，为统一分析，本书只是简单地将制造业服务化和服务业制造化作为制造业与服务业融合发展的两种形式。

势的生产性服务企业那里购买。规模报酬递增使生产性服务企业的成本逐渐降低，经营更加专业化，创新效率和频率不断提高。而通过专业化生产获得规模经济的制造企业，会以更大的动力推动专业化分工的深化，进一步促进生产性服务业的发展。可见，很大一部分生产性服务业的产生和发展得益于制造业生产过程中专业化分工的出现及专业化程度的加深。分离出来的服务业与制造业表现出极为密切的产业关联关系，两者逐渐呈现出融合发展趋势，其相互依赖度不断增强。因此，专业化分工和产业的融合发展对产业关联效应具有强化作用。

另外，伴随着制造业与服务业的不断融合，服务业也逐渐在经营过程中融入制造元素，通过自动化和信息化来提高服务效率（Bowen，1989），称为服务业的制造化。该生产方式表现为服务业企业通过直接设立自己的制造工厂，或者将制造业中的先进生产方式以及标准化产品引入服务业，借助制造产品提高服务供给的质量和效率（李美云，2011；肖挺、刘华，2013；王晓红，2014），如银行、通信企业和物业公司分别通过信用卡、通信设备和门禁监控系统等提供相关服务，快餐连锁店采用机器加工标准化食品等，能很大程度上提高服务业的运营效益。从这个层面讲，制造业是服务业发展的基础，可为服务业经营提供所需的“硬件”、运行平台、技术支持以及各种服务赖以存在的介质。因此，尤其对于可以细分为标准化生产工序的可标准化服务业来说，制造业的发展如计算机等电子信息设备行业的发展能够为标准化程度较高的信息、通信、金融、批发等服务业提供重要支撑，从而通过降低生产成本和提高生产效率促进可标准化服务业的快速增长。由于像金融、信息以及软件产业等现代服务业大多是可标准化的服务业，规模经济明显。因此，在现代服务业快速增长的形势下，制造业日益表现出对服务业重要的基础支撑作用。

相应地，伴随着制造业与服务业两部门相互依赖度的不断增强，某一部门产业结构的高级化及效率的提高就表现为各产业部门协同高级化及效率的提高过程。这种来自产业关联的巨大经济效益，是推动经济增长的关键因素，也是构成现代经济增长的重要支撑。另外，产业部门间不均衡的技术创新通过外溢效应向关联产业部门扩散，而制造业恰恰就是技术创新的载体部门并且具有强大的正外部性，进一步放大了其产业关联效应。

第三节 研究内容与方法

一、研究内容

第一章是绪论，主要从研究背景、问题提出与研究意义、相关概念的界定、研究内容与方法以及可能的创新与不足几个方面进行阐述，以统领全书各章节的内容。

第二章是全书的文献综述，主要从理论基础和经验证据两个方面对现有研究进行梳理。理论基础包括制造业升级的相关理论及制造业升级促进经济增长的相关理论。经验证据分为宏观层面的结构变动与经济增长和制造业升级与经济增长两大类。前者包括传统发展经济学的结构变动与经济增长、基于多部门增长模型的结构变动与经济增长以及三次产业升级与经济增长三部分，后者包括制造业升级与生产率提升以及制造业升级与服务业发展两部分。在此基础上，对现有研究进行述评，为本书研究内容、研究思路、研究方法以及研究框架的构建与形成奠定基础。

第三章从制造业增加值在 GDP 中的占比、制造业增加值增长率以及制造业对经济增长的贡献三个角度比较分析高收入经济体和中低收入国家制造业在国民经济中地位的新变化。同时，新时期各国纷纷提出重振经济的再工业化战略，再次将制造业提升到经济增长战略的高度，凸显了制造业的重要性。

第四章基于制造业升级指标和经济增长指标的相关数据，考察高收入经济体和中低收入国家制造业的升级情况，并在此基础上从相关关系图与相关系数两个方面对制造业升级与经济增长的相关性进行分析，为后文的实证研究奠定基础。

第五章采用偏离份额分析法对高收入经济体和中等收入国家制造业的劳动生产率增长率进行分解，探讨以基于劳动力流动的技术密集型制造业相对规模的扩大为特征的产业间升级和以技术进步为基础的制造业各行业的产业内升级对制造业生产率增长的贡献，以分析制造业升级的直接经济增长效应。

第六章运用投入产出分析法，通过对非竞争型投入产出表进行列向分析和行向分析，构造基于完全消耗系数的依赖度和基于完全分配系数的供给度两个指标，分析不同技术密集型制造业行业对服务业整体及不同层次服务业的需求驱动作用和供给支撑作用，以考察制造业升级的间接经济增长效应。

第七章通过构建经济增长关于制造业产业间升级和产业内升级及其与服务业交互项的动态面板模型，从两种升级方式对经济增长的直接影响及通过服务业传导而产生的对经济增长的间接影响两个角度对制造业升级的总经济增长效应进行分析和验证。

第八章归纳总结研究得出的结论，并在此基础上结合中国制造业的发展情况及发达国家制造业升级的经验，从而更有效地促进经济增长的角度为中国制造业升级提出政策建议。同时，基于研究中存在的不足及对未来可进一步开展的研究进行展望。

本书的研究思路及逻辑框架可用图 1－1 表示。

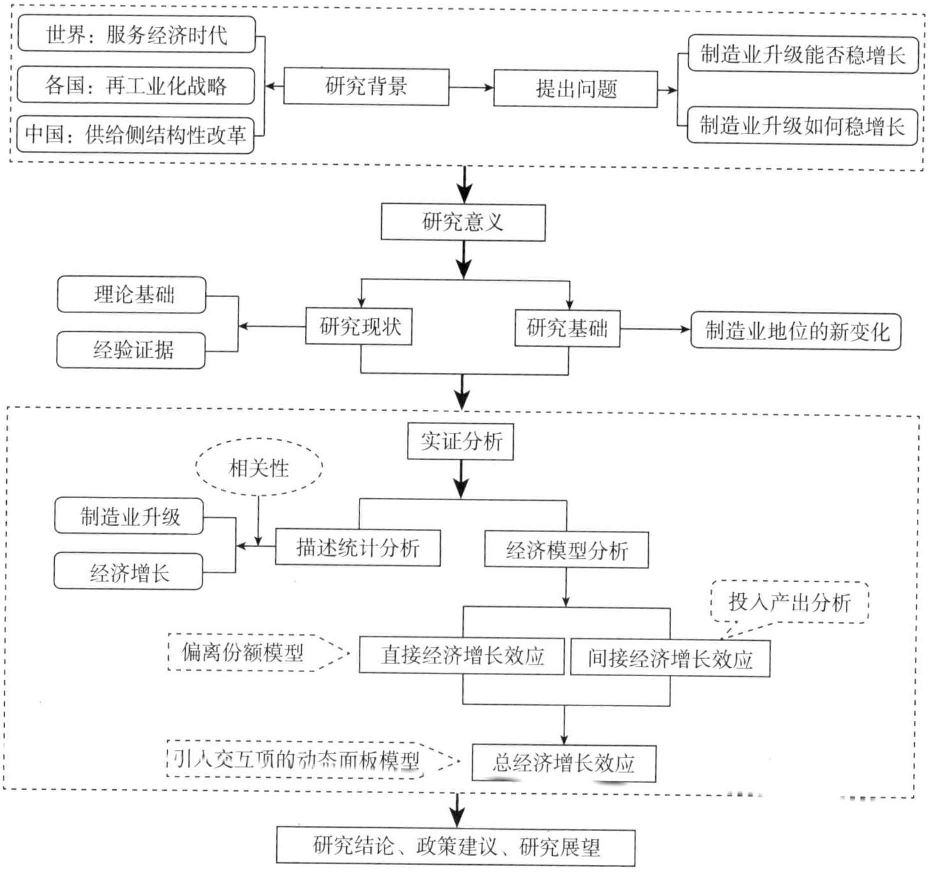

图 1－1　本书的研究思路及逻辑框架

资料来源：笔者绘制。

二、研究方法

本书在研究中采用多种研究方法，主要有文献演绎法、统计分析法、经济模型法和比较分析法，下面结合文章内容对四种方法进行阐述：

（一）文献演绎法

文献演绎法是指通过对国内外的相关文献进行搜集与整理，总结现有的研究成果和存在的不足，提炼出研究方法与研究范式，为进一步的研究奠定基础。本书通过对有关制造业升级与经济增长这一主题的理论和文献进行回顾，一方面完成了本书的文献综述，另一方面形成了本书的研究内容和研究思路，具体来看有五点：①制造业地位的新变化；②制造业升级与经济增长的相关性分析；③制造业升级的直接经济增长效应分析；④制造业升级的间接经济增长效应分析；⑤制造业升级的总经济增长效应分析。

（二）统计分析法

统计分析法是指通过对研究对象的规模大小、速度快慢、程度深浅等数量关系进行考察，认识和揭示事物间的相互关系以及事物的变化规律和发展趋势，以达到对事物进行正确解释和预测的一种研究方法。本书一方面基于对世界不同收入水平国家制造业发展情况的描述性分析，考察制造业地位的新变化；另一方面借助各国制造业升级与经济增长的相关数据，在了解各国制造业升级情况的基础上，应用统计分析法对两者之间的相关关系进行考察，奠定进一步实证研究的基础。

（三）经济模型法

经济模型法是反映变量间关系的一种方法。本书在实证研究中，通过搜集世界上尽可能多的国家关于经济增长和制造业分行业的相关数据，基于偏离份额模型、投入产出分析法及动态面板计量经济模型分别对制造业升级的直接经济增长效应、间接经济增长效应和总经济增长效应进行分析，以全面把握制造业升级对经济增长的影响。其中，投入产出分析是基于 OECD 给出的世界各国的投入产出表数据，通过计算依赖度和供给度两指标分析制造业升级对服务业的需求驱动作用和供给支撑作用。

（四）比较分析法

比较分析法是通过对不同研究对象相同指标或变量的描述分析，以达到比较目的的一种分析方法。比较分析法贯穿于全书的始末，一是比较分析不同收入水平国家制造业地位的新变化，各国制造业的升级情况及其与经济增长的相关性；二是比较分析不同收入水平经济体制造业升级的直接经济增长效应，即基于技术进步的产业内升级和基于要素在不同行业间流动的产业间升级对制造业生产率的贡献；三是比较分析不同收入水平国家各类制造业行业对服务业的需求驱动作用和供给支撑作用，以考察制造业升级的间接经济增长效应；四是比较分析不同收入水平国家制造业升级的总经济增长效应。

第四节　可能的创新与不足

一、可能的创新

与现有关于制造业升级或结构变动对经济增长影响的研究相比，本书可能的创新主要有以下三点：

第一，研究对象和内容的创新。在研究对象上，不管是关于制造业升级的直接经济增长效应还是间接经济增长效应，目前的研究大多以某国或几国为研究对象，较少有学者将多数国家纳入研究范围，更缺乏对不同发展水平国家的比较分析，导致目前研究得到的结论缺乏一般性。本书基于数据的可获得性，在每部分都选择尽可能多的国家进行分类分析，拓宽了研究范围，突破了目前研究仅以某个国家和某几个国家作为分析对象的局限性。在研究内容上，一方面，本书从制造业升级的直接经济增长效应、间接经济增长效应以及总经济增长效应三个层面展开分析，是对制造业升级产生的经济增长效应的综合把握，更具全面性和系统性；另一方面，在间接经济增长效应的分析中，从不同技术密集型制造业行业对服务业及不同层次服务业的需求驱动作用和供给支撑作用两个层面分析制造业升级对服务业的影响，是对目前大多数学者仅从需求角度而较少从供给角度进行分析的一个补充。

第二，研究视角和方向的创新。现有研究大多聚焦于技术密集型行业相对规模扩大的产业结构高级化对经济增长的影响，而很少有学者对制造业不同行业产业内升级的经济增长效应进行实证分析。本书从表现为产业结构高级化的产业间升级和表现为各行业技术水平和生产率不断提高的产业内升级两个角度展开。尤其是在关于制造业升级的总经济增长效应的分析中，将制造业产业间升级和产业内升级及两者与服务业的交互项引入动态面板模型，从两种升级方式对经济增长的直接影响及通过服务业传导产生的对经济增长的间接影响两个层面实证分析制造业升级对经济增长的总影响，这为后续进行制造业升级对经济增长影响的实证模型研究提供了一个新的视角和方向。

第三，指标改造和构建的创新。现有采用投入产出法进行制造业对服务业影响的研究大多是基于消耗系数或相关指标从需求层面展开，而较少有学者从供给层面分析制造业对服务业的影响。本书一方面以完全消耗系数代替 Park（1994）的直接消耗系数构建依赖度，该指标可以在同时考虑直接消耗和间接消耗的情况下，反映不同制造业行业对服务业及不同层次服务业的依赖性；另一方面仿照依赖度指标基于投入产出表列向分析构造的原则，通过对投入产出表进行行向分析，构造基于完全分配系数的供给度。相应地，该指标可以在同时考虑直接供给和间接供给的情况下，考察不同制造业行业对服务业及不同层次服务业的供给程度。文章在对依赖度进行改造的基础上，尝试构建供给度指标，两指标相互对应、相互补充，是关于制造业升级对服务业影响的分析领域中指标改造和构建的新尝试。

二、存在的不足之处

第一，生产率增长率指标选取的不足。在关于制造业升级的直接经济增长效应的分析中，由于数据的限制，偏离份额分析选择的生产率分解指标是各国制造业的劳动生产率增长率。而实际上，全要素生产率增长率是衡量制造业生产率更为全面、更为准确，也更为合适的指标，因此基于制造业的全要素生产率增长率进行偏离份额分析在理论上更具有研究意义。

第二，技术密集型行业的近似衡量。为将包括中国在内的更多中低收入国家纳入实证研究范围，在对各国制造业升级情况及其与经济增长相关性的分析中，以及在动态面板模型中对制造业产业间升级指标的构建，都是以世界银行数据库中的化学品和机械及运输设备两大类行业的占比作为技术密集型行业的近似替代。虽然这两类行业基本涵盖了 OECD 界定的高技术和中高技术行业的细分行业类别，在很大程度上可以作为技术密集型制造业的近似替代，但仍可能会降低指标的精确程度，从而对实证研究结果产生一定影响。

第三，研究内容的欠缺。制造业升级与经济增长是一个十分重要且涉及较多内容的研究领域，虽然本书已从制造业升级的直接经济增长效应、间接经济增长效应以及总经济增长效应三个层面进行实证分析，但主要还是聚焦于宏观层面的经济增长，并没有将制造业升级对就业和创新的影响，以及制造业升级对资源环境进而对可持续增长的影响等一些当前比较重要或热点的问题纳入实证分析范围，而这些都是该领域中十分值得研究的内容。

第二章　理论基础与经验证据

本章将从理论基础和经验证据两个方面对现有研究进行梳理。其中，理论基础从制造业升级的相关理论及制造业升级促进经济增长的相关理论两个层面进行归纳总结。经验证据则分为宏观层面的结构变动与经济增长和制造业升级与经济增长两大类。前者包括传统发展经济学的结构变动与经济增长、基于多部门增长模型的结构变动与经济增长以及三次产业升级与经济增长三部分，后者包括制造业升级与生产率提升以及制造业升级与服务业发展两部分。在此基础上，将对现有研究进行述评，为本书研究内容、研究思路、研究方法以及研究框架的构建与形成奠定基础。

第一节　理论基础

一、制造业升级的相关理论

（一）工业化理论

在各国的工业化进程中，工业结构通常表现为重化工业化、高加工度化及知识技术集约化等产业结构软化趋势。Hoffmann（1931）依据制造业中消费品部门与资本品部门的净产值之比（霍夫曼系数）将工业化进程划分为四个阶段，发现霍夫曼系数伴随工业化程度的加深而趋于下降。Kuznets（1946）研究发现，美国和瑞典经济出现金属、石油等行业比重提高，而皮革、纺织、食品等比重降低的现象。Chenery（1960，1975）通过研究不同发展水平国家的工业结构发现，收入水平与投资品工业在全部工业中的产值比重呈正相关关系，而与消费品工业产值比重呈反向变化关系。三者均研究证明了工业化过程中存在的重化工业化现象。

随着工业化程度的进一步加深，商品的知识技术集约化特征凸显，产业结构趋向软化和服务化。出现这种产业结构演变规律的原因或者理论基础是比较优势演化理论，即当经济处于较低发展水平时，一国劳动力相对于资本和技术等高级生产要素更为丰富，因而发展劳动密集型产业更符合资源禀赋优势。随着经济的不断发展，资本要素变得相对丰富起来，发展资本密集型产业能够发挥资源禀赋的低成本优势。经济的进一步发展使技术创新成为越来越重要的因素，知识技术密集型产业代替劳动、资本密集型产业成为经济增长的主要推动力量。日本经济学家佐贯利雄（1981）发现，战后日本工业发展依次经历了由电力主导向石油、石油化工、钢铁和造船等主导，再到汽车和家用电器主导的产业高加工度化的演进过程。Chenery 和 Taylor（1968）对发达国家进行了制造业发展过程的初期、中期、晚期及相应产业的划分，从轻纺到重化工业再到经济发展水平较高时的新兴产业，是制造业结构遵循由轻工业向重化工业，由原材料工业向加工装配工业，由劳动密集型产业向资本，并最终向技术密集型产业这一轨迹演变的具体体现，也是工业化过程中产业结构的高级化演进。

（二）基于全球价值链的产业升级理论

20 世纪 90 年代，在 Porter（1980）提出的价值链理论及 Kogut（1985）提出的价值增值链理论的基础上，以 Gereffi 为代表的很多学者将价值链和产业组织相结合，并提出全球商品链的概念。同时，为突破全球商品链的局限，Gereffi 等（2001）又逐步建立起全球价值链理论及其框架，强调价值链上各环节价值创造及价值获取的重要性。Kaplinsky 和 Morris（2001）认为，在全球价值链上，每个环节的价值创造功能有很大的差别，其中的战略环节价值创造功能最强。因此厂商一旦掌握了战略环节，也就意味着其控制了该产业的全球价值链。可见，基于价值链实现产业升级，主要是指处于价值链中的企业，或者尚未嵌入价值链的企业通过嵌入价值链，实现技术进步并获得市场联系，提高竞争力从而进入附加价值更高的生产活动中（涂颖清，2010），最终占据价值链的核心和战略环节。基于全球价值链的产业升级理论，为各国尤其能为发展中国家的企业或地方产业，以集群的方式加入全球价值链，通过接受领先公司的先进技术、资金、知识和信息的扩散，实现技术改进和组织结构的改善，并最终实现产业升级提供理论依据，构建了价值链思路下产业升级的一般分析框架。

基于全球价值链的视角，Ernst（2001）将产业升级划分为产业间升级、要素间升级、需求升级、功能升级、链接上的升级五个方面。Humphrey 和 Schmitz（2000）提出工艺流程升级、产品升级、功能升级、链条升级四种升级模式，产业升级通常遵循四种升级方式依次顺序展开的递进升级规律（Kaplinsky 和 Morris，2001）。相应地，企业从 OEA 转向 OEM，进而实现向 ODM 和 OBM 的转变，并最终实现向高级产业链条的跃升（Gereffi，1999）。企业在 OEM 之前通常是以低价无名品牌（NBM）的较低层次进占边缘市场，然后通过与知名品牌合作，从事 OEM 和 ODM 的大规模生产（刘常勇、刘阳春，2009）。可见，企业完整的价值链升级过程包括：低价无名品牌（LPNB）进占边缘市场——委托组装（OEA）——委托加工（OEM）——自主设计和加工（ODM）——自主品牌生产（OBM）（孙宝强，2011）。

沿着全球价值链按照“流程—产品—功能—链条”的次序依次升级的过程通常是自然实现的，东亚国家的工业化进程是这一规律的最好证明。Gereffi（1999）通过对东亚服装产业在全球价值链中升级情况的研究发现，发展中国家以及新兴工业化国家的制造商进入准层级全球价值链后具有较好的升级前景，会从简单的生产制造环节进入设计、营销、研发和建立自有品牌的环节，成为按照从流程升级到产品升级，进而实现功能升级这一线性方式成功实现升级的典型案例。然而，基于价值链的升级轨迹并不是一成不变的。这一方面表现为当技术发生突破性创新时，会伴随出现跨越式升级；另一方面上述阶梯式的产业升级并不是理所当然就能实现的。Sussex 大学的 Martin Bell 认为，Gereffi 描述的升级是仁慈的阶梯。虽然从工艺升级到产品升级不存在争议，但是实现功能升级却并没有那么容易。Schmitz 和 Knorringa（2000）基于对全球制鞋业价值链的研究认为，在一些价值链中，全球购买者会阻止生产者向设计、营销和品牌创造升级，使功能升级较为困难。现实中，很多从事初级产品加工的低收入国家都被长时期地锁定在全球价值链的低端。

其实，价值链中不同升级模式的先后顺序及升级的难易程度与全球价值链的驱动力类型有很大关系。Gereffi（1999）基于权利关系视角，将价值链中的企业主导模式分为购买者驱动型价值链和生产者驱动型价值链。购买者驱动型价值链的特征表现是，价值增值主要集中在流通领域，而且边际价值增值率从生产环节到流通环节通常是递增的。这时，产业升级一般会遵循“流程—产品—功能—链条”的升级轨迹。在这个过程中，升级难度往往会依次增大。而在生产者驱动型价值链下，产业升级一般遵循从功能升级到产品升级，再到工艺流程升级，最终实现链条转换的升级轨迹。通常情况下，功能升级较为容易也相对顺利，而产品升级和工艺升级较为困难，不亚于购买者驱动型价值链中的功能升级。因此，多数产业的升级进程都会徘徊于此（张辉，2007），甚至停滞不前。

另外，价值链中不同升级模式升级的难易程度和速度与全球价值链的治理模式也密切相关。Humphrey 和 Schmitz（2002）按照全球价值链上不同主体间权利对称程度的不同，识别了四种治理模式，即纯市场型、网络型、准科层型和科层型。Gereffi 等（2005）通过引入交易复杂度、交易识别能力和供应能力三个变量，按照高、中、低三个衡量标准提出市场型、模块型、关系型、俘获型和等级型五种全球价值链治理模式，是目前最具代表性和影响力的划分方式。在不同的价值链治理模式下，由于受到高附加值环节对低附加值环节不同程度的限制，产业升级的难易程度和速度存在很大差异。通常情况下，市场型治理模式中的工艺升级与产品升级速度较慢，功能升级较为容易；而准等级制则相反，工艺升级和产品升级较为顺利，但功能升级存在较大阻力；网络型治理模式虽然能提供最理想的升级条件，但由于需要较高的竞争力而对发展中国家形成较大的阻碍（Humphrey 和 Schmitz，2002）。因此，发展中国家要想实现升级，必须具有战略意识，积极发挥地方创新体系的作用，通过大量投资提高技术水平和产品的科技含量，从而实现价值链环节的高端攀升。

（三）基于产品空间和比较优势演化的产业升级理论

产品空间和比较优势演化理论由 Hausmann 和 Klinger（2007）与 Hidalgo 等（2007）提出并加以发展。该理论将产品作为知识和能力的载体，认为产品是一国在研发设计、工艺创新、营销管理、资本运作等方面所具有的知识和能力水平的综合反映。通过研究发现，产品空间存在高度异质性，也可能存在不连续性，这些特征决定了经济体比较优势的演化路径，即从现有产业向与其处于最佳距离的产业跃升。稠密的产品空间意味着较近的距离，从而产品集趋于连续，且升级成功的可能性较大；稀疏的产品空间意味着较远的距离，导致在最优的跳跃距离内可能不存在能够吸引企业家的新产品，比较优势演化出现中断，从而升级发生停滞。因此，处于产品空间结构不同位置的国家和地区，其产业升级的方向、路径以及未来经济增长的绩效往往存在差异。通常情况下，富国产品空间较为稠密，而穷国则较为稀疏。很多穷国因为受产品空间结构的制约，很难向富国收敛。

近年来，产品空间和比较优势演化理论逐渐被国内外学者应用于指导国家或地区产业结构转型与产业升级实践的研究中（Bayudan - Dacuycuy，2012；Reinstaller 和 Sieber，2012；张其仔，2008；曾世宏、郑江淮，2008，等）。其中，张其仔（2008）基于扩展的 HK 模型，通过对产业度的引入将产业升级纳入比较优势演化模型，并在此基础上指出，遵循比较优势演化路径，以产业度大的产业作为升级方向，后续的升级机会相对来说就会更多，因而产业升级成功的可能性相对也会更大。在传统的 HK 模型中，产业升级受到制约，只可以进行线性升级，而不存在跨越式升级。而在这一新模型中，只要后续产业的产业度足够大，那么企业则完全有能力实现跨越式升级。

同时，张其仔（2008）指出，根据演化路径是否发生分叉，比较优势的演化可分为线性演化和非线性演化。相应地，产业升级分为线性升级与非线性升级两种方式。线性升级又可分为产业内升级和产业间升级。其中，Humphrey 和 Schmitz（2002）提出的工艺流程升级、产品升级、功能升级属于产业内升级，而跨产业升级属于产业间升级。Ernst（2001）提出的要素间升级、需求升级、功能升级、链接上的升级均属于产业内升级。张其仔（2008）认为，由于在升级过程中企业间存在相互影响，产业升级并非总是线性的。伴随着比较优势出现分叉，产业升级也可能会产生分岔，表现为产业内升级优先分岔和产业间升级优先分岔。前者是指优先进行产业内升级，达到一定水平后再跳入到新产业内。后者则意味着，优先进行产业间升级，之后才是新产业中的产业内升级。较高的产业内升级水平使在进行产业间升级时可以直接跳入到一个相对较高的位置。

二、制造业升级促进经济增长的相关理论

（一）传统的结构主义理论

以美国经济学家钱纳里为代表的第一版发展经济学——结构主义学派，不同意古典和新古典经济增长理论中竞争均衡的假设，认为现实的经济系统通常表现为一种偏离帕累托最优的非均衡状态。这主要是由于：一方面，许多国家尤其是发展中国家的二元经济特征十分明显，传统产业部门大量的非熟练劳动力不能被现代产业部门所吸纳；另一方面，各行业的技术进步速度不同，导致行业间边际产出效率存在差异。另外，各国具有偏向性的不恰当的产业政策对资源的正常和有效配置形成干扰和扭曲。多方面的原因共同导致了经济系统的非均衡性，进而资本和劳动等生产要素投入到不同的产业部门将得到不同的边际收益。这意味着

生产要素从低收益率向高收益率的部门流动，或者从低收益率增长率向高收益率增长率的部门流动能够带来经济增长，即产业结构变动是经济增长的一个重要来源。因此，结构主义者在新古典增长理论的基础上，将结构因素纳入经济增长的理论分析框架，并在经济增长方程和计量回归模型中引入结构变量，是最早从结构变动角度研究经济增长的理论学派。当然，结构变动促进经济增长需要满足两个前提条件：一是要求经济系统处于非均衡状态，从而生产要素在不同行业中的边际产出效率存在差异；二是要求生产要素能够在生产率存在差异的不同行业间自由流动，从而为高收益率产业的更快发展创造条件。

在对结构变量的界定上，钱纳里等（1975）基于发展中国家的视角，将结构变动定义为贸易、需求、生产和要素使用结构随着人均收入变动而发生的全面变化。在此基础上，郭克莎（2001）指出，就对经济增长的影响来说，最重要也最直接的结构变动就是产业结构的变动，以三次产业为主，包括生产结构和要素使用结构。而需求结构和贸易结构等通常只是作为产业结构变化的原因、条件或结果对经济增长起作用。产业结构变动尤其是工业中的制造业升级对经济增长的影响表现得更为突出。这是因为，制造业与其他产业的关联效应最大。在新技术革命和信息化的渗透下，制造业升级一方面能对其他产业产生更为高端的需求；另一方面以电子信息制造业、装备制造业等为代表的先进制造业可以为其他产业提供更高水平的技术和生产装备。两方面共同作用，推动关联产业的技术进步和升级，从质量提升上为经济持续增长提供重要支撑。

（二）新结构主义理论

通过对发展中国家的长期发展道路和结构变迁过程进行分析，林毅夫为发展中国家实现包容性增长提出了一个“新古典框架”，形成了第三版发展经济学——“新结构经济学”。新结构主义理论主要有以下几个要点：

（1）一个国家的要素禀赋结构，如劳动、资本、自然资源等生产要素的丰裕程度，具有一定的稳定性，但会伴随发展阶段的不断推进而产生变化。因此，内生于要素禀赋结构的最优产业结构虽然也具有一定的稳定性，但随着发展阶段的不同会相应呈现出不一样的形态。对企业来说，不同的产业结构不仅对应着不同的要素密集度，还对应着不同的最优生产规模、市场范围、风险种类等。因此，每一特定的产业结构都需要相应的基础设施（包括有形的和无形的）来促进它的运行和交易。

（2）经济发展阶段并不是仅仅表现为贫穷与富裕两种情况，而是一条从低收入农业经济一直到高收入工业化经济的连续谱。每一经济发展水平都对应着这条连续谱上的某一点。因此，给定产业结构的内生性，发展中国家不一定也没必要将发达国家目前的产业结构和基础设施状况作为升级和改善的目标，而是应该按照要素禀赋结构和市场特征优先建立符合自身比较优势的产业结构。

（3）市场是资源有效配置的基本机制。经济发展水平的连续性要求产业多样化、产业丌级和基础设施的相应改善。其中，产业多样化和产业升级以创新为前提，而创新需要先驱企业的积极作为。由于先驱企业创造的知识具有公共性，每一企业对其的消费都不影响其他企业的消费，而且任何一个企业都无法做到对这些公共知识的完全排他占有。同样地，个体企业也无法将其进行基础设施改善的投资收益完全内生化。因此，在市场机制之外，还需要政府积极协调，对外部性进行补偿以鼓励创新，或者提供必要的基础设施，进而推动产业的多样化发展和产业升级。

可见，新结构经济学放弃传统的结构主义理论中结构差异外生的假设，认为产业结构的差异内生于要素禀赋结构的差异。因此，基于比较优势理论，新结构经济学进一步指出，根据要素禀赋结构升级产业结构是一国经济持续高效发展的最佳模式，能够使经济体获得最大的竞争优势并实现最优的经济增长路径。这意味着，一国产业政策的定位是，基于自身的要素禀赋结构调整升级产业结构。这一选择过程可以用图 2 –1 和图 2 –2 来说明。

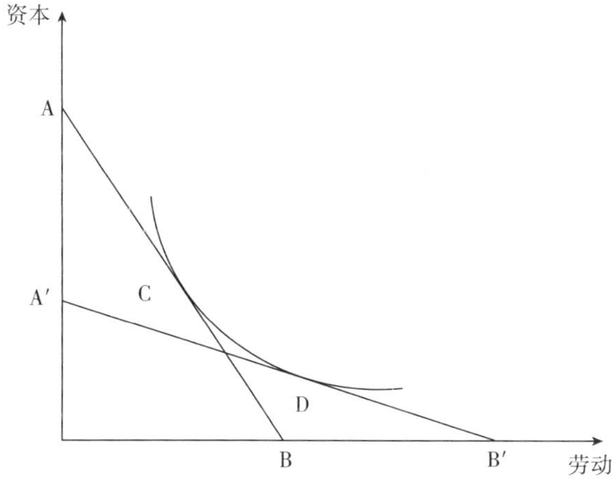

图 2 –1　产业的生产技术选择

资料来源：郭佩颖：《产业结构变动与经济增长的收敛性》，吉林大学博士学位论文，2013 年，下同。

图 2－1 中，经济系统采用资本和劳动两种生产要素进行生产，等产量线 CD 与等成本线 AB 和 A′B′分别相切于 C 点和 D 点。显然，C 点和 D 点虽然在生产过程中投入的要素结构不同，但产量是一样的，这就为各国依据自身的要素禀赋结构选择不同的生产技术奠定了基础。如果一国（通常为发展中国家）劳动要素较为丰富，则应选择密集使用劳动要素的生产技术（C 点）；如果一国（通常为发达国家）资本要素较为丰富，则应选择密集使用资本的生产技术（D 点），这样才能充分发挥比较优势，实现成本的最小化。

进一步地，可通过图 2－2 说明一国根据自身的要素禀赋选择产业结构的过程。设经济系统中存在三种产业 L、M、N，其等产量曲线分别以各自的产业名称命名为 L、M、N。其中，L 产业的等产量曲线更接近资本轴，适合采用密集使用资本要素的生产技术进行生产，我们将其称为资本密集型产业。N 产业的等产量曲线更接近劳动轴，适合采用密集使用劳动要素的生产技术进行生产，这里将其称为劳动密集型产业。因此，对于资本要素相对丰裕的发达经济体来说，更适合发展资本密集型产业，因而应选择 L 产业作为其主导发展产业。而对于劳动力要素较为丰富的欠发达经济体来说，则更适合发展劳动密集型产业，因而应选择 N 产业作为其主导发展产业。M 产业的等产量曲线与 AB 和 A′B′两条等成本曲线均相切，说明 M 产业并没有明显的要素密集性质，资本密集型和劳动密集型生产方式均可选择。这意味着，各国可根据资源情况选择性地发展 M 产业。

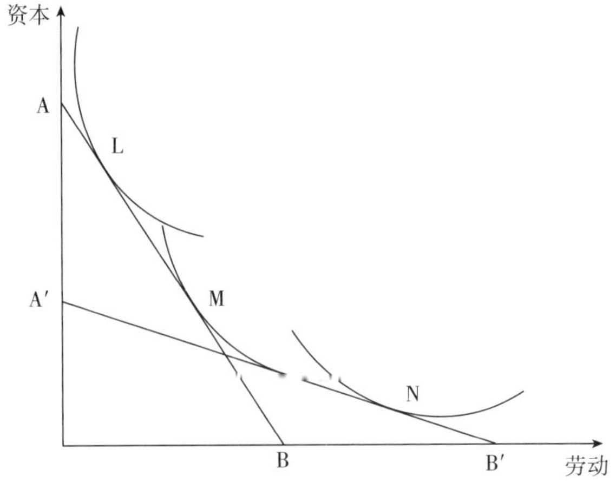

图 2－2　要素禀赋结构与产业结构选择

通常情况下，一国的要素禀赋结构会随着发展阶段的不同而发生变化，最优的产业结构也会相应发生变化。这种产业结构决定的内生性一方面意味着由于禀赋结构存在差异，不同发展水平的国家会形成不同的产业结构。劳动力或自然资源较丰富的落后国家，通常劳动密集型或资源密集型的产业发展较好。位于发展水平谱线另一端的高收入国家，由于工业化程度较高，资本相对于劳动力和自然资源成为丰裕要素，因此在存在规模经济的资本密集型产业中具有比较优势，应该更多地发展资本密集型产业或采用资本密集型生产组织方式。另一方面发展中国家若想要升级产业结构，必须首先升级其要素禀赋结构，只有与要素禀赋结构相对应的产业升级才是一国最具有竞争优势的产业发展方向。如果一国不按照要素禀赋结构发展产业或进行产业升级，则会导致市场中的企业缺乏自生能力，在开放竞争的市场中无法生存，从而经济增长也将偏离最优的增长轨道。

（三）技术进步理论

新古典增长理论和内生增长理论认为，技术进步是经济持续增长的根本原因。狭义的技术进步主要是指生产工艺和技能、中间投入品、生产工具等方面的革新和改进，通常表现为采用新设备和新工艺对旧设备和旧工艺进行替换和改造，或者采用新工艺并使用新的能源和材料提高原有产品的质量和性能，基于技术创新研发新产品，通过专业培训提高工人的劳动技能等。广义的技术进步是指各种形式的知识积累与创新。在开放经济条件下，技术进步主要通过技术创新、技术扩散以及技术转移与引进等方式实现。后发国家的工业化赶超在实质上就是技术的赶超。

如果不同产业部门的技术进步速度不同，产业结构变动就会对经济增长产生影响。在通常的经济活动中，技术创新及其应用在各个产业部门间并不是均衡进行的，而是首先出现在某一部门并通过扩散效应逐渐渗透到其他部门。技术创新快且对技术创新使用效率高的部门，其生产率和生产率增长率就会高于其他部门。这样，一方面该部门相对更快的增长会直接促进经济更快的增长；另一方面行业间生产率的差异是构成资源再配置效应的基础。罗斯托指出，这一过程通常是通过新兴主导产业部门的出现和不断更替形象地表现出来。新兴产业及新主导产业部门，不仅自身会以更高的生产率促进国民经济更快地增长，也会通过与其他部门的复杂关联以及对低效率的旧产业部门的替代而带动经济整体效率的提高。

（四）外部效应理论

外部效应在产业这一中观层面的含义是，某些产业的发展无意识地影响了其他产业，而没有为产生的不利或有利影响支付一定的补偿费用或获得应有的报酬。因此，如果某一产业部门具有较强的正外部效应，那么该产业的发展就能够对相关产业的发展起到较强的促进作用。比如，较为常见的是知识技术密集型产业的发展会使得其所使用的知识和技术以溢出的方式而被其他产业模仿采用，从而提高其他产业的生产效率。

周静（2015）提出产业间溢出效应的三个因素：一是产业类型。不同要素密集型行业对科技和知识的依赖度不同，表现为劳动密集型产业对劳动者的技能熟练程度较为敏感，技术溢出效应弱。而资本和技术密集型产业对科技进步的依赖性较大，技术溢出效应明显。二是产业间的关联程度。不同产业在产品、技术、价格等方面存在关联。一个产业某些属性的变化必然会引起关联产业相应属性发生变化。通常情况下，产业间的溢出效应随着产业关联程度的提高而更明显。三是关联产业对新技术的吸收能力。如果吸收产业与溢出产业技术水平差距较大，则两者便无法形成对接，溢出效应也难以实现。

（五）制造业与服务业融合发展理论

在信息技术的推动下，制造业与服务业二者融合发展现象已成为现代产业发展的重要特征。在不断的融合过程中，制造业与服务业的边界将更加模糊，二者的相互依赖程度和相互促进作用将会进一步深化和增大，并最终融为一体。Marceau 和 Martinez（2002）提出现代经济条件下企业实施竞争策略的三种形式，而这实际上就是制造业与服务业相互联系或者相互融合的三种形式：一是制造企业将服务产品作为中间投入嵌入到生产过程中，二是制造企业在销售产品的同时或之后提供相关服务，三是服务企业将品牌服务价值嵌入到从制造企业购买的商品中。在上述三种融合形式中，第一种可以称为制造投入的服务化，即在制造产品的中间投入中，服务要素的占比和重要性越来越大，逐渐实现由生产型制造向服务型制造的转变，这是制造业发展影响服务业的主要方面。第二种可以称为制造产出的服务化，即制造企业在销售实物产品的同时或销售产品之后，越来越多地配套销售服务产品，如电子、机械设备等制造企业已不再是简单地销售产品，而是同时提供包括安装、操作、售后等在内的系统配套服务（陈宪、黄建锋，2004），实现由生产型企业向服务型企业的转型，典型企业有 IBM 和 GE 等。两种融合方式合起来称为制造业的服务化或服务型制造，是制造业与服务业两者最常见、最典型也是最重要的融合发展形态。第三种属于服务业制造化[①]的范畴。通常情况下，服务业制造化同样表现为两个方面：一是服务业进一步向制造业渗透，即以制造业为市场，提供金融、物流、咨询、研发等生产性服务，这与制造投入的服务化在本质上是一致的；二是一些价值链主导型服务企业，凭借其对产业链高端环节的控制力，通过贴牌生产、连锁经营或直接进入等方式向制造领域延伸和拓展。有些企业直接建立自己的制造工厂，有些企业将制造业的现代化生产方式、标准化产品引入服务业，通过依托产品提供服务的方式提高服务的供给质量和效率，以此实现全产业价值链的增值（李美云，2011；肖挺、刘华，2013；王晓红，2014）。如银行、通信企业和物业公司分别通过信用卡、通信设备和门禁监控系统等提供相关服务，快餐连锁店采用机器加工标准化食品等，这些都能在很大程度上提高服务业的运营效益。制造业与服务业融合发展程度的不同阶段可用图 2－3 表示。

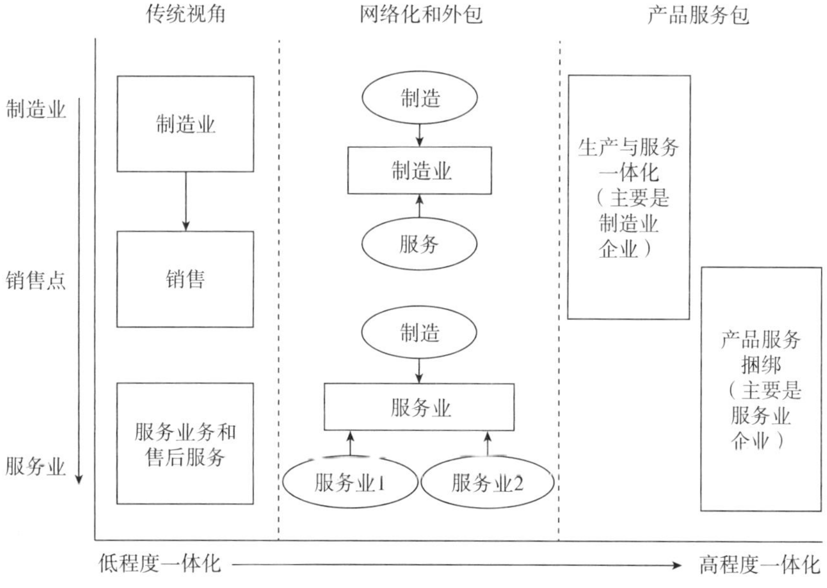

图 2－3　制造业与服务业融合发展程度的不同阶段

资料来源：Marceau, J., Martinez D. C., "Selling Solutions: Product－Service Packages as Links between New and Old Economies", Colindancias Revista De La Red Regional De Hispanistas De Hungr, 2002.

① 李美云（2011）进一步指出，服务业的制造化由于没有改变服务业的服务功能，只是为提高服务效率和质量而采用现代化运营方式，因此并不是真正意义上的产业融合。

第二节　宏观层面的结构变动与经济增长

以市场价格机制运作为理论核心的新古典增长理论忽略了经济增长中的结构因素，因此无法合理解释发达国家早期工业化过程中所呈现的经济结构的变动现象以及发展中国家工业化过程中所出现的经济结构的非均衡性。在这样的背景下，20 世纪 50 年代以来，关注结构变动的非均衡发展理论逐渐兴起，关于结构变动与经济增长相互关系的研究成为国内外学者关注的重要内容，涌现出众多研究成果。

一、传统发展经济学的结构变动与经济增长

刘易斯（1954）提出二元经济发展模型，将发展中国家的经济划分为传统农业部门和现代工业部门。前者往往使用劳动密集型技术，而且由于实行家庭内部收入的分享机制而聚集了大量的劳动力，其边际劳动生产率特别低，刘易斯称为剩余劳动力，剔除也不会显著影响传统农业部门的生产活动；而现代工业部门的边际劳动生产率显著大于零，工人的工资也远高于传统农业部门，所以劳动力会不断地从生产率低的农业部门向生产率高的工业部门转移，直至剩余劳动力完全转出，由此实现了一元经济结构。显然，劳动力从低生产率向高生产率部门流动的产业结构变动会推动经济增长。这也意味着，落后国家若想实现经济的快速增长，就要大力发展生产率较高的现代工业部门，并促使劳动力由落后部门向现代部门流动。

罗斯托（1960）认为，近代经济增长从本质上来看是一个部门变动的过程，它根植于现代生产技术所支撑的生产函数的累积扩散之中，强调离开部门分析，经济增长将难以得到合理解释。他以创新为基点，采用非均衡的动态结构演进分析法，对某些率先进行创新的产业部门，尤其是以创新为基础的新型主导部门，通过产业关联和扩散效应促进其他产业发展，并进而对加速经济增长的状况进行考察。在这个自我持续的总量增长过程中，罗斯托认为，新技术的吸收是一个非均衡的部门过程，某个率先引进新的重要技术或创新的部门，将通过与其他产业部门及整体经济复杂的关联，对产业结构的转换发生猛烈的冲击和推动作用，引

致新兴主导产业部门出现，并不断替代旧的主导产业部门。主导部门依次更替过程中产生的各种扩散效应，是促进经济增长产生飞跃的关键。

库兹涅茨（1971）最早对结构变动与经济增长的关系进行研究，一方面认为经济增长是一个总量的过程，只有高水平的总量增长率才能带来生产结构的高变动率；另一方面库兹涅茨（1979）指出，由于生产体系中各部门的增长速度存在较大的差别，因此，如果没有各种要素在部门之间的充分流动，从而导致产业结构的重大变化，获得人均产出的高速增长是不可能的。这意味着，结构变动是经济增长的本质和原因，而经济增长只是结构变动的表象和结果，即脱离了结构变动将无法认识和获得经济增长。他通过对美国 1880 ~ 1948 年 38 个制造业行业的研究发现，处于优势地位的产业部门超高的增长速度是现代经济增长的直接原因。优势产业部门较高的经济规模占比和强劲的增长势头，抵补并超过了劣势部门增长的下降，因而能对总体经济增长产生较大贡献，证明了产业结构变动对经济增长的重要性。通过对大量统计数据进行长期趋势分析与截面分析，库兹涅茨得出，1948 ~ 1966 年美国生产率的提高有 10% 是结构变动带来的。

钱纳里等（1975）在《工业化和经济增长的比较研究》一书中指出，经济增长过程实际上是国民经济结构的变化，而各部门的不均衡增长是经济增长的重要原因。由于市场机制不完善，发展中国家的经济结构表现出比发达国家更突出的非均衡性。因此，产业结构变动的空间相比发达国家更大。相应地，以资源流动为特征的结构变动对发展中国家的经济增长具有更大的潜力和作用。以钱纳里（1975）为代表的一些经济学家认为，经济增长是要素投入规模扩大和结构转变共同作用的结果。他们首先将结构因素引入新古典增长模型中，发现新模型显著提高了对不同发展中国家增长率差别的解释力。虽然统计分析上的显著性不能说明存在基本的因果关系，但至少表明结构变动对经济增长具有显著贡献这一事实，是对经济增长影响因素研究的突破。后来诸多学者在分析经济增长的影响因素时开始将结构变量引入分析模型和回归方程。

Pasinetti（1981）提出“结构动态经济学”理论，基于不同部门间生产率增长速度和需求扩张程度的不同而引起的部门间资本和劳动收益的差别，将要素在部门间转移带来的结构变化明显地纳入经济增长分析中。通过研究发现，在产业结构变动适应需求变动的前提条件下，通过对技术进行更加有效的利用，促进要素从低生产率向高生产率的部门转移会加速经济增长。相比于人口增长和技术进步引起经济增长这两种方式而言，他认为结构变动带来的经济增长更具有一般性和现实性，成为增长理论发展中的一个突破性进展。Denison（1967）基于索洛增长模型将经济增长的来源分为要素投入增加和全要素生产率提高两部分。他认为，结构变动是全要素生产率提高的重要因素，解释了美国 1929～1957 年的经济增长。伯格和赫里克（1977）通过对较发达国家的投入产出结构进行分析，发现结构变动带来的经济增长效应远大于个别部门劳动生产率提高带来的经济增长效应。

二、基于多部门增长模型的结构变动与经济增长

根据引起经济结构变动原因的不同，目前关于多部门增长模型的研究可以分为基于需求引起结构变动的多部门增长模型和基于供给引起结构变动的多部门增长模型。考虑到本书关注的是产业升级中的结构变动与经济增长，而并不关心结构变动的影响因素，因此不对两类文献做区分，而是大致按照先后顺序并兼顾分析的逻辑性进行概括和总结。

（一）鲍莫尔成本病模型及相关研究

鲍莫尔（Baumol，1967）基于部门间有差异的技术进步率对结构变动和经济增长的关系进行研究，对后来将结构变动这一因素纳入新古典增长模型具有重要的启发意义。他将经济分成进步部门和停滞部门（前者生产率大于后者生产率），构建了一个包含两部门的非均衡宏观经济增长模型。在工资增长率与技术进步部门的劳动生产率同步，以及要素自由流动等假设下，停滞部门的生产成本和价格将无限提高。如果停滞部门的产品对收入富有弹性，而对价格缺乏弹性，市场对该部门产品的需求将随收入和价格的上升而增加，更多劳动力将从进步部门转移到停滞部门以满足不断增加的需求，从而导致经济增长率下降。最后，当劳动力全部转移至停滞部门时，经济增长率将趋于零，这种现象被称为 Baumol 成本病。

在实际生产活动中，进步部门和停滞部门分别类似于制造业和服务业。这是因为，正常的生产率增长主要依赖于物质资本增进型的技术创新。相比于第二产业较强的资本劳动替代能力，第三产业资本替代劳动的能力很弱，从而导致技术创新难以带来生产率的长期正常增长。通常情况下，同鲍莫尔提出的现场表演艺术（经典的例子是莫扎特四重演奏）这一生产率增长率几乎为零的服务部门相似，服务业中还有很多部门，如图书馆、教育、医疗等行业，一方面需要服务业提供者直接参与，另一方面由于可标准化程度太低而无法实现规模经济，导致生产率增长极为缓慢。而社会对这些服务部门的需求往往比较稳定，因此需要更多

的资源投入到这些产业部门，使提供这些服务的成本将不断增大。这正是许多向服务业转型的经济体出现成本病现象的原因所在。

后来的学者对 Baumol 模型进行了大量的研究，一方面从更符合经济发展事实的角度对模型的假设等进行修改或补充，另一方面通过搜集不同国家的数据进行实证分析，以检验成本病是否存在。如 Oulton（2001）、Guerrieri 和 Meliciani（2005）、Kox 和 Rubalcaba（2007）、Bogliacino 等（2013）等考虑到服务产出可以作为中间投入品的事实，对 Baumol 模型中服务业产出只是作为消费品的假设进行修正。在此基础上，通过构建新模型证明，即使提供中间投入的服务部门的技术进步是停滞的，生产要素流向这些部门也有助于促进生产率的增长。Pugno（2006）、Vincenti（2007）等进一步把服务作为一种消费品引入效用函数与人力资本积累函数，认为服务消费的增加能够促进人力资本的积累，得出消费性服务业比重的上升会促进人均国内生产总值增长的结论。Wilber（2002）基于技术进步内生化的经济增长模型证明，服务业的相对更快发展对经济增长的影响与其相对于制造业的资本密集度有很大关系。相对较高的资本密集度使服务部门生产规模的相对扩大能够提高经济的长期增长率。Nordhaus（2006）借助美国 1948～2001 年的行业统计数据对鲍莫尔成本病假说进行检验，结果发现停滞部门价格上升、实际产出规模下降，而进步部门就业增长率更低、工作时间更短的现象。随着劳动力向停滞部门转移，美国在 20 世纪后半期的生产率增长放缓。Hartwig（2011）利用 Nordhaus（2006）的计量方法和欧盟 KLEMS 数据分析发现，欧盟同样存在“成本和增长病”。

可见，关于服务业比重上升对经济增长或生产率增长影响的研究并没有得到一致性的结论（Maroto－Sanchez，2010；Fernandez 和 Palazuelos，2012）。这主要有以下两个原因：一是服务业不同于制造业，其生产率难以准确衡量。现行对服务业产出及生产率增长进行衡量的统计方法大多存在低估现象（Riddle，1986；Griliches，1992）。二是不同服务业行业比重上升对经济增长的影响不同（李建华、孙蚌珠，2012）。通常情况下，现代服务业的更快发展对经济增长的促进作用大于传统服务业。

（二）多部门经济增长模型的近期发展

Echevarria（1997）在非位似偏好等假设下，基于索洛模型构建了一个要素密集度和技术进步率在三部门间显著不同的动态一般均衡模型，较好地刻画了恩格尔定律在消费结构变迁与经济增长中的作用。同时，作者采用 67 个国家 1970～

1987 年的人均 GDP 增长率和三个部门的增加值份额数据，实证分析部门构成与经济增长的关系。研究结果表明，非位似偏好导致的部门构成变化会影响一国的经济增长。相反，经济增长也会带动部门结构升级和变迁，两者之间存在着双向的传导关系。

Kongsamut 等（1997）通过考察美国三大产业的就业和消费支出比重在长期经济增长中变动的经验规律，提出一个融合卡尔多事实和库兹涅茨事实的三部门模型。该模型假设各部门具有一次齐次的生产函数和相同的外生技术进步率。居民家庭拥有 Stone – Geary 型效用函数，即对农产品、工业品和服务品的需求收入弹性分别小于 1、等于 1、大于 1。因此，市场对不同产业产品的需求随着收入提高的增长速度不同，这最终会导致三次产业部门就业和产值份额发生变动。不过，模型必须满足总产出的增长率恒定且最终产品的技术水平为常数这一刀锋条件；否则，非位似偏好引起的结构变动将与卡尔多事实不相容。

国内学者陈晓光和龚六堂（2005）构造了一个技术进步外生的包含农业、制造业与服务业三部门以及消费品与服务品两种产品的增长模型。其中，消费品由农业部门和制造业部门采用不同的生产技术进行生产，服务品由服务部门提供。该基础模型发现，不同商品需求收入弹性的差别是导致经济结构变动的重要原因。随着人均 GDP 的增加，产业结构呈现出农业占比不断减少，制造业先增加后减少，服务业则不断增加的变动趋势。在此基础上，作者进一步构造以研究与开发为技术进步动力的卡尔多模型和以学习与人力资本积累为经济增长动力的城市化模型。前者假定研究和开发人员数量与制造业部门就业人数成正比，进而通过两模型考察结构变动对内生经济增长的影响，并分别得出工业部门驱动经济增长以及城市化是经济增长动力的结论。

Ngai 和 Pissarides（2007）通过构建全要素生产率增长率存在差异的多部门非平衡增长模型，对 Baumol（1967）的结论进行更为严格的验证和进一步的拓展。在假定所有生产部门具有相同的柯布—道格拉斯生产函数的基础上，为强调技术增长率差异在经济结构变化中的作用以及排除资本密集度对经济结构变化的影响，模型还假定消费者具有 CES 形式的效用函数，而且每种产品都投入相同的资本份额进行生产。这样，如果产品之间的替代弹性大于 1，劳动力就会从技术进步慢的部门向技术进步快的部门流动；相反，劳动力则会从技术进步快的部门向进步慢的部门流动。极限情况下，经济系统最终只剩下一个消费品生产部门和一个资本品生产部门。Ngai 和 Pissarides（2007）进一步研究得出与 Baumol

（1967）“成本病”不同的结论，即跨部门 TFP 增长率驱动的结构变迁不会损害经济增长动力，仍然能够实现整体经济的平衡增长。

陈体标（2007）则综合 Engle 效应和 Baumol 效应，基于生产技术构建了一个由 n 个中间产品部门和 1 个最终产品部门组成的多部门增长模型。中间产品部门和最终产品部门分别采用柯布—道格拉斯生产函数和不变替代弹性生产函数进行生产。而且同 Ngai 和 Pissarides（2007）一样，模型假定每种中间产品在生产过程中采用相同的资本份额。通过分析得到比 Ngai 和 Pissarides（2007）更明确的结论，即中间产品生产部门在技术进步速度上的差异及其产品在最终产品生产过程中存在的替代性，会引起要素资源在不同部门之间流动，进而引起中间产品产值的相对份额发生变动，变动方向取决于替代弹性与 1 的大小。当替代弹性等于 1 时，经济将平衡增长，满足 Kaldor 事实的基本特征。与 Ngai 和 Pissarides（2007）不同的是，该模型在极限情况下将变为单部门增长模型。多部门增长模型总量增长的动态形式与单部门增长模型相同，且区别在于技术结构。这意味着，该研究可以为进一步分析多部门经济增长及生产技术对结构变动的影响提供一个基准框架。

Foellmi 和 Zweimuller（2008）基于恩格尔需求等级设定消费偏好，并在此基础上，通过引入非线性恩格尔曲线来考察需求因素带来的结构变迁与经济增长，扩展了产品内创新驱动的内生增长模型。他们假设所有商品都会从最初高收入弹性的奢侈品最终转变为低收入弹性的必需品。因此，在不考虑部门间技术差异的情况下，非线性恩格尔曲线产生的消费周期是结构变迁发生的根本原因。研究发现，内生的产品创新对整体经济增长与结构变迁之间存在的因果关系起着非常重要的作用。这一方面是因为内生产品的创新活动由结构变迁的速率决定，另一方面结构变迁的速率又受到整体经济增长的影响。

Acemoglu 和 Guerrieri（2008）基于要素比例和资本深化程度的差异，构建了一个含有外生技术进步的两部门非平衡增长模型，对供给因素驱动下的结构变动与经济增长进行分析。基于资本和劳动力在两部门间可以自由流动的假设，作者发现资本深化有助于提高资本密集型部门的相对产出，但同时会引起要素流向资本深化程度较低的行业，即要素比例和资本深化差异会引起部门间非平衡的经济增长。在利率及国民收入中资本收入份额基本不变的条件下，仍然可以满足卡尔多特征事实。

李尚骜和龚六堂（2012）将技术进步内生化，拓展了 Kongsamut 等（1997）

提出的外生经济增长模型。他们假设农业收入和农业劳动力投入量会影响维持居民家庭自身生存所需的最低农产品消费量的增长，而服务业收入及其技术复杂程度会影响居民家庭内部生产的服务数量的增长。基于这种假设，居民家庭在各种因素的影响下决定维持生存消费的农业和自我提供服务的服务业，两者的动态变化引起两部门实际利率的变化及部门经济增长的差异，进而带来生产结构的变化，并最终影响部门和整体经济的增长。

三、三次产业升级与经济增长

20 世纪 90 年代以来，学术界涌现出大量关于三次产业结构变动对经济增长影响的研究[①]，得到的结论大多是肯定性的，即从农业向工业进而向服务业转变的产业结构高级化具有显著的经济增长效应，如 Dowrick 和 Gemmell（1989）、Sachs 和 Woo（1994）都认为，劳动力从农业向工业和服务业的再配置对经济增长具有重要意义。Peneder（2002）对 28 个 OECD 国家 1990 ~ 1998 年的数据进行研究，发现产业结构变动对宏观经济发挥着决定性作用。Jorgenson（2003）考察了美国经济增长的根源，并通过国际比较揭示出结构变动对经济增长的重要性。Mcmillan 和 Rodrik（2012）的实证研究表明，亚洲、拉丁美洲和非洲的发展中国家增长差异的大部分可以归因于结构转变对总体劳动生产率的不同贡献，等等。

国内学者郭克莎（1992）、胡永泰（1998）、蔡昉和王德文（1999）、潘文卿（1999）、郭熙保（2002）等也都通过研究发现，产业结构变动是经济增长或生产率增长的重要源泉。李春生和张连城（2015）以我国 1978 ~ 2013 年改革开放以来的数据为基础，采用 VAR 模型对经济增长与产业结构的关系进行实证分析，发现产业结构升级对经济增长具有过程缓慢但效果持久的影响，而近期的研究出现异化现象，如刘伟和张辉（2008）研究发现，产业结构变迁对经济增长的贡献随市场化程度的提高而逐渐减弱。干春晖等（2011）的研究表明，产业结构高级化对经济增长的影响具有较大的不确定性。干春晖、郑若谷（2009）和王鹏、尤济红（2015）基于对生产率增长率的分解发现，劳动力在三次产业间流动能产生显著的结构红利效应，但前者得出资本具有结构负利，而后者得出资本结构红利微弱的结论。辛超等（2015）采用多部门增长核算法分析发现，20 世纪 90 年代

① 鉴于产业结构变迁通常呈现出一种高级化的演进过程，因此产业结构变动对经济增长的影响一般可理解为产业结构升级对经济增长的影响。

以来，我国资本在产业间配置的结构效应并不明显，但劳动力在不同行业间配置的增长效应显著。

第三节 制造业升级与经济增长

同关于宏观层面的结构变动与经济增长的研究相比，制造业对经济增长的相关研究起步较晚，在20世纪末，特别是进入21世纪后才逐渐引起学者的研究兴趣而兴盛起来。目前关于制造业升级与经济增长的研究主要集中于制造业结构变动层面，可以分为两大类：一类是制造业结构变动带来的资源再配置效应，将其称为制造业结构变动对生产率提升的影响研究；另一类是制造业结构变动对服务业发展的影响。同宏观层面的三次产业结构一样，制造业结构变动通常也表现为从低级向高级的升级过程。因此，这里将两类研究分别称为制造业升级与生产率提升的相关研究及制造业升级与服务业发展的相关研究。

一、制造业升级与生产率提升

在现有关于制造业结构变动对生产率提升的影响研究中，不同学者得到的结论较为不一致。Salter（1960）对英国1924～1950年28个制造业行业的研究表明，制造业结构变动对生产率具有显著的促进作用，是早期较少对制造业进行研究并得出重要且具有确定性结论的代表性学者。国外学者Lucas（1993）和Verspagen（1992）分别从供给面和需求面提出工业发展模型，强调结构变化对生产率提高的重要作用。Sepp和Varblane（2014）通过对韩国和爱沙尼亚的生产率差异进行分解，发现各制造业行业的内部增长效应是生产率差异形成的主要原因。但同时也得出制造业结构变化具有明显的生产率增长效应，从而为制造业内部结构变动的结构红利假说提供了经验支持。而Timmer和Szirmai（2000）对印度、印度尼西亚、韩国、中国台湾1963～1993年的13个制造业行业及Fagerberg（2000）关于39个国家1973～1990年24个制造业行业的研究，Peneder（2002）对欧盟不同类型制造业结构变化与经济增长的分析以及Singh（2004）对韩国1970～2000年的研究均没有证明制造业结构变动对生产率增长具有显著的促进作用。

国内学者郑玉歆（1993）分析发现，我国 1980～1990 年制造业结构变动对全要素生产率的增长具有积极影响。王德文等（2004）基于辽宁 560 家工业企业在 1999～2001 年共 3 年的统计调查数据进行研究，发现结构变动对工业整体的生产率增长有促进作用。徐建荣（2008）通过对我国 1995～2007 年不同要素密集型制造业行业及各行业内部的结构变动进行考察，发现生产要素在不同行业间的流动是制造业增长的主要动力。白重恩和张琼（2014）通过分析要素配置指标对 TFP 的影响发现，要素配置效率是影响 TFP 增长的重要因素。而张军等（2009）对工业 TFP 增长率的分解结果表明，各工业行业间的要素重置对持续增长具有重要影响，但在 21 世纪出现逆转。吕铁（2002）研究发现，1980～1997 年我国劳动力在不同要素密集型行业间的转移对生产率增长的贡献并不明显。李小平、卢现祥（2007）也通过分析证实，生产要素在重新配置的过程中并没有向生产率增长率高的行业流动，因此结构红利不显著。这意味着，制造业整体的生产率增长主要来自各行业内部生产率的增长。曾先峰和李国平（2011）使用扩展的钱纳里—塞尔奎因模型对 1985～2007 年中国工业的资源再配置效应进行分析后得出相同的结论。另外，姚战琪（2009）和赵春雨等（2011）的研究甚至发现，资本和劳动在不同工业行业间的再配置效应均为负，再次否定了结构变化的生产率提升效应。

二、制造业升级与服务业发展

学术界关于制造业对服务业发展的影响始于对两者相互作用关系的研究。现有的研究成果可以概括为偏向一方的“需求遵从论”与“供给主导论”，以及两者相互促进的“互动论”与“融合论”。其中，“需求遵从论”强调制造业的重要性，认为制造业处于主导地位，而服务业处于附属地位。这是因为，服务业的发展要依赖制造业发展产生的对金融、信息、咨询、研发等的需求（Cohen 和 Zysman，1988；Rowthorn 和 Ramaswamy，1999）。没有制造业，这些服务部门就失去了需求基础。而“供给主导论”则强调服务业的重要性，认为服务业居于主导地位，因为制造业的发展要依靠服务业提供的多种生产性服务。离开发达的生产性服务部门，将难以形成竞争力较强的制造业（O’Farrell 和 Hitchens，1990；Pappas 和 Sheehan，1998；Eswaran 和 Kotwal，2002）。事实上，正如 Shugan（1994）从分工的角度所指出的，一方面，随着制造业的不断发展，许多原来在制造业内部完成的设计、研发等自我服务性工作逐渐分离出来，通过外包方式转移到服务业部门，这样许多制造业需要的中间服务投入就从内部的自我提供转为向外部服务提供商购买，即内部服务活动的外部化和市场化带来生产性服务业在产业层面的扩张（Bhagwati，2007；程大中，2008）；另一方面，专业化的服务有助于提高制造领域的生产率，从而降低生产成本和产品价格，这一结果反过来进一步增加了制造业对服务的需求，促进服务业不断发展。这意味着，制造业与服务业两者之间是一种互依互促的共生关系，并在信息通信技术的推动下呈现融合发展态势。这就是目前学术界较为普遍的制造业与服务业相互作用的“互动论”和“融合论”（Daniels，1985；Coffey，1991；Noyelle 和 Stanback，1984；格鲁伯等，1993；吕政等，2006；乔均和施建军，2009；陈宪和黄建锋，2004；植草益，2001；周振华，2003；李文秀和夏杰长，2012；姚小远，2014）。同样持有此观点的 Park 和 Chan（1989），通过对处于不同收入水平的 26 个国家进行投入产出分析发现，制造业与服务业二者之间的相互依赖性并不对称，后者对前者的依赖性大于前者对后者的依赖性，也即制造业对服务业的影响程度大于服务业对制造业的影响程度。刘书瀚等（2010）的实证研究也表明，制造业对生产性服务业的拉动作用要大于生产性服务业对制造业的促进作用。

制造业与服务业二者之间的互动关系说明，服务业作为制造业中间投入的重要供给部门，对制造业生产率的提高和竞争力的形成至关重要。同时，作为服务需求的重要领域，制造业的不断发展对服务业规模的扩大和专业化生产形成核心驱动。以信息通信技术为代表的生产性服务业在 20 世纪 80 年代以来的迅速发展使关于服务业对制造业影响的研究一度占据主导地位。而关于制造业对服务业影响的研究则较多地蕴含于对两者相互关系的研究中，而且大多是基于制造业整体的视角进行的。如 Klodt（2000）对两者关系进行研究后指出，制造业的中间需求是导致服务部门增长的主导因素。喻春娇和郑光凤（2010）关于湖北生产性服务业和制造业两者互动发展情况的分析发现，制造业对传统服务业和技术及知识密集型服务业的直接消耗水平较高。然而，影响力系数等投入产出指标表明，制造业对生产性服务业产生的需求驱动作用微弱。高觉民和李晓慧（2011）基于中国 2000～2007 年的省际面板数据，建立包含制造业与生产性服务业两者产出方程的联立方程模型，发现制造业发展表现出对生产性服务业的显著促进作用。陈艳莹和赵旭（2011）研究认为，制造业服务外包有助于增加生产性服务业的产出和就业，同时可以通过促进生产性服务业这一类知识技术密集型行业的发展带动服务业产业结构升级，从而直接和间接地影响服务业的劳动生产率。钟韵和赵玉英（2014）基于对数—线性模型研究东部沿海地区制造业发展对服务业的影响，发现中等规模城市的制造业对服务业具有较强的促进作用，而且对消费性服务业表现出的促进作用相比于对生产性服务业的更为突出。一些关于生产性服务业区位布局的研究反映出其对制造业较强的依赖度。如 Martinelli（1985）研究发现，生产性服务企业倾向于布局在制造业企业集聚的地区。聚集在制造业周围的生产性服务企业，具有更强的创新能力和更好的发展前景（Makun 和 Macpherson，1997；Dreyer，2003）。持有此种观点的还有 Noyelle 和 Stanback（1984）以及我国学者陈殷和李金勇（2004）等。

少数学者关注了制造业的结构变动。如 Guerrieri 和 Meliciani（2005）运用技术差距方法对 OECD 中的美国、德国、日本、英国、法国和丹麦 6 个成员国生产性服务业的国际竞争力进行研究，发现金融、通信和商业（FCB）相对其他服务业的更快增长主要得益于知识密集型制造行业，如办公及计算设备、专业性产品、电力设备、收音机、电视机通信设备、工业化学品和药品等行业对其产生的大规模需求，因而得出制造业结构变动对生产性服务业的发展具有重要影响的结论。Franke 和 Kalmbach（2005）基于投入产出表，从技术、进出口、投资乘数效应等方面研究制造业对生产性服务业的影响，发现不同制造业行业对生产性服务的需求程度不同。一些行业可能相对于另一些行业更密集地使用生产性中间服务，因此不同的制造业结构会产生对生产性服务的不同需求。在 Franke 和 Kalmbach（2005）的基础上，梁晶晶和黄繁华（2007）进一步考察制造业国内最终需求因素对生产性服务业的影响，发现制造业部门的技术进步对生产性服务业的产出增长具有较大贡献。而制造业部门产品的进出口结构以及产出增加引致的投资均没有表现出较大影响。综合来看，与制造业出口核心部门相比，制造业出口非核心部门能产生对生产性服务业更大的产出增长效应[①]。但在技术变迁与生产性服务业的结合方面，出口核心部门的倾向性更大。Guerrieri 和 Meliciani（2005）、Franke 和 Kalmbach（2005）以及梁晶晶和黄繁华（2007）的研究结论意味着，制造业不同行业或不同的生产技术水平由于具有不同的生产性服务需求而表现出对生产性服务业较为不同的影响。周达（2008）和郭庆然（2014）是少数将制造业结构变量引入计量模型来研究制造业对服务业影响的学者，两者都

① 制造业出口核心部门是我国出口额最大的五个制造业，包括纺织业、服装皮革羽绒及其他纤维制品制造业、化学制造业、电气机械及器材制造业、电子及通信设备制造业。

基于没有控制变量的模型发现，不同制造业行业对不同服务业影响的显著性和影响大小均存在较大差异。

第四节 对已有研究的述评

国内外学者就结构变动对经济增长的影响进行了广泛而深入的研究，且取得了十分丰硕的研究成果。宏观视角下，传统发展经济学关于结构变动与经济增长的研究大多是基于各国的发展实践，通过统计分析和对比研究得出具有一般性的经验规律。基于多部门增长模型对结构变动与经济增长的研究，将结构因素纳入新古典（内生）增长模型，更注重采用数理推导的方法进行实证分析，从而为后续研究结构变动对经济增长的影响提供一个模型推理层面的理论分析框架。而20世纪90年代以来经验研究方面的新进展则主要集中于三次产业结构高级化对经济增长的影响层面，而且大多得到产业升级具有显著的经济增长效应的结论。目前关于制造业升级与经济增长的研究主要集中于结构变动层面。其中，不同学者关于制造业升级对生产率影响的研究结论并不一致。而关于制造业升级与服务业发展的研究表明，两者呈现出一种互依互促的融合发展趋势。现有研究成果为本书研究制造业升级与经济增长这一主题奠定了扎实的理论基础，对研究方法的选择和研究思路的构建形成了十分有益的启示。同时，也为本书进行更深一步的研究指明了方向。然而，目前的研究仍然存在一些不足：

首先，由于目前各国政治界、进而学术界对产业（制造业）升级的功能定位是占领市场制高点并实现经济可持续增长的重要引擎，因而社会各领域普遍存在一种共识，即产业（制造业）升级必然能够促进经济增长，这也是各种政策文件及大量研究呼吁转型升级的原因所在。相应地，不管是在国内还是在国外，现有研究大多关注的是产业（制造业）结构变动与经济增长，而较少有学者直接研究产业（制造业）升级与经济增长。虽然产业（制造业）结构变迁的基本规律是从低级向高级的升级过程，但从两种表述的概念内涵及现有研究的具体内容来看，产业（制造业）升级是一种具有特殊方向的产业结构变动，必然包含结构变动所不能涵盖的内容，如升级过程中必然存在科技创新和技术进步，而结构变动则不一定。因此，对于产业（制造业）升级来说，其对经济增长的影响不仅仅有资源配置效应和产业关联效应，很多情况下还会通过技术进步促进效率改进从而带动经济增长。从这层意义上来说，以制造业升级这一视角考察其对经济增长影响的研究还比较缺乏。

其次，在目前少数基于产业升级视角进行研究的文献中，大多都聚焦于产业结构升级。宏观层面的三次产业表现为第二产业和第三产业，尤其是第三产业相对规模的不断扩大。制造业层面则是劳动密集型行业占比不断下降，而技术密集型行业占比不断上升。很少有学者就制造业各行业的产业内升级对生产率或经济增长的影响进行实证分析。而事实上，制造业升级对经济增长的影响不仅仅表现为结构高级化的经济增长效应。基于不同制造业行业技术进步的产业内升级也是影响生产率或经济增长的重要构成。因此，有必要对各类制造行业产业内升级的经济增长效应进行分析。

再次，现有研究中的分析对象大多是基于某国或某个区域的若干国家进行研究，很少有学者基于世界多数国家进行分析。这一方面可能是由于研究的目的不同，比如以东亚奇迹的成因为分析目的，从而限定了研究对象；另一方面在很大程度上是由于产业，尤其是制造业行业分类及相关数据的限制，使得难以同时在相同的标准下对多数国家进行研究，如 Fagerberg（2000）在兼顾制造业分类的统一性和数据可得性的情况下，以最大的努力包含了 39 个国家样本。相比于其他研究大大增加了样本容量，但该研究仍然是基于各国 20 世纪末的数据进行的，其结论可能已不再适应新时期各国发展的实际，有待于进一步更新。

最后，关于制造业对服务业影响的研究大多蕴含在两者相互作用关系的研究中，多数是基于制造业整体的视角，较少有学者从制造业结构变动的角度进行分析，而从制造业升级的视角考察其对服务业影响的研究则更为少见。而且，基于投入产出分析的研究大多只关注制造业对生产性服务业的需求层面，供给层面的分析较为缺乏。另外，从目前研究的样本对象来看，多数学者同样是基于一国或几国的数据进行分析，使研究结论在对经济现象进行解释时具有一定的局限性。伴随着生产性服务业的快速发展以及信息技术的广泛应用，制造业与服务业呈现融合发展现象，制造业服务化和服务业制造化成为未来产业发展的主流趋势。在这样的背景下，制造业发展必然表现出对服务业日益重要的促进作用。相应地，服务业也日益成为制造业升级促进经济增长的一个重要的间接渠道。因此，在更具一般性的框架下（即采用更多的样本，并从需求和供给两个层面）弄清制造业升级对服务业的影响，是推动二者融合发展并共同促进经济增长的关键。

第三章　制造业地位的新变化

作为国民经济的基础，制造业对一国的经济增长异常重要，在服务经济时代仍然如此。本章将从制造业增加值在 GDP 中的占比、制造业增加值增长率、制造业对经济增长的贡献三个层面分析制造业地位的新变化，并将通过对新时期代表性国家再工业化战略的阐述将制造业提升到经济增长战略的高度。

第一节　制造业增加值在 GDP 中的占比

20 世纪 90 年代以来，世界制造业增加值在 GDP 中的占比呈现微弱的增大趋势（见图 3－1），从 1990 年的 14.91% 提高到 2015 年的 16.06%。其中，高收入经济体①的制造业份额始终处于世界平均水平以下，而且小幅下降，从 90 年代初的 14.44% 降为 2015 年的 13.68%。而中低收入经济体②的制造业份额则始终大于世界平均水平，而且呈现明显的不断增大趋势。2011 年制造业占比超过 20%，之后仍持续增长，2015 年达到 20.66%。如果以占比大小来判断制造业的重要性，那么世界制造业对经济增长的重要性则从 20 世纪 90 年代起小幅增大。高收

① 世界银行根据人均国民收入将所有国家分为四种类型：低收入国家、中低收入国家、中高收入国家和高收入国家。本书采用世界银行 2016 年根据各国 2015 年的人均国民收入制定的分类标准，即人均国民收入在 1025 美元及以下的为低收入国家，处于 1026 ~ 4035 美元的为中低收入国家，处于 4036 ~ 12475 美元的为中高收入国家，在 12476 美元及以上的为高收入国家。由于本书大部分内容包括中国香港地区，因此在分析时统一以经济体来表述，但同时为避免语言的重复，有时也用国家代替。

② 中低收入经济体包括世界银行分类中的低收入国家、中低收入国家和中高收入国家。

入经济体制造业的重要性在不断降低，而中低收入国家制造业对经济增长正表现出日益重要的作用。这可能也是近年来中低收入国家经济增长表现出较好的发展势头的原因所在。

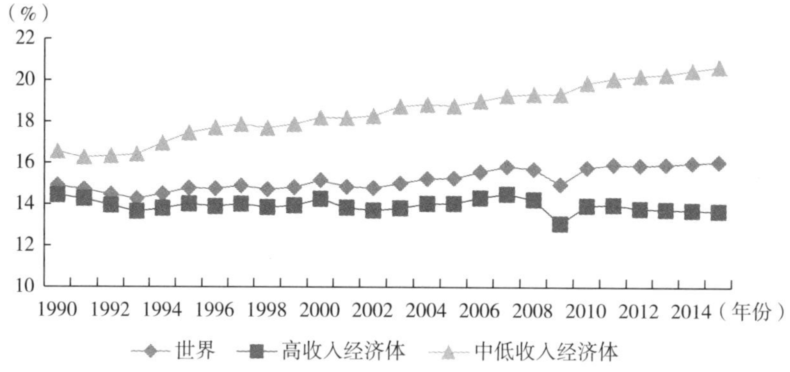

图 3－1　世界及不同收入水平经济体制造业增加值在 GDP 中的占比

注：不同收入水平经济体的数据是将所包含国家的原始数据加总得到，下同。

资料来源：根据联合国工业发展组织数据库中的数据计算绘制。

为分析不同收入水平国家制造业增加值在 GDP 中的相对规模情况，本节进一步基于丰富的统计数据，对世界各国制造业的增加值在 GDP 中的占比及其变化情况进行考察。这里以世界银行划分的 35 个高收入经济体和 44 个中低收入国家自 20 世纪 90 年代以来的制造业增加值在 GDP 中的占比为基础进行分析。具体国家选择的标准，一方面是考虑国家的代表性，如发达国家和一些重要的大国都会被纳入研究范围；另一方面尽可能地涵盖欧洲、亚洲、非洲、拉美等不同洲的国家，以使分析对象更为全面，以及分析结果更为准确和可信。另外，本章是对各国制造业整体层面的分析，有统计数据的国家较多，而且不同国家的时间序列数据也比较全，但在后续章节的分析中由于会涉及各国制造业细分行业的数据，因此，还要考虑到许多国家存在数据缺失的情况①。

① 从高收入经济体和中低收入经济体两个层面展开分析主要是因为，一方面有数据的低收入国家数量较少，另一方面低收入国家大多经济规模都较小，因此将低收入国家并入中等收入国家，并合称为中低收入经济体。需要说明的是，由于涉及制造业细分行业的数据，低收入国家数据缺失问题较为严重，有时甚至找不到低收入国家的统计数据，因此，后续几章的分析原则上采用与本章同样的国家分类方法。不同的是，在低收入国家没有数据时，则不将低收入国家纳入分析范围，而是从高收入经济体和中等收入经济体两个层面进行分析，这是后续几章中某些章节在国家分类上与本章存在些许差异的地方。

一、高收入经济体制造业增加值在GDP中的占比

高收入经济体制造业增加值在GDP中的占比显示（见表3-1），大多高收入经济体制造业的规模占比均小于世界平均水平，从而导致高收入经济体整体制造业在GDP中的占比小于世界平均水平。具体来看，不同经济体制造业的相对规模及变化趋势存在较大差异。德国、日本、奥地利、匈牙利、爱尔兰、韩国、新加坡、斯洛伐克、斯洛文尼亚、瑞典、瑞士等国家制造业的相对规模较大，而且制造业在GDP中的占比在德国、日本、奥地利、新加坡、斯洛文尼亚、瑞士等国家中比较稳定，而在匈牙利、爱尔兰、韩国、斯洛伐克、瑞典等国家中呈现增大趋势。美国、比利时、法国等国家的制造业占比均处于高收入经济体平均水平以下，不过十分稳定。英国、意大利、澳大利亚、加拿大、智利、中国香港、希腊、以色列、拉脱维亚、西班牙、卢森堡、新西兰、挪威等多数国家或地区的制造业相对规模也都不高，并呈现缩小趋势，尤其是英国、澳大利亚、智利、中国香港、拉脱维亚、卢森堡、新西兰等国家或地区制造业占比下降趋势较为明显。总体来看，由于高收入经济体中，各国制造业占比的综合下降程度超过了综合上升程度，从而在整个高收入经济体层面上表现为如图3-1所示的小幅下降现象。

表3-1 高收入经济体制造业增加值在GDP中的占比 单位：%

国家/地区	1990年	1995年	2000年	2005年	2010年	2011年	2012年	2013年	2014年	2015年
澳大利亚	11.08	10.22	9.37	8.43	7.44	7.18	6.92	6.58	6.30	6.13
奥地利	16.13	15.86	16.32	16.41	16.57	17.49	17.53	17.62	17.60	17.38
比利时	14.74	13.99	14.74	14.63	13.55	13.24	13.55	13.50	13.48	13.45
加拿大	12.97	13.20	14.51	12.67	10.04	10.09	10.04	10.06	9.98	9.69
智利	15.29	14.21	12.77	12.07	10.81	10.99	10.79	10.39	10.17	9.99
中国香港	11.90	5.39	3.75	2.33	1.71	1.65	1.61	1.56	1.52	1.40
捷克	14.03	12.31	15.44	17.57	21.25	22.95	22.81	22.43	23.31	24.51
丹麦	12.99	13.03	12.63	11.55	10.90	11.91	12.21	12.59	12.69	12.66
爱沙尼亚	11.46	11.93	12.62	13.20	13.73	14.80	14.57	14.56	14.70	14.75
芬兰	11.99	13.89	17.06	18.01	17.08	16.63	14.92	14.81	14.70	14.61
法国	10.42	10.37	10.83	10.75	10.14	10.32	10.34	10.23	10.14	10.11

续表

国家/地区	1990年	1995年	2000年	2005年	2010年	2011年	2012年	2013年	2014年	2015年
德国	22.24	19.19	19.33	19.87	19.78	20.80	20.63	20.66	20.77	20.72
希腊	10.48	9.45	8.80	8.57	6.83	6.59	6.62	6.60	6.54	6.45
匈牙利	11.64	13.30	16.46	18.10	18.53	18.31	18.54	17.47	18.05	18.59
冰岛	14.77	14.47	13.16	11.48	12.55	12.88	13.02	12.52	12.48	12.28
爱尔兰	16.09	18.72	22.15	21.04	20.15	20.65	20.44	20.02	20.31	20.61
以色列	15.66	13.51	14.19	12.74	13.24	12.62	13.29	13.05	12.84	12.62
意大利	16.28	16.57	15.77	14.98	14.22	14.42	14.16	14.04	14.04	13.98
日本	17.88	17.01	17.48	18.06	19.56	19.15	18.78	19.16	18.84	18.77
拉脱维亚	21.95	14.17	14.71	13.37	11.68	11.57	11.58	11.08	10.79	10.48
卢森堡	9.11	8.63	8.14	7.02	5.29	4.80	4.51	4.38	4.30	4.19
荷兰	11.31	11.18	11.21	10.88	10.61	10.82	10.91	10.94	11.05	11.04
新西兰	15.24	15.17	13.99	13.44	11.13	11.17	11.01	10.86	10.72	10.52
挪威	9.54	8.16	7.41	7.34	7.20	7.25	7.21	7.39	7.49	7.47
波兰	5.29	10.03	10.75	12.39	15.40	16.01	16.10	16.78	17.20	17.66
葡萄牙	14.12	12.66	13.00	12.36	11.57	11.86	12.04	12.30	12.47	12.41
韩国	19.05	19.31	22.74	24.82	27.80	28.57	28.59	28.67	28.86	29.04
新加坡	20.00	19.46	20.38	19.85	20.26	20.60	20.28	19.81	19.41	18.93
斯洛伐克	15.40	11.29	11.72	16.41	19.05	19.30	19.06	18.67	18.99	19.42
斯洛文尼亚	19.37	16.28	17.25	18.30	17.58	17.96	17.90	17.99	18.39	18.42
西班牙	15.17	14.53	15.13	14.04	12.16	12.12	11.89	11.91	12.02	11.95
瑞典	10.81	12.52	15.19	16.38	16.34	16.70	15.54	15.18	14.68	15.04
瑞士	17.35	17.90	17.42	18.58	18.48	19.65	19.27	18.80	18.90	19.00
英国	13.81	13.05	11.84	9.95	9.19	9.20	9.02	8.87	8.85	8.70
美国	11.96	12.27	12.70	12.42	12.23	12.07	11.89	11.79	11.78	11.79
高收入经济体	14.44	14.02	14.26	14.03	13.93	13.98	13.79	13.75	13.71	13.68
世界	14.91	14.78	15.16	15.26	15.78	15.92	15.89	15.93	16.00	16.06

资料来源：联合国工业发展组织数据库，下同。

二、中低收入经济体制造业增加值在GDP中的占比

与高收入经济体相比，中低收入国家制造业增加值在GDP中的占比表现出更大的差异性（见表3-2）。一方面，一些发展较好的新兴工业化国家和发展中

国家，如中国、印度尼西亚、马来西亚、菲律宾、罗马尼亚、斯威士兰、泰国等国家的制造业增加值在 GDP 中的占比处于较高水平，在所研究的年份都处于 20% 以上。其中，斯威士兰制造业占比在 1990 年高达 40.41%，之后虽然逐渐下降，但 2015 年仍然在 30% 以上。相反，中国制造业相对规模则呈现不断扩大趋势，从 1990 年 23.08% 的占比提高到 2010 年的 32.35%，之后则较为稳定，2015 年小幅提升到 32.83%。印度尼西亚、马来西亚、菲律宾、罗马尼亚、泰国等国家的制造业相对规模则较为稳定，制造业份额变动不大，大多处于 20% ~30%。另一方面，一些资源能源型国家或发展程度较低的小国，如阿尔及利亚、伊拉克、蒙古国、厄立特里亚、埃塞俄比亚、马拉维、尼泊尔、坦桑尼亚等，制造业份额在所有研究年份均小于 10%，制造业发展很弱。另外，孟加拉国、伊朗、约旦等国家的制造业相对规模呈现较为明显的扩大趋势，而巴西、哥伦比亚、毛里求斯、俄罗斯、南非等国家制造业的相对规模呈现缩小趋势。不过，整体来看，中低收入国家制造业占比的综合上升程度超过了综合下降程度，从而在整个中低收入经济体层面上表现为如图 3 -1 所示的明显上升现象。

表 3 -2 中低收入经济体制造业增加值在 GDP 中的占比 单位:%

国家	1990 年	1995 年	2000 年	2005 年	2010 年	2011 年	2012 年	2013 年	2014 年	2015 年
阿尔巴尼亚	9.06	2.94	3.30	4.97	6.06	6.65	6.21	6.33	6.01	6.04
阿尔及利亚	5.84	5.03	4.17	3.76	4.17	4.20	4.24	4.56	4.50	4.46
阿根廷	15.36	15.80	14.58	15.47	15.76	16.18	15.77	15.36	15.09	14.83
孟加拉国	11.58	13.42	13.65	14.58	16.11	16.65	17.18	17.88	18.31	18.74
玻利维亚	11.34	11.40	11.06	11.04	11.27	11.11	11.07	11.00	10.94	10.92
巴西	16.71	16.97	15.55	15.65	13.89	13.54	13.06	13.49	12.97	12.17
中国	23.08	27.15	28.61	29.41	32.35	32.51	32.89	32.67	32.79	32.83
哥伦比亚	15.67	14.16	13.61	14.16	12.76	12.54	11.91	11.29	10.83	10.60
刚果	3.29	2.71	2.14	3.27	3.55	3.73	3.90	4.12	4.14	4.12
哥斯达黎加	15.95	15.94	18.29	17.57	16.01	15.90	15.98	16.08	15.91	15.79
埃及	14.30	14.10	16.24	16.26	16.10	15.67	15.45	15.35	16.25	16.33
斐济	11.32	11.93	12.83	12.17	12.37	12.41	12.28	12.10	12.12	12.12
印度	12.78	13.90	13.28	13.34	14.29	13.92	13.45	12.71	12.64	12.68
印度尼西亚	20.83	24.15	26.68	26.99	24.73	24.72	24.60	24.55	24.46	24.61
伊朗	5.18	5.16	6.76	9.05	10.05	10.09	9.94	10.03	10.24	10.42

续表

国家	1990 年	1995 年	2000 年	2005 年	2010 年	2011 年	2012 年	2013 年	2014 年	2015 年
伊拉克	5. 13	5. 09	3. 79	2. 02	2. 68	2. 96	2. 82	2. 80	3. 53	3. 51
约旦	10. 13	11. 99	13. 39	16. 49	16. 77	17. 01	16. 95	16. 81	16. 54	16. 50
肯尼亚	13. 14	13. 75	12. 48	12. 22	11. 34	11. 64	10. 97	10. 96	10. 76	10. 57
马来西亚	20. 78	22. 91	26. 99	26. 85	24. 52	24. 42	24. 22	23. 91	23. 95	23. 90
毛里求斯	19. 63	20. 03	20. 05	17. 06	15. 10	14. 64	14. 49	14. 66	14. 46	14. 25
墨西哥	17. 46	17. 14	19. 15	17. 57	16. 58	16. 69	16. 69	16. 63	16. 89	16. 79
蒙古国	8. 05	8. 80	5. 53	6. 19	6. 42	5. 91	5. 76	5. 50	5. 25	5. 02
摩洛哥	17. 16	18. 51	17. 62	15. 87	14. 14	13. 87	13. 71	13. 24	13. 27	13. 03
秘鲁	16. 28	16. 62	15. 74	16. 34	15. 58	15. 89	15. 22	15. 13	15. 01	14. 90
菲律宾	24. 31	24. 14	23. 65	22. 92	21. 44	21. 67	21. 38	21. 99	22. 41	22. 46
罗马尼亚	24. 24	20. 46	20. 26	21. 33	21. 61	20. 97	20. 78	21. 71	21. 61	21. 56
俄罗斯	16. 19	13. 82	14. 70	14. 66	12. 82	13. 06	12. 98	12. 96	13. 01	13. 07
南非	15. 29	14. 75	14. 52	14. 00	13. 05	13. 02	12. 97	12. 79	12. 60	12. 47
斯里兰卡	15. 60	18. 07	20. 06	18. 77	18. 00	17. 95	17. 75	17. 80	17. 91	18. 01
斯威士兰	40. 41	39. 62	38. 84	37. 44	32. 89	32. 07	32. 51	32. 23	31. 94	31. 65
泰国	25. 62	26. 78	28. 62	30. 01	31. 29	29. 63	29. 61	28. 81	28. 30	28. 32
马其顿	13. 98	8. 50	9. 06	7. 81	9. 87	10. 52	9. 84	10. 08	10. 66	10. 74
突尼斯	17. 76	19. 34	19. 53	17. 73	16. 53	16. 44	16. 48	16. 48	16. 53	16. 65
土耳其	14. 31	15. 22	15. 23	15. 21	15. 66	15. 83	15. 62	15. 56	15. 68	15. 69
布隆迪	14. 85	11. 47	12. 11	10. 91	10. 24	10. 56	11. 09	11. 63	12. 00	12. 32
中非共和国	15. 79	17. 23	14. 38	14. 94	17. 41	17. 58	17. 59	17. 53	17. 52	17. 84
厄立特里亚	7. 53	8. 12	10. 39	6. 83	5. 83	5. 95	5. 76	5. 84	5. 86	5. 92
埃塞俄比亚	5. 54	4. 42	4. 36	4. 06	3. 90	4. 14	4. 25	4. 27	4. 32	4. 33
马达加斯加	13. 67	14. 10	14. 23	14. 55	13. 30	13. 65	13. 65	13. 70	13. 75	13. 81
马拉维	9. 21	9. 21	7. 35	7. 03	9. 91	9. 83	9. 51	9. 54	9. 52	9. 51
尼泊尔	5. 12	7. 51	8. 08	7. 02	5. 95	5. 98	5. 91	5. 81	5. 61	5. 52
塞内加尔	14. 63	15. 21	13. 93	13. 24	12. 08	12. 68	12. 43	11. 61	11. 62	11. 39
乌干达	7. 38	9. 54	11. 85	11. 21	10. 23	10. 06	9. 50	9. 34	9. 19	9. 19
坦桑尼亚	5. 97	5. 70	6. 09	6. 39	7. 15	6. 98	6. 92	6. 82	6. 81	6. 86
中低收入经济体	16. 56	17. 46	18. 20	18. 77	19. 87	20. 08	20. 22	20. 29	20. 48	20. 66
世界	14. 91	14. 78	15. 16	15. 26	15. 78	15. 92	15. 89	15. 93	16. 00	16. 06

第二节　制造业增加值增长率

世界层面及不同收入水平经济体的制造业增加值增长率表现出相同的增减变化趋势（见图3－2）。高收入经济体相比于20世纪90年代初仅出现十分微弱的增长，而且在绝大多数年份都低于世界制造业的增长率，在21世纪以来表现得更为明显。中低收入国家相对来说呈现出更为明显的波动增大趋势，而且在绝大多数年份都高于世界制造业的平均水平，同样在21世纪以来表现得更加突出。相应地，高收入经济体制造业增加值的增长速度与中低收入国家的差距在21世纪不断扩大。除2010年两者增长速度十分接近外，其他年份差距都较大，但2012年之后开始出现收缩趋势。这意味着，高收入经济体的再工业化战略已初显成效，制造业增长率与中低收入国家的差距不断缩小，2015年已十分接近世界制造业增长率的平均水平。从金融危机的影响来看，高收入经济体制造业受金融危机的影响更大，制造业增加值增长率在2008年和2009年的下降幅度大于中低收入国家。

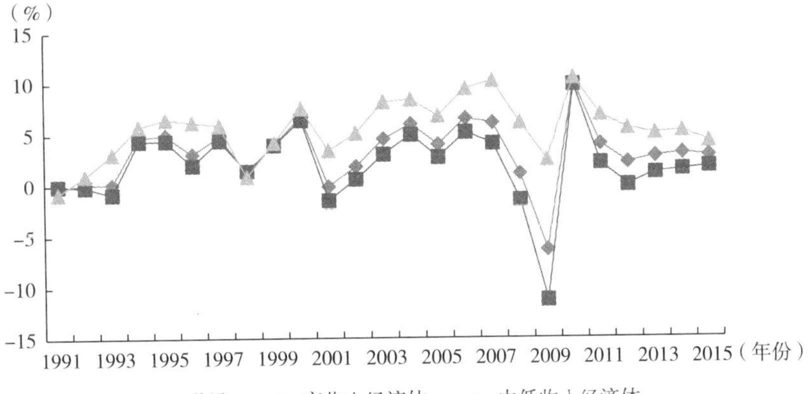

图3－2　世界及不同收入水平经济体制造业的增加值增长率

资料来源：根据联合国工业发展组织数据库中的数据计算绘制。

同样，为考察不同国家的具体情况，这里进一步对高收入经济体和中低收入经济体中具体国家的制造业增长率及其变化趋势进行分析。

一、高收入经济体制造业的增加值增长率

高收入经济体制造业增加值增长率存在较大差异（见表 3－3），这种差异不仅体现在不同经济体在相同年份的截面之间，也体现在同一经济体的不同年份之间，如德国和日本在 2010 年的增长率分别高达 18.6%、19.6%，而美国和英国的增长率则分别只有 5.3%、4.7%。前两国在 2015 年分别大幅下降为 1.28%、0.22%，后两国虽然也分别下降为 2.64%、0.82%，但降幅要小很多，尤其是美国。综合来看，高收入经济体制造业增加值增长率表现出以下两个特点：一是许多国家在金融危机之后的 2010 年或 2011 年制造业增长较为迅速，如爱沙尼亚、德国、匈牙利、以色列、日本、拉脱维亚、卢森堡、韩国、新加坡、斯洛伐克、瑞典等国家，制造业增加值增长率在 2010 年或 2011 年都在 10% 以上；二是大多高收入经济体的制造业在后金融危机时期（2012 年及之后）的增长速度都较低，普遍低于危机之前的 20 世纪末和 21 世纪初的水平。如爱沙尼亚、爱尔兰、韩国、新加坡、斯洛伐克、瑞典等国在 1995 年和 2000 年制造业的增长率均在 10% 以上或者十分接近 10%，但是在 2012 年及之后则大多都处于 5% 以下的增长率水平。这说明，虽然高收入经济体通过再工业化战略的实施在逐步缩小与中低收入国家及世界平均水平的制造业增长率的差距，而且许多国家在危机后的 2010 年或 2011 年有较大程度的恢复性反弹，但世界整体经济增长的放缓使得高收入经济体的制造业增长在后金融危机时期仍然远不如危机前的水平。

表 3－3 高收入经济体制造业的增加值增长率 单位:%

国家/地区	1991 年	1995 年	2000 年	2005 年	2010 年	2011 年	2012 年	2013 年	2014 年	2015 年
澳大利亚	－2.97	2.29	2.25	－0.35	－0.16	0.01	－1.12	－2.05	－1.89	－0.38
奥地利	2.69	5.84	6.56	4.37	7.66	8.76	1.15	0.70	0.23	－0.52
比利时	－0.56	2.60	5.19	1.67	5.32	－0.71	2.47	－0.08	0.90	1.10
加拿大	－7.29	4.91	10.8	1.66	4.88	3.37	1.36	1.75	1.75	－1.92
智利	5.34	7.53	4.91	4.89	2.56	7.58	3.43	0.24	－0.32	0.52
中国香港	－10.3	－7.28	10.5	1.57	3.35	0.73	－0.79	0.09	－0.31	－5.62
捷克	－26.8	10.2	9.92	15.5	11.2	10.1	－1.41	－2.38	6.01	9.28

续表

国家/地区	1991 年	1995 年	2000 年	2005 年	2010 年	2011 年	2012 年	2013 年	2014 年	2015 年
丹麦	-0.78	5.17	3.63	-0.14	2.40	10.7	1.65	3.03	1.93	1.33
爱沙尼亚	-8.40	10.5	19.4	9.67	18.7	16.7	3.06	1.59	3.01	2.38
芬兰	-12.1	7.11	14.2	3.82	7.68	-0.11	-11.6	-1.94	-0.84	-0.23
法国	0.02	4.15	4.92	1.69	2.45	3.94	0.47	-0.79	-0.62	0.84
德国	3.73	-0.59	7.27	1.59	18.6	8.94	-0.46	0.27	2.12	1.28
希腊	-0.75	1.29	4.59	11.9	-18.7	-12.0	-6.23	-3.56	-0.18	-3.63
匈牙利	-18.5	8.23	3.62	5.91	11.3	0.58	-0.23	-4.38	7.09	6.09
冰岛	0.07	-2.31	1.97	-4.03	1.48	4.81	2.30	-0.56	1.59	3.10
爱尔兰	1.93	18.6	17.8	5.19	5.22	5.35	-1.31	-1.92	6.32	6.40
以色列	0.78	0.39	13.2	8.72	15.0	-0.31	8.85	1.45	1.12	0.77
意大利	-0.21	4.99	3.60	0.46	8.83	2.02	-4.01	-2.76	-0.41	0.36
日本	5.02	4.46	5.76	4.33	19.6	-2.52	-0.49	3.58	-1.76	0.22
拉脱维亚	0.74	-0.52	8.46	4.88	14.5	3.98	4.91	-0.25	-0.33	-0.78
卢森堡	1.31	2.16	7.38	-1.04	13.7	-6.85	-6.25	-0.86	3.65	1.79
荷兰	0.77	3.86	9.15	1.72	5.09	3.61	-0.77	-0.40	1.90	1.68
新西兰	-3.39	0.65	2.77	0.85	2.50	2.94	1.21	1.41	2.01	0.30
挪威	-2.39	0.34	-0.63	3.83	1.77	1.75	2.10	3.36	3.57	0.62
波兰	-15.9	13.6	6.63	2.76	9.18	8.92	2.33	5.94	5.98	6.30
葡萄牙	-3.26	5.01	2.18	-1.26	7.13	0.62	-1.89	0.81	2.26	1.09
韩国	9.95	10.9	17.4	5.84	13.7	6.54	2.37	3.27	3.96	3.32
新加坡	5.47	9.99	15.2	9.50	29.7	7.77	0.31	1.66	0.85	-0.35
斯洛伐克	-13.3	33.1	13.2	10.9	27.2	4.06	0.31	-0.64	4.19	5.49
斯洛文尼亚	-12.2	2.46	9.38	4.09	7.29	2.78	-2.95	-0.50	4.94	2.45
西班牙	2.00	3.18	4.65	1.84	0.00	-0.91	-3.95	-1.09	2.29	2.53
瑞典	-4.67	13.7	9.64	3.85	22.8	4.92	-7.25	-0.82	-1.09	5.26
瑞士	0.58	-0.36	1.91	3.77	6.98	8.24	-0.87	-0.58	2.46	1.51
英国	-4.86	1.54	2.30	-0.07	4.70	1.82	-1.29	0.01	2.29	0.82
美国	-3.26	6.54	6.22	2.26	5.30	0.27	0.75	1.40	2.29	2.64
高收入经济体	0.01	4.39	6.37	2.70	9.78	2.13	-0.08	1.14	1.44	1.71
世界	-0.19	4.93	6.69	3.96	10.1	3.97	2.17	2.75	3.04	2.79

资料来源：联合国工业发展组织数据库，下同。

二、中低收入经济体制造业的增加值增长率

中低收入国家制造业增加值增长率在截面和时间上同样存在较大差异（见表3－4），如中等收入国家中的巴西和泰国，2010年制造业增加值增长率分别为10.1%、11.4%，而2015年大幅下降为－8.99%、2.57%。低收入国家中的布隆迪和马拉维，分别从2010年高达47.4%和11.4%的增长率大幅下降为2015年的－4.65%和3.87%的增长水平。与高收入经济体相同的是，大多中低收入国家的制造业在后金融危机时期的增长速度也都普遍低于危机之前的20世纪末和21世纪初的水平。如哥伦比亚、印度、印度尼西亚、马来西亚、俄罗斯、南非、土耳其、中非共和国、厄立特里亚、塞内加尔、乌干达等国，制造业增加值增长率在2012年及之后都远不及1995年或2000年的水平。然而，与高收入经济体不同的是，仍然有许多中低收入国家的制造业在后金融危机时期保持了相对较高且较为稳定的增长速度。如孟加拉国、中国、刚果、印度尼西亚、马来西亚、菲律宾、斯里兰卡、埃塞俄比亚、坦桑尼亚等国家，在2012～2015年的制造业增加值增长率大多在5%以上或者比较接近5%的水平。这说明，在世界制造业增长速度整体下降的大环境下，中低收入国家制造业增长率也趋缓，但整体来看在后金融危机时期仍然保持了比高收入经济体较好的稳定发展态势。

表3－4　中低收入经济体制造业的增加值增长率　　单位：%

国家	1991年	1995年	2000年	2005年	2010年	2011年	2012年	2013年	2014年	2015年
阿尔巴尼亚	－38.3	12.0	3.64	21.2	10.1	12.4	－5.10	3.26	－3.19	3.14
阿尔及利亚	－0.70	－1.40	1.10	1.85	2.67	3.54	4.21	10.4	2.86	2.09
阿根廷	9.86	3.08	－3.82	9.29	11.4	11.4	－1.58	0.20	－1.28	－1.33
孟加拉国	2.37	10.5	4.76	8.19	6.50	10.0	9.96	10.3	8.68	9.01
玻利维亚	4.83	6.80	1.79	3.00	2.59	3.72	4.75	6.09	4.81	3.94
巴西	－0.54	4.93	5.69	1.25	10.1	0.13	－2.54	5.92	－3.77	－8.99
中国	12.7	12.4	10.9	9.50	13.3	9.84	8.91	6.97	7.76	6.95
哥伦比亚	0.82	5.91	11.7	4.48	1.83	4.75	－1.12	－1.20	0.25	0.37
刚果	3.60	5.50	13.3	8.10	5.89	8.61	8.55	9.00	7.17	0.57
哥斯达黎加	2.12	4.13	－2.92	10.8	4.02	3.80	5.66	4.15	2.37	2.23

续表

国家	1991 年	1995 年	2000 年	2005 年	2010 年	2011 年	2012 年	2013 年	2014 年	2015 年
埃及	5.73	7.69	7.85	4.61	5.06	-0.95	0.74	1.48	8.18	4.72
斐济	5.05	0.00	-5.44	-15.4	4.75	2.33	0.44	3.16	3.97	4.28
印度	-3.71	14.9	6.53	11.0	9.96	3.67	1.14	-0.71	6.76	7.61
印度尼西亚	10.6	10.9	5.99	4.60	4.48	6.46	5.74	5.56	4.63	5.31
伊朗	18.0	0.04	9.64	14.1	10.0	2.95	-8.03	-1.01	3.58	2.63
伊拉克	-65.9	-21.4	-4.47	-1.10	6.30	21.5	5.11	3.58	17.9	-0.47
约旦	-1.57	0.72	8.37	8.03	5.17	4.03	2.35	1.93	1.49	2.54
肯尼亚	3.93	3.76	1.01	4.66	4.50	7.24	-0.51	5.91	3.41	4.68
马来西亚	14.0	11.4	18.3	5.20	11.9	4.68	4.78	3.35	6.19	4.48
毛里求斯	5.69	5.97	7.52	-3.54	1.88	0.71	2.21	4.48	2.20	1.63
墨西哥	3.43	-4.94	6.90	2.73	8.55	4.59	4.03	1.10	3.73	1.68
蒙古国	-13.5	32.2	-3.16	-19.1	6.10	8.29	9.42	6.80	3.00	-1.18
摩洛哥	3.16	3.70	2.99	3.73	2.82	2.97	1.45	0.82	2.84	2.89
秘鲁	6.17	5.65	5.55	6.58	10.8	8.56	1.45	4.94	1.57	1.63
菲律宾	-0.44	6.77	5.52	5.04	11.2	4.73	5.39	10.3	8.11	6.26
罗马尼亚	-14.6	6.69	8.39	3.55	2.94	-1.91	-0.29	8.13	1.27	3.16
俄罗斯	-17.9	-2.65	11.2	4.44	8.61	6.28	2.76	1.17	1.07	-3.44
南非	-4.57	6.49	8.10	6.20	5.91	2.94	1.86	0.75	0.04	0.31
斯里兰卡	7.80	8.30	10.1	6.18	7.33	7.92	5.24	7.47	8.01	7.13
斯威士兰	1.31	3.96	1.47	0.90	-3.20	-3.15	3.32	1.89	1.54	0.97
泰国	9.24	11.2	3.31	4.21	11.4	-4.70	6.97	0.10	-1.08	2.57
马其顿	-14.8	-9.57	10.1	-10.9	8.49	9.11	-6.85	5.13	9.78	3.99
突尼斯	3.89	4.39	5.74	1.54	2.98	-2.42	4.18	2.28	2.61	1.73
土耳其	2.38	13.9	6.93	8.17	13.6	9.96	0.76	3.72	3.68	3.08
布隆迪	9.28	-16.6	-5.94	2.20	47.4	7.40	9.50	9.70	8.00	-4.65
中非共和国	7.90	11.2	3.00	5.00	2.50	3.00	3.00	-36.2	1.00	7.38
厄立特里亚	8.69	19.4	4.47	-18.4	8.41	10.9	3.56	2.68	2.03	1.18
埃塞俄比亚	-34.9	8.89	7.47	12.8	11.6	17.9	11.8	10.8	11.3	8.75
马达加斯加	-3.35	2.94	5.79	3.00	-2.05	3.95	2.73	2.40	3.33	3.90

续表

国家	1991年	1995年	2000年	2005年	2010年	2011年	2012年	2013年	2014年	2015年
马拉维	3.00	8.16	-2.92	4.28	11.4	2.04	-1.35	5.63	5.53	3.87
尼泊尔	17.7	1.96	7.20	2.62	2.96	4.05	3.63	1.85	1.86	1.70
塞内加尔	-2.27	17.2	3.14	1.60	2.59	6.67	1.32	-4.33	4.00	3.02
乌干达	11.9	15.7	3.71	9.53	7.81	2.69	-2.46	2.77	2.77	5.19
坦桑尼亚	11.5	1.63	4.80	9.62	8.94	6.95	4.11	6.58	6.81	7.65
中低收入经济体	-0.80	6.50	7.55	6.75	10.5	6.85	5.50	5.01	5.21	4.21
世界	-0.19	4.93	6.69	3.96	10.1	3.97	2.17	2.75	3.04	2.79

第三节　制造业对经济增长的贡献

从制造业对GDP增长的贡献及贡献率来看（见表3-5），世界层面以及不同收入水平经济体都呈现明显的波动变化。其中，中低收入国家制造业对经济增长的贡献呈现出较为明显的波动上升趋势。从指标值的大小来看，高收入经济体制造业对GDP增长的贡献和贡献率在大多数年份均小于世界平均水平，尤其体现在制造业对GDP增长的贡献上，表现为高收入经济体仅在1991年处于世界平均水平之上，之后均处于世界平均水平之下。这说明对高收入经济体来说，制造业对经济增长的重要性要小于世界平均水平。中低收入国家制造业对经济增长的贡献和贡献率波动幅度相对较小，而且多数年份均在世界平均水平之上，说明对中低收入国家来说，制造业对经济增长的重要性要大于世界平均水平，也大于高收入经济体。图3-3和图3-4更好地刻画了世界及不同收入水平经济体制造业对GDP增长的贡献及贡献率的相对大小及变化趋势。从图3-3中还可以发现，高收入经济体制造业对GDP增长的贡献与中低收入国家之间的差距在21世纪以来有扩大趋势。

表 3-5 世界及不同收入水平经济体制造业对 GDP 增长的贡献及贡献率

单位:%

年份	制造业对 GDP 增长的贡献			制造业对 GDP 增长的贡献率		
	世界	高收入经济体	中低收入经济体	世界	高收入经济体	中低收入经济体
1991	-0.0282	0.0012	-0.1297	-2.4135	0.0994	-13.336
1992	0.0202	-0.0188	0.1594	1.1167	-0.8739	26.715
1993	0.0178	-0.1166	0.5080	1.1247	-8.8423	20.211
1994	0.6866	0.6027	0.9825	22.589	18.745	40.653
1995	0.7292	0.6155	1.1346	24.815	22.072	32.728
1996	0.4557	0.2770	1.0966	13.730	9.496	23.169
1997	0.7147	0.6165	1.0523	18.946	17.881	21.534
1998	0.1850	0.1947	0.1516	7.4290	7.3054	8.0286
1999	0.5941	0.5491	0.7494	18.222	16.642	24.013
2000	1.0140	0.9084	1.3737	23.490	23.074	24.399
2001	-0.0228	-0.2070	0.6187	-1.1644	-13.852	17.509
2002	0.2720	0.0769	0.9284	12.175	4.9126	20.800
2003	0.6782	0.4167	1.5258	22.798	19.036	27.724
2004	0.9080	0.6905	1.5740	20.807	21.101	20.253
2005	0.6041	0.3794	1.2672	15.829	14.074	17.682
2006	1.0121	0.7364	1.7902	22.998	23.582	22.187
2007	0.9584	0.5887	1.9589	22.175	21.515	22.616
2008	0.1699	-0.2129	1.1773	9.3174	-68.732	20.521
2009	-0.9537	-1.4733	0.4774	-56.974	-43.714	19.201
2010	1.5852	1.3627	2.0794	36.606	45.762	27.875
2011	0.6325	0.2971	1.3746	20.891	16.521	23.905
2012	0.3441	-0.0106	1.1110	14.397	-0.8284	23.330
2013	0.4375	0.1561	1.0169	17.714	11.058	21.854
2014	0.4867	0.1976	1.0678	18.961	11.262	25.474
2015	0.4487	0.2342	0.8696	18.556	11.930	26.287

注：制造业对 GDP 增长的贡献为制造业增长率与制造业在 GDP 中占比的乘积，制造业对 GDP 增长的贡献率为制造业对 GDP 增长的贡献与 GDP 增长率的商①。

资料来源：联合国工业发展组织数据库。

① 郭克莎：《工业增长质量研究》，经济管理出版社 2007 年版，第 291 页。

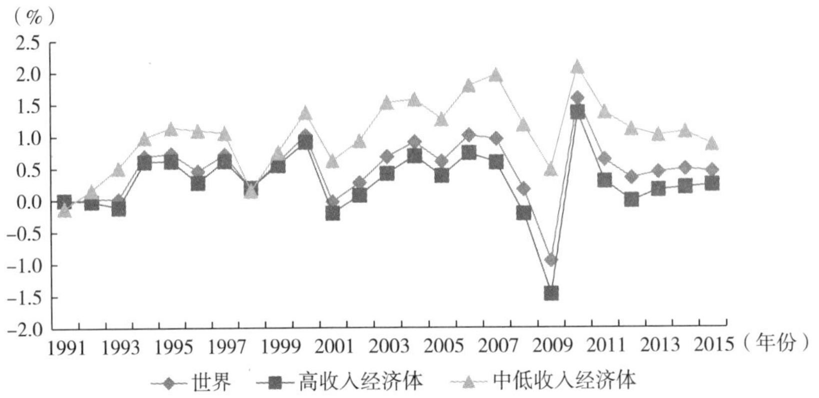

图 3－3　世界及不同收入水平经济体制造业对 GDP 增长的贡献

资料来源：根据表 3－5 的数据绘制，下同。

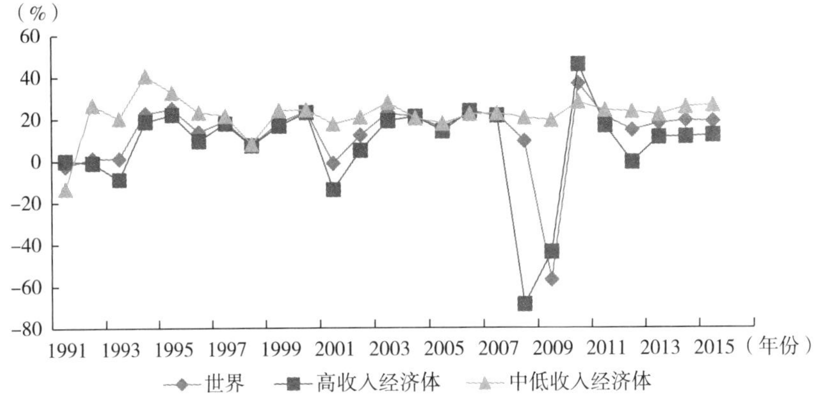

图 3－4　世界及不同收入水平经济体制造业对 GDP 增长的贡献率

同样，为考察不同国家的具体情况，这里进一步对不同收入水平国家中各经济体的制造业对经济增长的贡献及贡献率进行分析。

一、高收入经济体制造业对经济增长的贡献

与制造业增加值的增长率相似，不同高收入经济体制造业对经济增长的贡献及贡献率在同一年份的不同国家之间和同一国家的不同年份之间同样存在较大差异，而且大多数高收入经济体制造业对经济增长的贡献和贡献率都处于世界平均

水平以下，金融危机后与世界平均水平的差距更为明显。

从制造业对经济增长的贡献来看（见表3－6），奥地利、爱沙尼亚、德国、匈牙利、意大利、日本、拉脱维亚、波兰、韩国、新加坡、斯洛伐克、斯洛文尼亚、瑞典、瑞士等多数国家在金融危机后的2010年或2011年都较大。这主要是由于这些国家的制造业增加值在这两年增长较为迅速（如上述关于制造业增加值增长率的分析）。除波兰、韩国等个别国家的制造业在金融危机后对经济增长的贡献较大且较为稳定外，大多数国家制造业对经济增长的贡献都很弱，尤其在后金融危机时期表现得更为明显，大多数难以达到危机之前的最高水平。如奥地利、捷克、爱沙尼亚、芬兰、爱尔兰、荷兰、新加坡、斯洛伐克、瑞典等国家，2012～2015年制造业对经济增长的贡献均远低于1995年或2000年的水平。许多国家制造业对经济增长的贡献在这一时期的一些年份还为负数。这意味着，后金融危机时期，许多高收入经济体制造业的较弱发展是经济增长下降的一个原因。

从制造业对经济增长的贡献率来看（见表3－7），国家之间的差异表现得更为明显。除丹麦、爱沙尼亚、德国、波兰、韩国等个别国家的制造业在金融危机后对经济增长的贡献率较大外，大多数国家要么贡献率较小，要么波动幅度较大。虽然许多国家制造业对经济增长的贡献率在后金融危机时期同样小于金融危机前的水平，如加拿大、智利、爱沙尼亚、芬兰、法国、匈牙利、爱尔兰、意大利、拉脱维亚、卢森堡、新加坡、斯洛伐克、瑞典和美国等。但由于受金融危机后经济增长率同样下降的影响，这种特征与制造业对经济增长的贡献相比要弱很多。

表3－6　高收入经济体制造业对经济增长的贡献　　单位：%

国家/地区	1991年	1995年	2000年	2005年	2010年	2011年	2012年	2013年	2014年	2015年
澳大利亚	－0.32	0.23	0.21	－0.03	－0.01	0.00	－0.08	－0.14	－0.12	－0.02
奥地利	0.43	0.93	1.07	0.72	1.27	1.53	0.20	0.12	0.04	－0.09
比利时	－0.08	0.36	0.76	0.24	0.72	－0.09	0.33	－0.01	0.12	0.15
加拿大	－0.89	0.65	1.57	0.21	0.49	0.34	0.14	0.18	0.17	－0.19
智利	0.80	1.07	0.63	0.59	0.28	0.83	0.37	0.03	－0.03	0.05
中国香港	－1.04	－0.39	0.39	0.04	0.06	0.01	－0.01	0.00	0.00	－0.08
捷克	－3.11	1.25	1.53	2.73	2.37	2.32	－0.32	－0.53	1.40	2.28

续表

国家/地区	1991 年	1995 年	2000 年	2005 年	2010 年	2011 年	2012 年	2013 年	2014 年	2015 年
丹麦	-0.10	0.67	0.46	-0.02	0.26	1.28	0.20	0.38	0.24	0.17
爱沙尼亚	-0.96	1.25	2.44	1.28	2.57	2.47	0.45	0.23	0.44	0.35
芬兰	-1.36	0.99	2.42	0.69	1.31	-0.02	-1.73	-0.29	-0.12	-0.03
法国	0.00	0.43	0.53	0.18	0.25	0.41	0.05	-0.08	-0.06	0.08
德国	0.82	-0.11	1.41	0.32	3.67	1.86	-0.09	0.06	0.44	0.27
希腊	-0.08	0.12	0.40	1.02	-1.28	-0.79	-0.41	-0.24	-0.01	-0.23
匈牙利	-1.99	1.10	0.60	1.07	2.09	0.11	-0.04	-0.76	1.28	1.13
冰岛	0.01	-0.33	0.26	-0.46	0.19	0.62	0.30	-0.07	0.20	0.38
爱尔兰	0.31	3.48	3.94	1.09	1.05	1.10	-0.27	-0.38	1.28	1.32
以色列	0.12	0.05	1.87	1.11	1.99	-0.04	1.18	0.19	0.14	0.10
意大利	-0.03	0.83	0.57	0.07	1.26	0.29	-0.57	-0.39	-0.06	0.05
日本	0.91	0.76	1.01	0.78	3.82	-0.48	-0.09	0.69	-0.33	0.04
拉脱维亚	0.18	-0.07	1.24	0.65	1.69	0.46	0.57	-0.03	-0.04	-0.08
卢森堡	0.11	0.19	0.60	-0.07	0.72	-0.33	-0.28	-0.04	0.16	0.07
荷兰	0.09	0.43	1.03	0.19	0.54	0.39	-0.08	-0.04	0.21	0.19
新西兰	-0.50	0.10	0.39	0.11	0.28	0.33	0.13	0.15	0.22	0.03
挪威	-0.22	0.03	-0.05	0.28	0.13	0.13	0.15	0.25	0.27	0.05
波兰	-0.76	1.37	0.71	0.34	1.41	1.43	0.37	1.00	1.03	1.11
葡萄牙	-0.43	0.63	0.28	-0.16	0.83	0.07	-0.23	0.10	0.28	0.14
韩国	1.90	2.10	3.96	1.45	3.80	1.87	0.68	0.94	1.14	0.96
新加坡	1.08	1.94	3.09	1.88	6.01	1.60	0.06	0.33	0.16	-0.07
斯洛伐克	-2.08	3.74	1.54	1.79	5.19	0.78	0.06	-0.12	0.80	1.07
斯洛文尼亚	-2.28	0.40	1.62	0.75	1.28	0.50	-0.53	-0.09	0.91	0.45
西班牙	0.30	0.46	0.70	0.26	0.00	-0.11	-0.47	-0.13	0.28	0.30
瑞典	-0.49	1.71	1.47	0.63	3.73	0.82	-1.13	-0.12	-0.16	0.79
瑞士	0.10	-0.06	0.33	0.70	1.29	1.62	-0.17	-0.11	0.46	0.29
英国	-0.65	0.20	0.27	-0.01	0.43	0.17	-0.12	0.00	0.20	0.07
美国	-0.38	0.80	0.79	0.28	0.65	0.03	0.09	0.17	0.27	0.31
高收入经济体	0.00	0.62	0.91	0.38	1.36	0.30	-0.01	0.16	0.20	0.23
世界	-0.03	0.73	1.01	0.60	1.59	0.63	0.34	0.44	0.49	0.45

资料来源：联合国工业发展组织数据库，下同。

表 3－7　高收入经济体制造业对经济增长的贡献率　　单位:%

国家/地区	1991 年	1995 年	2000 年	2005 年	2010 年	2011 年	2012 年	2013 年	2014 年	2015 年
澳大利亚	-100	5.92	11.0	-0.99	-0.54	0.01	-2.95	-4.66	-4.81	-0.98
奥地利	12.5	34.7	31.8	33.5	67.6	49.9	22.8	53.7	13.7	-11.7
比利时	-4.43	15.3	21.5	12.9	28.8	-5.75	353	-4.12	11.4	11.0
加拿大	-44.9	24.4	29.1	6.57	15.0	11.7	7.42	11.1	6.91	-17.8
智利	9.99	10.1	14.0	9.55	4.80	14.3	6.88	0.61	-1.70	2.31
中国香港	-18.2	-16.5	5.14	0.50	0.85	0.25	-0.82	0.05	-0.19	-3.12
捷克	-26.8	20.1	35.7	42.4	103	118	-39.7	-76.0	70.3	58.2
丹麦	-7.63	22.0	12.2	-0.66	16.1	100	25.6	271	21.6	10.6
爱沙尼亚	-12.0	29.2	24.5	13.5	104	29.9	9.58	14.2	21.2	17.7
芬兰	-22.9	23.5	43.0	24.7	43.8	-0.73	-118	-23.9	-109	-8.44
法国	0.17	20.6	13.7	11.3	12.6	19.6	14.6	-28.4	-35.2	7.28
德国	16.1	-6.68	47.1	44.7	89.8	51.8	-25.2	52.2	27.5	17.6
希腊	-2.45	5.81	10.2	115	-23.5	-8.94	-6.27	-7.09	-1.53	-10.3
匈牙利	-16.7	73.5	14.0	25.1	265	5.91	-2.86	-50.1	35.2	37.8
冰岛	4.65	-286	5.46	-7.71	6.34	29.1	26.1	-2.03	10.6	7.91
爱尔兰	19.0	36.3	41.3	19.3	381	39.8	-85.9	-222	26.8	27.2
以色列	1.58	0.76	21.6	22.6	35.1	-0.86	35.1	5.70	5.18	3.82
意大利	-2.15	28.7	15.3	7.20	73.4	49.5	-25.1	-20.1	-13.4	6.23
日本	27.5	39.0	44.6	60.1	82.2	-107	-6.33	45.2	-317	6.99
拉脱维亚	1.76	-9.14	23.3	6.42	58.9	9.21	11.8	-0.66	-1.50	-3.80
卢森堡	1.29	13.0	7.11	-1.77	14.1	-12.6	-173	-1.89	2.80	1.71
荷兰	3.50	13.8	23.4	8.33	50.4	23.5	-5.28	-5.98	24.0	10.3
新西兰	-45.3	2.16	14.0	3.37	20.8	12.6	4.96	5.49	6.51	1.41
挪威	-6.95	0.67	-1.46	10.7	21.1	13.1	5.51	33.5	12.0	5.33
波兰	-10.9	19.7	16.7	9.65	38.2	30.0	21.3	59.8	30.5	31.6
葡萄牙	-9.76	14.8	7.48	-20.3	43.5	4.04	-6.86	7.36	31.6	8.67
韩国	19.6	23.5	45.0	37.0	58.4	50.8	29.6	31.6	34.5	36.3
新加坡	16.7	26.7	34.2	25.6	39.9	26.7	3.32	8.09	5.64	-2.99
斯洛伐克	-14.3	63.9	127	27.4	107	29.0	3.66	-8.42	33.0	33.7
斯洛文尼亚	-25.7	9.75	38.9	18.7	105	81.6	-20.0	-9.05	34.5	19.5
西班牙	11.8	16.8	13.3	6.93	1.77	-18.0	-22.5	-10.6	19.9	9.85

续表

国家/地区	1991年	1995年	2000年	2005年	2010年	2011年	2012年	2013年	2014年	2015年
瑞典	-42.5	42.6	30.9	22.4	62.2	30.9	-394	-8.27	-7.01	28.7
瑞士	11.2	-13.5	8.45	23.1	43.7	89.7	-15.1	-5.73	24.9	28.9
英国	-52.3	7.96	7.22	-0.23	22.6	10.2	-17.7	0.04	7.94	2.83
美国	-510	29.5	19.3	8.37	25.6	2.07	3.82	7.46	11.3	12.1
高收入经济体	0.10	22.1	23.1	14.1	45.8	16.5	-0.83	11.1	11.3	11.9
世界	-2.41	24.8	23.5	15.8	36.6	20.9	14.4	17.7	19.0	18.6

二、中低收入经济体制造业对经济增长的贡献

表3-8和表3-9显示，中低收入国家制造业对经济增长的贡献和贡献率普遍高于高收入经济体，而且波动性弱于高收入经济体。这不仅体现在20世纪末到21世纪初这段时期，更体现在金融危机后，尤其是后金融危机时期。典型表现是大多中低收入国家的制造业在2012~2015年的后金融危机时期均表现出对经济增长的正向贡献。如阿尔及利亚、孟加拉国、玻利维亚、中国、刚果、哥斯达黎加、斐济、约旦、马来西亚、毛里求斯、墨西哥、摩洛哥、秘鲁、菲律宾、南非、斯里兰卡、土耳其、埃塞俄比亚、马拉维、尼泊尔、坦桑尼亚等，尤其是中国、印度尼西亚、马来西亚、菲律宾、斯里兰卡等国家，制造业对经济增长的贡献在金融危机后的大多数年份均大于世界平均水平，也大于中低收入国家的整体水平。这与这些国家的制造业始终具有较高且稳定的相对规模及增加值增长率密切相关。

表3-8　中低收入经济体制造业对经济增长的贡献　　单位:%

国家	1991年	1995年	2000年	2005年	2010年	2011年	2012年	2013年	2014年	2015年
阿尔巴尼亚	-2.97	0.35	0.12	1.05	0.61	0.83	-0.32	0.21	-0.19	0.19
阿尔及利亚	-0.04	-0.07	0.05	0.07	0.11	0.15	0.18	0.47	0.13	0.09
阿根廷	1.51	0.49	-0.56	1.44	1.79	1.85	-0.25	0.03	-0.19	-0.20
孟加拉国	0.27	1.41	0.65	1.19	1.05	1.67	1.71	1.84	1.59	1.69
玻利维亚	0.54	0.78	0.20	0.33	0.29	0.41	0.53	0.67	0.53	0.43
巴西	-0.09	0.84	0.88	0.20	1.41	0.02	-0.33	0.80	-0.49	-1.09

续表

国家	1991 年	1995 年	2000 年	2005 年	2010 年	2011 年	2012 年	2013 年	2014 年	2015 年
中国	3.02	3.37	3.12	2.79	4.29	3.20	2.93	2.28	2.54	2.28
哥伦比亚	0.13	0.84	1.59	0.63	0.23	0.60	-0.13	-0.14	0.03	0.04
刚果	0.12	0.15	0.29	0.26	0.21	0.32	0.33	0.37	0.30	0.02
哥斯达黎加	0.34	0.66	-0.53	1.89	0.64	0.61	0.91	0.67	0.38	0.35
埃及	0.82	1.08	1.28	0.75	0.82	-0.15	0.11	0.23	1.33	0.77
斐济	0.62	0.00	-0.70	-1.88	0.59	0.29	0.05	0.38	0.48	0.52
印度	-0.45	2.07	0.87	1.47	1.42	0.51	0.15	-0.09	0.85	0.96
印度尼西亚	2.23	2.63	1.60	1.24	1.11	1.60	1.41	1.37	1.13	1.31
伊朗	0.99	0.00	0.65	1.28	1.01	0.30	-0.80	-0.10	0.37	0.27
伊拉克	-3.40	-1.09	-0.17	-0.02	0.17	0.64	0.14	0.10	0.63	-0.02
约旦	-0.15	0.09	1.12	1.32	0.87	0.69	0.40	0.32	0.25	0.42
肯尼亚	0.53	0.52	0.13	0.57	0.51	0.84	-0.06	0.65	0.37	0.50
马来西亚	3.03	2.60	4.94	1.40	2.92	1.14	1.16	0.80	1.48	1.07
毛里求斯	1.13	1.20	1.51	-0.60	0.28	0.10	0.32	0.66	0.32	0.23
墨西哥	0.59	-0.85	1.32	0.48	1.42	0.77	0.67	0.18	0.63	0.28
蒙古国	-1.04	2.83	-0.17	-1.18	0.39	0.49	0.54	0.37	0.16	-0.06
摩洛哥	0.52	0.68	0.53	0.59	0.40	0.41	0.20	0.11	0.38	0.38
秘鲁	1.04	0.94	0.87	1.08	1.68	1.36	0.22	0.75	0.24	0.24
菲律宾	-0.11	1.64	1.31	1.16	2.39	1.02	1.15	2.26	1.82	1.41
罗马尼亚	-3.48	1.37	1.70	0.76	0.63	-0.40	-0.06	1.77	0.27	0.68
俄罗斯	-2.50	-0.37	1.64	0.65	1.10	0.82	0.36	0.15	0.14	-0.45
南非	-0.67	0.96	1.18	0.87	0.77	0.38	0.24	0.10	0.01	0.04
斯里兰卡	1.25	1.50	2.03	1.16	1.32	1.42	0.93	1.33	1.43	1.28
斯威士兰	0.53	1.57	0.57	0.34	-1.05	-1.01	1.08	0.61	0.49	0.31
泰国	2.39	2.99	0.95	1.26	3.56	-1.39	2.06	0.03	-0.31	0.73
马其顿	-1.82	-0.81	0.92	-0.85	0.84	0.96	-0.67	0.52	1.04	0.43
突尼斯	0.69	0.85	1.12	0.27	0.49	-0.40	0.69	0.38	0.43	0.29
土耳其	0.35	2.12	1.06	1.24	2.13	1.58	0.12	0.58	0.58	0.48
布隆迪	1.43	-1.90	-0.72	0.24	4.86	0.78	1.05	1.13	0.96	-0.57
中非共和国	1.33	1.94	0.43	0.75	0.44	0.53	0.53	-6.35	0.18	1.32
厄立特里亚	0.64	1.57	0.46	-1.25	0.49	0.65	0.21	0.16	0.12	0.07

续表

国家	1991 年	1995 年	2000 年	2005 年	2010 年	2011 年	2012 年	2013 年	2014 年	2015 年
埃塞俄比亚	-1.36	0.39	0.33	0.52	0.45	0.74	0.50	0.46	0.49	0.38
马达加斯加	-0.47	0.41	0.82	0.44	-0.27	0.54	0.37	0.33	0.46	0.54
马拉维	0.26	0.75	-0.21	0.30	1.13	0.20	-0.13	0.54	0.53	0.37
尼泊尔	1.00	0.15	0.58	0.18	0.18	0.24	0.21	0.11	0.10	0.09
塞内加尔	-0.33	2.62	0.44	0.21	0.31	0.85	0.16	-0.50	0.47	0.34
乌干达	0.93	1.50	0.44	1.07	0.80	0.27	-0.23	0.26	0.25	0.48
坦桑尼亚	0.73	0.09	0.29	0.62	0.64	0.49	0.28	0.45	0.46	0.52
中低收入经济体	-0.13	1.13	1.37	1.27	2.08	1.37	1.11	1.02	1.07	0.87
世界	-0.03	0.73	1.01	0.60	1.59	0.63	0.34	0.44	0.49	0.45

资料来源：联合国工业发展组织数据库，下同。

表 3-9　中低收入经济体制造业对经济增长的贡献率　　单位：%

国家	1991 年	1995 年	2000 年	2005 年	2010 年	2011 年	2012 年	2013 年	2014 年	2015 年
阿尔巴尼亚	-10.6	2.66	1.81	18.3	16.5	32.5	-19.5	15.9	-10.1	7.01
阿尔及利亚	-3.42	-1.83	1.21	1.18	3.09	5.32	5.41	16.9	3.14	3.10
阿根廷	14.4	17.1	-70.7	15.6	19.7	21.6	-26.4	1.05	-41.2	-47.9
孟加拉国	7.99	28.6	10.9	20.1	17.2	25.8	26.2	30.6	26.0	26.0
玻利维亚	10.4	16.6	7.89	7.50	7.07	7.98	10.2	9.88	9.74	10.5
巴西	-8.61	19.8	20.6	6.19	18.7	0.64	-32.2	32.0	-338	-36.2
中国	32.9	30.8	37.0	24.7	41.2	34.4	38.3	29.6	34.6	33.5
哥伦比亚	6.36	16.1	54.2	13.5	5.89	9.03	-3.31	-3.18	0.58	1.57
刚果	5.00	3.74	3.76	3.46	2.40	9.47	8.71	11.3	4.53	2.39
哥斯达黎加	14.9	16.8	-29.7	32.1	13.0	13.4	17.6	19.1	108	11.7
埃及	15.4	23.8	23.7	16.8	15.9	-8.41	5.17	10.8	60.4	18.4
斐济	23.1	0.00	-41.0	-269	294	14.4	3.63	8.23	12.7	12.1
印度	-107	27.1	21.5	15.8	13.5	8.04	3.25	-1.81	11.5	13.3
印度尼西亚	25.0	32.0	32.5	21.8	17.8	24.6	22.6	23.6	22.6	28.1
伊朗	9.35	0.06	19.7	24.3	17.5	11.8	-12.2	-5.31	25.1	33.1
伊拉克	-5.15	-5.95	-12.1	-0.50	3.05	6.22	1.40	2.38	9.81	-64.1
约旦	-9.60	1.39	26.4	16.3	37.5	26.5	15.0	11.5	7.97	14.7
肯尼亚	37.0	11.8	25.3	9.64	6.62	18.9	-0.99	10.7	6.89	7.62

续表

国家	1991 年	1995 年	2000 年	2005 年	2010 年	2011 年	2012 年	2013 年	2014 年	2015 年
马来西亚	31.7	26.5	55.8	26.2	39.3	22.3	20.5	17.1	24.6	22.8
毛里求斯	27.5	27.1	18.4	-34.0	6.88	2.66	9.78	20.1	8.84	7.34
墨西哥	14.1	-13.7	20.0	15.6	27.3	19.6	16.7	12.7	29.6	12.2
蒙古国	-11.2	44.9	-16.6	-16.3	6.15	2.80	4.37	3.19	2.01	-1.72
摩洛哥	7.54	10.4	33.1	19.9	11.0	8.25	7.47	2.49	14.7	7.74
秘鲁	47.0	12.7	32.4	17.1	19.8	21.1	3.72	13.5	10.0	10.2
菲律宾	-18.6	35.0	29.6	24.2	31.4	28.2	16.9	31.4	29.8	23.4
罗马尼亚	-26.9	19.2	70.9	18.1	79.4	-37.9	-9.55	50.6	15.6	20.2
俄罗斯	-50.1	-8.93	16.3	10.2	24.5	19.3	10.4	11.5	21.7	-11.8
南非	-66.1	30.7	28.3	16.5	25.4	11.9	10.9	4.31	0.34	2.81
斯里兰卡	25.9	27.1	33.9	18.6	16.5	17.2	14.5	18.5	19.5	19.8
斯威士兰	29.9	32.5	32.5	13.7	-56.4	-152	56.2	21.9	20.1	16.1
泰国	28.3	36.8	21.0	30.3	48.0	-226	29.3	1.01	-43.1	29.1
马其顿	-58.1	-73.9	20.4	-17.9	24.9	41.0	-148	19.1	27.7	13.4
突尼斯	17.7	36.1	26.1	6.84	16.7	-20.7	17.5	16.6	18.7	28.8
土耳其	37.3	29.4	15.6	14.8	23.3	18.0	5.56	14.0	20.1	15.9
布隆迪	26.8	-27.1	-79.9	26.6	30.9	18.5	24.9	24.4	20.6	-7.99
中非共和国	113	37.6	22.5	31.4	12.2	25.8	18.2	-17.6	17.4	23.9
厄立特里亚	5.96	67.6	3.76	-48.7	22.3	7.50	2.92	13.7	6.98	28.3
埃塞俄比亚	-18.8	6.42	5.37	4.40	3.60	6.69	5.76	4.44	4.91	4.37
马达加斯加	-7.50	24.2	17.4	9.47	-71.8	41.0	13.7	16.4	15.4	15.8
马拉维	3.38	8.33	-13.6	9.21	16.4	6.91	-6.79	9.97	9.23	9.27
尼泊尔	15.7	4.24	9.52	5.88	3.66	7.08	4.42	2.94	1.91	2.80
塞内加尔	-82.2	55.5	13.7	3.77	7.48	51.0	4.88	-20.9	11.9	6.74
乌干达	16.9	15.9	10.1	10.7	8.26	6.14	-7.16	5.73	5.65	9.17
坦桑尼亚	12.7	2.60	5.94	8.35	11.0	5.13	5.62	5.49	6.66	7.63
中低收入经济体	-13.3	32.7	24.4	17.7	27.9	23.9	23.3	21.6	25.5	26.3
世界	-2.41	24.8	23.5	15.8	36.6	20.9	14.4	17.7	19.0	18.6

第四节 新时期代表性国家的再工业化战略

前三节分析表明，20 世纪 90 年代以来，世界制造业增加值在 GDP 中的占比呈现微弱的增大趋势。中低收入国家增加趋势更为明显，而且始终大于世界平均水平。而高收入经济体的制造业占比则出现小幅下降，而且始终小于世界平均水平。制造业增加值增长率和制造业对经济增长的贡献同样表现为中低收入国家上升趋势较高收入经济体和世界平均水平更为明显，以及中低收入国家多数年份处于世界平均水平之上，而高收入经济体多数年份低于世界平均水平的现象。据此，国内外不少学者认为，由于很多高收入经济体已经实现工业化，制造业在经济增长中的重要作用逐渐让位于服务业。而大多中低收入国家由于正处于工业化阶段，则制造业正表现出对经济增长的巨大推动作用。不过，有学者进一步指出，随着工业化进程的不断推进，中低收入国家最终也必然经历高收入经济体的服务经济发展阶段，从而出现制造业对经济增长重要性下降的现象。

其实不然，不管是对正在进行工业化的大多数中低收入国家，还是对许多已经实现工业化的高收入经济体来说，制造业作为主要的实体经济和其他产业发展的基础，对一国经济增长都具有重要作用。正如黄少军（2000）所言，不管是处于经济发展的起飞阶段，还是处于服务经济主导的后工业化阶段，制造业自始至终都是“经济增长的发动机”。“经济增长的发动机”的含义不仅仅是指制造业在 GDP 中占比的增加和增长率的提高，更重要的是体现在其对技术创新的促进作用及其强大的技术外溢效应方面。加里·皮萨诺和威利·史（2012）曾明确指出，制造能力是创新的源泉，也是产业创新必不可少的平台和载体。而伴随创新过程通常会产生对经济体的巨大推动作用，制造业的这个作用是其他产业所无法替代的。因此，对一个大国来说，制造业是绝不允许消亡也不可以衰落的产业。否则，整个国家的技术创新将失去重要载体。进一步地，低水平的制造技术最终也必然会导致整个国家失去竞争力（金碚，2011）。可以毫不夸张地说，离开制造业的支撑，国民经济的繁荣和综合国力的强盛将无从谈起。从世界各国的发展实践来看，美国、德国、日本等发达国家强大的综合国力关键就在于拥有世界领先的制造技术。

进入21世纪，金融危机使一些以金融业等虚拟经济为发展重点的发达国家遭受重创，先进制造业的重要作用进一步凸显。相应地，制造业升级成为危机后世界各国在产业发展层面稳增长的重要政策选择。借助科技创新和信息技术带来的新产业革命的机遇，西方各国纷纷提出数字化制造、工业互联网、能源互联网等重振制造业的转型升级计划，意欲通过制造业升级恢复和重振经济，再次将制造业提升到经济增长战略的高度。

一、美国的再工业化战略

美国是受金融危机影响较严重的国家。金融危机后，美国经济呈现出下滑程度大、复苏速度慢、失业率高居不下的衰退形势，从而使美国意识到制造业在维持经济增长和维护社会稳定方面的重要性。因此，美国自2009年起相继出台了一系列重振制造业的规划和措施，实施“再工业化”战略。2009年制定《重振美国制造业框架》，对制造业的基础、优势及挑战进行详细分析。2011年，通过建立由国家经济委员会管辖的制造业政策办公室，积极推进制造业再造计划。当年发布的《美国的创新战略：保障经济增长和繁荣》强调，制造技术创新是提升竞争力、维持经济增长的基础。在2011年和2012年两年中，美国政府陆续发布《先进制造业伙伴计划》《先进制造业国家战略计划》及《制造业创新网络计划》等，由政府、高校和科研机构合作研究振兴美国制造业的措施，聚焦于新型机器人、创新节能技术等领域的发展。2013年4月，在强调制造业复兴对于美国经济复苏重要性的基础上，奥巴马政府提出将对先进制造技术进行29亿美元的研发投资，以支持机器人技术、制造工艺等的创新，打造美国高端制造。

通过创新中心联合工业界、大学、社区学院配合联邦政府机构，致力于解决3D打印、数字制造等前沿领域的技术问题，缩短从基础研究到产业化应用的流程。同时，发布面向制造业的“教育改革路线图”，将技术培训充分纳入教育体系。教育部和劳工部通过设立“社区职业大学基金”培训技能工人。国防部设立“军方认证与许可特别工作组”，为军人创造参与先进制造业工作的机会。美国政府鼓励大学、图书馆以及企业共同参与创立创客空间，加快“创新思想”到“创新技术”与“创新产品”的转化。2015年2月，布鲁金斯研究所确定一批高度重要且具有较大竞争性和成长性的先进产业部门，并将它们作为美国经济复苏的重要构成以及未来繁荣美国经济的核心引擎。可见，美国的再工业化战略并不是简单地追求传统制造业领域的回归，而是致力于高技术、高附加值的高端制造活动，尤其是集复杂性、精密性及高度化于一体的大型系统整合产品，以培育制造业的国际竞争力，从而占领未来产业发展的制高点。

美国的“再工业化”战略在经历数年的实施之后显现出较为显著的成效。从2011年起，卡特彼勒建筑机械巨头、通用电气以及苹果等公司开始出现资本回流现象，特征表现是将部分业务或生产线从国外逐渐转移至美国本土。美国经济在2013年迎来金融危机后的一次复苏，房地产市场、劳动力就业市场以及股票市场均持续向好，个人消费支出也实现连续18个季度的环比正增长，经济增长节节攀升。特别是在2014年和2015年这两年中，美国新增就业岗位分别高达310万个和265万个，成为1999年以来就业增长最快的两年。消费增长率分别为2.7%和3.1%，经济增长率也达到2000年以来2.4%的平均水平，整体经济再次呈现“高增长，低通胀”的良好发展态势①。

二、欧盟的再工业化战略

金融危机同样改变了欧盟对制造业地位的认识。与快速增长的服务业相比，制造业成为危机中及危机后对经济更具推动性的部门。基于对制造业在现代经济增长中的重要性认识，欧盟达成了所谓的“制造业共识”。在2010年发布的《全球化时代的统一产业政策》通报中，欧盟指出，现在欧洲经济的发展比以往任何时候都更需要工业。同时强调，强大且具有竞争力与多样化的制造业对欧盟竞争力的形成和就业的创造具有核心重要作用，且重新确立了工业的主导地位。

2012年10月通过《强大的欧盟工业有利于经济增长和复苏》的政策通报，强调“再工业化”战略肩负着经济增长的重任，将工业提升至国家战略的重要层面进行考量。同时，通报明确提出欧盟未来的工业增长目标，即到2020年增加值在GDP中的占比由当时的15.6%提升至20%。设定这一目标并不只是简单地提高工业在经济中的比重，而是试图借助“新工业革命”这一重要的历史机遇，培育一批科技含量高的新兴产业，提高现有产业的附加价值，以重构制造业产业链。该通报还为未来工业政策提出了一个基本框架，即要优先发展旨在清洁生产的先进制造技术、生态型产品、清洁运输工具、包括纳米等在内的关键使能

① 数据来自美国劳工统计局（https://www.bls.gov/）和美国商务部经济分析局（https://www.bea.gov/）。

技术、智能电网、可持续的建筑材料六大领域。基于商业信心的培育、市场需求的开发、资源能源的开拓以及劳动者技能的提升四方面设计再工业化战略的实施支柱，以推进“新工业革命”的不断发展。在《2013年产业竞争力报告》中，欧盟对“趋向知识驱动的再工业化”的政策主张进行阐述，进一步深化了政策内涵。“地平线2020”计划，根据创新链环节性质的不同，从拨贷款、政府资金入股等形式中灵活选择给予资助，是目前欧盟最大的、为促进知识驱动型经济而制定的科研创新计划。

欧盟的再工业化战略着重强调三方面内涵：一是要提高欧盟制造产品的科技含量。对首批十年期项目的“石墨烯”和“人脑计划”各给予10亿欧元资助，是迄今欧盟最大的研发型资助项目。二是要保持制造业发展的广泛性和多样性。这意味着，制造业发展应具有多样性，而不仅仅是盯着高科技产业。对欧盟来说，应该通过研发和创新提升各产业的附加值，以此占据高端生产环节，而不是淘汰一些低技术产业。多样化的制造业是欧盟竞争力强大的基础和表现，一旦失去将很难再恢复。三是要努力抢占新兴技术产业领域的制高点。依靠科技创新和战略性新兴产业的大力发展，抢占新一轮科技革命和工业革命的制高点，并以此为基础推动产业升级，提升在世界市场中的竞争力。

德国是欧盟中以先进性以及较高的工业化程度为特征的制造业强国，主要特色是以科学技术推动制造业发展。德国始终坚持制造业立国的发展思路，没有出现其他欧美国家的去工业化现象，20年来制造业占比几乎没有发生变化，2015年仍然在20%以上①。也正是因为始终坚持制造业的重要地位，使德国成为唯一一个经济受金融危机影响较小的发达国家。在金融危机后德国经济恢复迅速，甚至达到20年来的最高增长，且创造了一个小的经济奇迹。为了进一步提升制造业在国际市场上的竞争力，从而保持全球领先地位，德国政府大力发展“高科技创业基金”，以此弥补早期高科技创业风险投资不足的缺口。德国于2013年提出“工业4.0”战略，由西门子公司、弗劳恩霍夫协会等企业、大学和研究机构共同研发设计，旨在基于物联信息系统，建立具有适应性、资源效率及人因工程学的智慧工厂，实现快速、有效、个人化的产品供应。

① 根据联合国工业发展组织数据库中的数据计算得到。

三、其他发达国家的再工业化战略

日本也是受国际金融危机影响较严重的发达国家之一。为复苏经济，日本政府于2011年通过《日元升值综合经济对策》，对制造工厂与研发基地提供地方性补贴，以此避免产业空心化。同时鼓励日本企业“走出去”，提升本土制造业的国际竞争力，重塑国内工业体系。2012年的《制造业白皮书》指出，日本优势制造领域的国际竞争力在不断下降，因此强调通过低价商品的投入进一步抢占新兴市场。而这需要依靠对国际人才的培养和对市场需求的探索，以及机器人、下一代清洁能源汽车、再生医疗及3D打印技术等先进制造领域的发展措施来提升本土制造业的竞争力。2015年公布的《机器人新战略》提出三大核心目标：一是建设“世界机器人创新基地”。通过产学官合作增加用户与企业的对接机会，诱发创新。二是成为“世界第一的机器人应用国家”，力争将机器人广泛应用在制造、服务、基础设施、医疗护理、工程建设、自然灾害应对、农业等领域。三是迈向“世界领先的机器人新时代”，发展数据化生产模式，构建智能型生活体系。

作为老牌制造业大国，英国去工业化现象严重，在金融危机中也深受打击。金融危机后同样开启制造业回归之路。英国政府于2008年11月出台《制造业：新挑战，新机遇》的发展报告，提出加大对制造业科技创新的投资，促进制造业的绿色低碳转型。2009年成立“英国创新投资基金”，主要关注低碳经济、环保技术、生命科学、数字技术与高端制造等领域。借助牛津大学的ISIS科技创新公司、剑桥大学的剑桥企业等大学技术转移机构，英国通过知识产权的出售、许可和成立派生公司等方式积极推动科研成果商业化。2011年启动“开放和了解制造业计划”，通过对年轻人进行培训使他们深入了解制造业及其涉及的工作，体验供职于制造业领域的价值。2013年发布《制造业的未来：一个新时代给英国带来的机遇与挑战》，认为低成本的个性化产品市场潜力巨大，未来制造业将实现价值链的数字化和生产环节的重构，从而使制造技术、地点、供应链等将发生重大改变。而且，制造业的发展不再是传统的先制造后销售的产业模式，而是以生产为中心的“服务＋再制造”模式，且表现出更快速敏锐地响应市场需求、把握市场新机遇、可持续发展以及大力培养高素质劳动力等特征。不难发现，英国的“再工业化”不是要求返回以往工业发展模式，而是着眼制造业的未来，通过“高价值制造”打造全新的制造业及经济增长新引擎。

第五节　本章小结

20世纪90年代以来，世界制造业增加值在GDP中的占比呈现微弱的增大趋势。其中，高收入经济体的制造业份额始终处于世界平均水平以下，而且有小幅下降。中低收入经济体的制造业份额始终大于世界平均水平，而且增大趋势较为明显。以该指标来判断，世界制造业对经济增长的重要性小幅增大，高收入经济体制造业的重要性在不断降低，而中低收入国家制造业的重要程度则呈现明显提高趋势。

世界层面及不同收入水平经济体的制造业增加值增长率表现出相同的增减变化趋势。高收入经济体制造业的增加值增长率相比于90年代初仅出现十分微弱的增长，而且在绝大多数年份都低于世界制造业的增长率，在21世纪以来表现得更为明显。中低收入国家相对来说呈现出更为明显的波动增大趋势，而且在绝大多数年份都高于世界制造业的平均水平，同样在21世纪表现得更加突出。相应地，高收入经济体制造业增加值的增长速度与中低收入国家的差距在21世纪不断扩大。

世界层面及不同收入水平经济体制造业对经济增长的贡献及贡献率均呈现较为明显的波动变化趋势。高收入经济体制造业对GDP增长的贡献和贡献率波动幅度较大，而且大多数年份均小于世界平均水平。中低收入国家制造业对GDP增长的贡献和贡献率波动幅度相对较小，而且多数年份均在世界平均水平之上。其中，制造业对经济增长的贡献还表现出较为明显的波动上升趋势。这说明高收入经济体制造业对经济增长的重要性小于世界平均水平，而中低收入国家制造业对经济增长的重要性大于世界平均水平。另外，高收入经济体制造业对GDP增长的贡献与中低收入国家之间的差距在21世纪以来有所扩大。

可见，制造业在中低收入国家中扮演着越来越重要的角色，但这并不意味着制造业对高收入经济体不再重要。这是因为，制造业对经济增长的作用不仅仅表现为自身相对规模的扩大或增长率的提高，更重要的是体现在其对技术进步和社会创新方面的巨大驱动作用及对其他部门产生的强大的外溢效应。新时期，世界各国纷纷将制造业升级作为重振经济、占领新一轮科技革命制高点的重要引擎。这意味着，不管是高收入经济体，还是中低收入国家，都再次将制造业提升到经济增长战略的高度，从实践上重申了制造业的重要地位。

第四章　制造业升级与经济增长的描述性分析

理论上来讲，制造业升级与经济增长存在一定的对应关系。本章将对各国制造业产业结构、制造商品出口结构以及制造业劳动生产率进行分析，以考察各国的制造业升级情况。在此基础上，将通过各国制造业升级指标与经济增长指标的相关关系图及 Pearson 相关系数来判断两者之间存在的相关关系。

第一节　基于产业结构变动的制造业升级与经济增长

制造业升级通常表现为由劳动密集型行业为主向技术密集型行业为主的转变过程。因此，技术密集型行业的相对规模及其变动情况是制造业升级水平和升级趋势的直接反映。图 4－1 显示，2014 年工业化国家低技术制造业、中低技术制造业、中高技术制造业和高技术制造业的增加值占比分别为 26%、24.6%、35.3%、14.1%，而发展中国家和新兴工业化国家四类不同技术密集型制造业行业的占比分别为 33.3%、29.6%、27.5%、9.6%。可见，工业化国家制造业结构的高技术密集性特征较为明显，处于制造业升级的较高层次。就工业化国家与发展中国家和新兴工业化国家各自不同制造业行业的增加值在制造业中占比的变化情况来看，2005～2014 年，低技术和中低技术密集型制造业的相对规模都有缩小趋势（图 4－1 中占比年均增速为负），而中高技术和高技术密集型制造业的相对规模都呈扩大趋势（图 4－1 中占比年均增速为正）。这说明工业化国家与发展中国家和新兴工业化国家都在经历着制造业结构的升级过程。然而，工业化国家低技术密集型制造业份额的年均下降速度和高技术密集型制造业份额的年均增长速度都快于发展中国家和新兴工业化国家，这意味着工业化国家制造业结构的升级趋势相比于发展中国家和新兴工业化国家更为明显①。

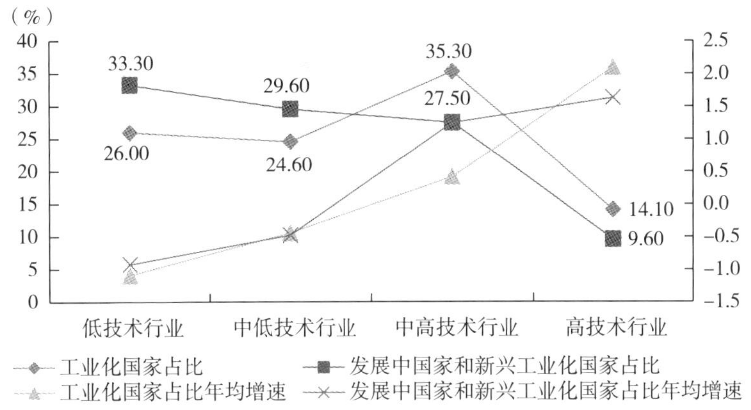

图4-1 不同发展水平经济体不同技术密集型制造业的占比及年均增速

注：①不同技术密集型制造业占比是2014年的数据；②不同技术密集型制造业占比的年均增速是2005~2014年的年均增速。

资料来源：根据OECD对国际标准产业分类（ISIC 3.0）中制造业行业技术密集度的划分及ISIC 3.0与ISIC 4.0中制造业行业的对应关系，采用2016年《国际工业统计年鉴》中的数据合并计算并绘制成图。

从不同发展水平国家制造业不同技术密集型行业的占比及其变动情况可以看出：在制造业升级层次方面，发展水平较高的工业化国家升级层次高于发展水平较低的发展中国家和新兴工业化国家；在制造业升级速度方面，发展水平较高的工业化国家也快于发展水平较低的发展中国家和新兴工业化国家。为更深入、系统地分析不同收入水平国家制造业结构的升级情况，同第三章一样，本节进一步基于世界银行划分的35个高收入经济体和44个中低收入国家自20世纪60年代以来技术密集型制造业的增加值占比及其变化趋势来考察各国制造业的结构升级情况及其与经济增长的相关性。由于制造业分行业数据的可获得性，这里以世界

① 本书对国家的分类基本采用的是世界银行按收入水平进行的高收入国家、中低收入国家的分类。但由于数据的限制，这里整体层面的分析采用了工业化国家与发展中国家和新兴工业化国家的分类。考虑到工业化国家对应的大多是世界银行分类中的高收入经济体，发展中国家和新兴工业化国家对应的大多是中等收入经济体，故认为这里整体层面的分析与后面关于不同收入水平经济体具体层面的分析仍然具有一致性。

银行给出的化学品和机械及运输设备两类技术含量较高的制造业行业在制造业中的增加值占比近似作为一国技术密集型制造业的相对规模。这么做是因为，在世界银行的界定中，化学品和机械及运输设备两类行业基本涵盖了 OECD 对 ISIC 3.0 界定的高技术行业和中高技术行业①，因此能够在很大程度上反映一国技术密集型制造业的规模发展情况②。

一、不同收入水平经济体制造业的结构升级

（一）高收入经济体制造业的结构升级

表4－1是35个高收入经济体（33个OECD国家加上新加坡和中国香港）自20世纪60年代以来技术密集型制造业（即OECD划分的高技术行业和中高技术行业）的增加值占比及其变化情况。数据表明，20世纪60年代以来，大多高收入经济体技术密集型行业的相对规模不断扩大，制造业升级趋势明显。

表4－1　高收入经济体技术密集型制造业③在制造业中的占比　　单位：%

国家/地区	1963年	1970年	1980年	1985年	1990年	1995年	2000年	2005年	2010年	2014年
澳大利亚	25.71	25.65	24.26	23.52	22.92	23.88	20.65	20.38	18.92	29.90
奥地利	17.39	18.79	22.17	23.12	27.76	27.32	32.05	34.88	35.40	37.33
比利时	21.03	24.23	26.48	14.91	13.37	35.42	39.08	40.08	31.01	47.67
加拿大	21.35	23.63	24.16	28.73	33.49	36.81	39.30	33.05	28.07	28.51
智利	16.16	12.59	12.07	10.26	13.53	14.88	—	—	—	17.65
捷克	—	—	—	—	—	27.52	30.59	31.64	37.46	39.50
丹麦	27.46	24.98	28.44	29.10	29.67	30.51	30.67	31.96	46.10	50.04

① 世界银行给定的数据中，化学品行业对应 ISIC 3.0 中的第24类，机械及运输设备对应 ISIC 3.0 中的第29、第30、第32、第34、第35共五类。而OECD界定的中高技术行业和高技术行业大致包括第24类和第29～第35类，两者差别不大，故用化学品和机械及运输设备行业作为技术密集型行业的近似替代。

② 本书后续的分析中，通常将 OECD（2011）对制造业分类中的高技术行业和中高技术行业称为技术密集度较高的行业（或技术密集型制造业），而将低技术行业和中低技术行业称为技术密集度较低的行业（或非技术密集型制造业）。另外，OECD（2005）基于相对于增加值和生产总值的研发强度对 ISIC 3.0 中的制造业行业进行分类，将第15～第22类和第36类界定为低技术行业，将第23类和第25～第28类界定为中低技术行业，将第24类和第29～第35类界定为高技术行业，进一步为本书的行业分类提供了依据。

③ 这里技术密集型制造业指化学品行业和机械及运输设备行业，大体对应 OECD 分类中的高技术行业和中高技术行业。根据上文对行业分类的界定，称其为技术密集型制造业（后续章节中有时也称为技术密集度较高的行业）。

续表

国家/地区	1963年	1970年	1980年	1985年	1990年	1995年	2000年	2005年	2010年	2014年
爱沙尼亚	—	—	—	—	12.41	12.57	14.76	14.87	22.25	22.22
芬兰	20.04	21.43	22.28	25.49	25.34	30.07	38.29	38.90	40.44	33.57
法国	22.16	26.29	29.07	28.69	44.80	45.76	38.15	37.15	42.47	44.07
德国	—	—	—	—	—	—	42.45	45.58	51.29	52.58
希腊	14.66	15.78	17.50	16.45	16.91	20.48	20.93	14.81	12.72	21.33
匈牙利	26.85	26.62	27.82	31.72	28.47	19.82	37.11	39.73	50.79	52.79
冰岛	—	11.97	6.92	6.33	6.08	5.28	11.52	13.92	—	—
爱尔兰	12.92	15.27	24.74	33.40	33.44	46.12	55.96	49.33	59.03	59.50
以色列	18.21	21.86	20.97	19.58	19.02	32.26	42.16	40.20	47.22	41.08
意大利	—	30.96	30.95	33.65	30.93	31.27	30.54	29.92	36.96	37.98
日本	29.80	32.28	29.84	32.80	34.42	42.29	44.30	47.94	49.19	49.58
韩国	15.15	17.62	19.65	22.58	39.35	45.41	50.84	52.62	57.20	58.97
拉脱维亚	—	—	—	—	—	19.12	11.13	12.65	17.75	16.61
卢森堡	—	—	—	13.34	17.13	11.32	14.89	10.84	3.91	19.55
荷兰	25.72	26.99	25.69	28.87	29.83	35.68	34.70	41.96	45.11	44.72
新西兰	16.48	16.31	17.85	17.50	—	0.00	0.00	12.97	16.47	16.12
挪威	23.14	24.40	27.97	29.24	28.31	31.13	35.09	33.44	38.39	46.70
波兰	23.41	26.65	32.83	28.62	26.78	25.22	22.46	23.68	32.63	31.92
葡萄牙	16.79	19.57	17.32	18.50	13.50	18.74	21.22	20.85	20.69	21.90
斯洛伐克	—	—	—	—	—	26.61	26.75	26.25	41.04	43.91
斯洛文尼亚	—	—	—	22.29	22.50	25.11	27.80	32.93	36.16	38.88
西班牙	22.95	22.01	24.74	26.13	28.63	29.77	28.47	25.93	31.98	35.03
瑞典	29.66	28.36	31.77	33.77	35.73	39.47	43.56	46.33	40.62	50.07
瑞士	—	—	—	18.50	17.64	15.12	36.45	42.29	56.43	57.73
英国	33.27	32.52	33.32	33.76	34.55	36.01	35.18	34.08	44.38	44.51
美国	31.67	31.99	33.57	34.26	34.36	33.60	41.56	40.04	45.16	44.66
新加坡	12.92	21.00	25.32	25.62	40.36	65.82	71.02	75.01	79.88	79.34
中国香港	—	—	6.53	7.60	13.52	15.86	15.41	29.57	38.07	33.93

资料来源：世界银行的世界发展指数，下同。

具体来看，20世纪60年代初高收入经济体在技术密集型制造业的生产上就比较有优势，表现为所有高收入经济体（仅限于当时有数据的经济体）技术密集型行业的占比均在10%以上，如澳大利亚、丹麦、匈牙利、日本、荷兰、瑞典等国家均超过了25%，英国和美国更是高达30%以上。这说明，高收入经济体的技术密集型制造业在较早时期就已经有了很好的发展基础。从变化趋势上来看，除拉脱维亚、新西兰等个别国家外，其他高收入经济体技术密集型制造业的相对生产规模自20世纪60年代以来均呈现不断扩大趋势。而且大多数国家和地区的产业份额增幅都比较大，如奥地利、比利时、丹麦、法国、匈牙利、爱尔兰、以色列、日本、韩国、新加坡、中国香港、荷兰、挪威、瑞典、瑞士等国家和地区，技术密集型行业占比的提高均超过20个百分点或接近20个百分点，尤其是爱尔兰、韩国和瑞士，从不到20%的占比提高到接近60%的份额，新加坡更是提高到接近80%的水平。2014年，除智利、拉脱维亚、卢森堡和新西兰四个国家技术密集型制造业的占比小于20%以外，其他高收入经济体技术密集型行业的份额都在20%以上。丹麦、德国、匈牙利、爱尔兰、韩国、瑞典、瑞士、新加坡等国家技术密集型行业的占比都超过了50%，比利时、法国、以色列、日本、挪威、斯洛伐克、英国、美国也都在40%以上。这说明高收入经济体制造业的升级趋势十分明显，技术密集型制造业已经发展成为高收入经济体的主导产业，而且发展优势越来越突出。

（二）中低收入经济体制造业的结构升级

表4－2是44个中低收入国家自20世纪60年代以来技术密集型制造业的增加值占比及其变化情况。根据世界银行的分类，中等收入国家较多，低收入国家数据缺失严重，因而这里同样将中低收入国家放在一起进行分析。数据表明，虽然中低收入国家大多也都在进行着制造业的升级过程，但其升级层次明显要低，且趋势也相对较弱。

表4－2　中低收入经济体技术密集型制造业在制造业中的占比　　单位：%

国家	1963年	1970年	1980年	1985年	1990年	1995年	2000年	2005年	2010年	2014年
阿尔巴尼亚		—	—	7.66	7.58	—	7.61	16.98	6.56	5.64
阿尔及利亚	—	10.01	9.16	7.43	10.23	10.46	—	9.36	30.27	—
阿根廷	—	—	—	21.69	21.22	24.85	26.02	—	—	—
孟加拉国	—	12.73	17.40	21.05	20.59	12.19	14.76	19.09	6.82	—
玻利维亚	—	5.83	6.66	3.51	3.28	3.80	4.51	—	11.14	—

续表

国家	1963 年	1970 年	1980 年	1985 年	1990 年	1995 年	2000 年	2005 年	2010 年	2014 年
巴西	—	—	—	—	36. 98	41. 38	31. 49	30. 24	33. 66	33. 22
中国	—	—	29. 89	29. 28	28. 66	26. 97	26. 11	36. 43	—	—
哥伦比亚	13. 63	16. 97	15. 39	17. 83	19. 99	21. 80	20. 10	19. 05	22. 88	19. 69
刚果	—	0. 88	4. 77	4. 53	3. 20	—	10. 40	9. 95	7. 85	—
哥斯达黎加	6. 46	10. 88	12. 42	11. 76	11. 74	12. 47	14. 84	12. 75	11. 46	10. 72
埃及	17. 75	17. 60	15. 51	18. 50	20. 08	20. 50	28. 75	25. 86	19. 13	17. 30
斐济	—	5. 58	7. 16	10. 44	7. 01	5. 67	8. 04	7. 07	6. 88	6. 73
印度	22. 81	27. 58	31. 01	32. 74	31. 35	38. 27	36. 76	34. 73	33. 91	35. 62
印度尼西亚	—	7. 40	19. 37	18. 85	17. 79	21. 44	30. 76	31. 07	36. 46	29. 94
伊朗	10. 18	16. 97	11. 95	20. 99	23. 41	31. 82	38. 28	36. 69	41. 33	37. 50
伊拉克	8. 80	9. 74	20. 33	19. 83	13. 90	22. 68	—	7. 94	5. 42	5. 92
约旦	4. 91	10. 79	7. 50	8. 01	16. 55	19. 04	20. 25	18. 99	22. 44	24. 71
肯尼亚	19. 60	17. 99	18. 04	17. 08	14. 02	11. 98	7. 51	7. 56	8. 46	12. 41
马其顿	—	—	—	—	15. 09	17. 23	14. 55	10. 42	17. 45	—
马来西亚	—	14. 12	12. 94	22. 12	20. 09	18. 06	45. 71	44. 22	39. 40	39. 75
毛里求斯	—	6. 40	9. 78	5. 44	5. 61	6. 04	1. 34	1. 91	1. 25	7. 50
墨西哥	—	—	—	32. 98	35. 18	36. 16	39. 56	36. 82	32. 48	36. 07
蒙古国	—	—	—	—	1. 38	2. 63	2. 35	4. 40	2. 02	5. 93
摩洛哥	—	—	23. 03	19. 46	16. 20	19. 68	16. 41	17. 85	22. 84	21. 75
秘鲁	—	15. 27	18. 75	13. 12	13. 57	14. 41	13. 64	12. 45	13. 16	12. 58
菲律宾	14. 80	17. 09	20. 91	10. 76	15. 66	17. 72	36. 45	32. 63	37. 88	53. 25
罗马尼亚	—	—	—	—	20. 61	23. 59	18. 50	21. 55	33. 64	34. 37
俄罗斯	—	—	—	—	—	25. 06	27. 72	18. 52	20. 18	20. 87
南非	19. 17	23. 03	23. 81	25. 27	22. 98	26. 09	20. 24	21. 18	21. 26	—
斯里兰卡	—	17. 56	8. 46	4. 77	7. 47	8. 61	7. 77	14. 05	8. 67	5. 66
斯威士兰	—	0. 00	12. 49	1. 93	1. 68	0. 01	—	—	1. 19	—
泰国	—	28. 03	11. 73	10. 21	11. 60	32. 03	32. 04	41. 76	36. 16	—
突尼斯	21. 96	14. 67	18. 08	—	6. 27	12. 31	13. 43	9. 83	6. 46	—
土耳其	13. 09	13. 40	19. 87	17. 62	20. 91	25. 59	24. 70	26. 65	25. 52	24. 41
布隆迪	—	6. 09	3. 14	2. 52	1. 67	—	—	3. 66	3. 08	2. 21
中非共和国	—	—	18. 32	9. 23	8. 28	9. 25	—	—	—	—

续表

国家	1963年	1970年	1980年	1985年	1990年	1995年	2000年	2005年	2010年	2014年
厄立特里亚	—	—	—	—	19.83	19.57	7.17	9.85	6.05	8.95
埃塞俄比亚	—	—	—	—	3.39	6.06	11.73	6.27	10.92	16.08
马达加斯加	—	11.95	8.58	10.21	—	—	2.22	2.05	—	—
马拉维	9.58	11.82	5.76	23.74	19.00	22.72	9.27	6.10	11.35	11.35
尼泊尔	—	—	—	4.53	4.99	6.22	10.93	8.01	7.46	—
塞内加尔	—	—	11.03	0.00	13.28	27.90	25.14	12.64	18.45	20.80
坦桑尼亚	5.15	8.56	11.91	13.51	14.40	9.01	9.01	3.30	7.56	—
乌干达	2.51	4.62	—	—	6.60	7.23	11.07	—	—	—

与高收入经济体相比，中低收入国家的技术密集型制造业在相对生产规模上要逊色很多。从20世纪60～70年代或就有数据的最初年份来看，仅印度、南非和突尼斯三个国家以及阿根廷、巴西、中国、墨西哥、罗马尼亚、泰国等少数新兴经济体技术密集型制造业的占比大于20%。其他国家占比都不高，还有多个国家份额处于个位数水平。而且与高收入经济体不同，中低收入国家技术密集型行业的相对生产规模并没有呈现出普遍的扩大趋势。除印度、印度尼西亚、菲律宾、泰国、伊朗、约旦、马来西亚、罗马尼亚、土耳其、埃塞俄比亚、塞内加尔和乌干达等少数国家技术密集型制造业的占比出现较大幅度的增加外，其他大多数国家增加并不明显，如阿根廷、中国、马其顿、墨西哥、蒙古国、南非等。另外，像孟加拉国、斯里兰卡、巴西、肯尼亚、秘鲁、俄罗斯、突尼斯、布隆迪、中非共和国、厄立特里亚和马达加斯加等许多国家还出现行业份额下降的现象。因此，虽然2014年更多中低收入国家技术密集型行业的份额超过了20%，像巴西、中国、印度、伊朗、马来西亚、墨西哥、菲律宾、罗马尼亚等一些新兴经济体均在30%以上[①]。但是，整体来看，中低收入国家技术密集型行业的发展仍然较弱，与高收入经济体存在较大差距。

可见，中低收入国家技术密集型制造业的发展水平远弱于高收入经济体，制造业结构处于较低层次，而且升级趋势也远弱于高收入经济体。在中低收入国家内部，发展较好的新兴经济体在技术密集型行业上同样比较有发展优势，即中低收入国家中新兴经济体的制造业升级水平要高于其他中低收入国家，升级势头整

① 中国为2005年技术密集型制造业的占比。

体来看也强于其他中低收入国家。

二、制造业结构升级与经济增长的相关性分析

从不同收入水平经济体技术密集型制造业的相对规模及其变动情况不难看出，处于制造业较高层次及向高层次变动趋势最明显的国家大多属于高收入经济体，而发展较为落后的中低收入国家制造业结构层次低，高级化趋势弱。这意味着制造业层次结构及其变化趋势与经济增长之间存在一定的对应关系。这里以GDP、人均GDP表示经济增长情况，基于上述分析的世界79个国家1963～2014年共52年的数据，首先通过技术密集型行业的增加值占比与GDP、人均GDP的相关关系图进行直观地分析，并进一步计算制造业结构升级变量与经济增长指标的Pearson相关系数来探究二者之间的相关关系及其显著性。

（一）基于相关关系图的相关关系分析

图4－2是世界层面、高收入经济体层面以及中低收入国家层面经济增长与技术密集型制造业发展情况（STEC）的相关关系[①]。结果显示，不管是从世界总

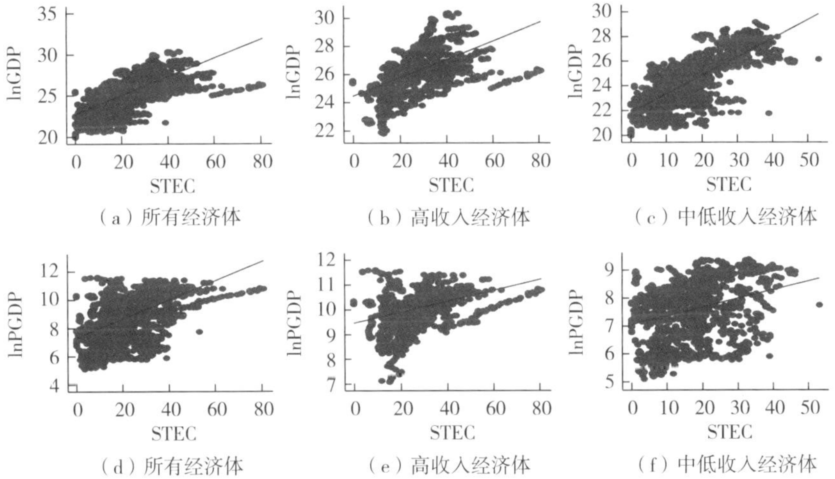

图4－2 经济增长与技术密集型制造业占比的相关关系

注：STEC表示技术密集型制造业在制造业增加值中的占比，也即OECD划分的中高技术行业和高技术行业在制造业中的占比，下同。

资料来源：根据表4－1和表4－2中的数据及世界银行世界发展指数中的GDP和人均GDP数据绘制。

① 由于GDP和人均GDP等经济变量数值较大，特别是相对于技术密集型行业的占比来说显得更大。为统一量级，这里对GDP和人均GDP取对数后再与技术密集型行业的发展情况做相关性分析。

体来看，还是从不同收入水平国家自身来看，经济增长与技术密集型制造业的相对生产规模都存在一致且较为明显的正相关关系，表现为 GDP 和人均 GDP 随着技术密集型行业占比的增加而增加。相应地，GDP 和人均 GDP 将随着技术含量较低的其他制造业占比的增加而减小，即经济增长与技术密集型制造业的相对规模呈正相关关系，而与非技术密集型行业的相对规模呈负相关关系。

然而，相关关系图只是给出了不同变量随时间变化的走势关系，而并不能确定变量之间相关关系的显著性，也不能显示出具体的相关关系的大小。因此，需要进一步通过相关系数来分析经济增长与技术密集型制造业的相关性。

（二）基于 Pearson 相关系数的相关关系分析

表 4－3 是世界及不同收入水平经济体经济增长与制造业结构升级指标的 Pearson 相关系数。结果显示，同上述相关关系图表现出来的相关性基本一致，世界层面、高收入经济体层面以及中低收入国家层面的经济增长与技术密集型制造业的发展情况（STEC）均在 5% 的显著性水平下呈现显著的正相关关系，即 GDP 和人均 GDP 随着技术密集型制造业相对规模的扩大而增加。从相关系数的大小来看，GDP 与技术密集型制造业的正相关性大于人均 GDP 与技术密集型制造业的正相关性，这说明制造业结构升级表现出与总经济增长更为密切的关系。虽然中低收入国家技术密集型制造业与 GDP 的相关系数大于高收入经济体，但前者技术密集型制造业与人均 GDP 的相关系数却小于后者。这意味着，中低收入国家制造业升级与总经济增长的关系较高收入经济体更为密切，而与人均 GDP 增长的关系则不如高收入经济体密切。

表 4－3　经济增长与技术密集型制造业占比的相关系数

区域	lnGDP 与 STEC	lnPGDP 与 STEC
世界	0.7010*	0.5555*
高收入经济体	0.5095*	0.3947*
中低收入经济体	0.7424*	0.2993*

注：* 表示在 5% 的水平下显著相关。

资料来源：世界银行的世界发展指数。

第二节　基于出口结构变动的制造业升级与经济增长

一国的出口商品结构往往与一国的制造技术结构有很大关系。因此，出口商品的技术含量在很大程度上能够反映制造业结构的升级水平。联合国贸易和发展会议按照技术水平将157个三位代码行业分为劳动密集型和资源密集型制造业、低等技能和技术制造业、中等技能和技术制造业以及高等技能和技术制造业。作为对上一节制造业较粗行业分类的补充，本节进一步以高等技能和技术制造业的出口额在工业制成品总出口额中的占比来衡量一国制造业出口商品的高级化水平，以考察各国制造业结构的升级情况及其与经济增长的相关性。

一、不同收入水平经济体出口商品的结构升级

（一）高收入经济体出口商品的结构升级

表4-4显示，20世纪90年代中期以来，高收入经济体高等技能和技术密集型制造业出口在工业制成品总出口中的占比普遍较高。除个别国家在个别年份高等技能和技术密集型制造业的相对出口规模较小外，其他国家出口份额占比均较大。如澳大利亚、比利时、法国、德国、匈牙利、爱尔兰、以色列、日本、韩国、荷兰、新西兰、瑞士、英国、美国、新加坡、中国香港等国家和地区在绝大多数年份都在30%以上。尤其是爱尔兰和新加坡，两国的高等技能和技术密集型制造业的出口占比在所有年份都很高，2015年分别为85.65%、69.53%。这意味着，高等技能和技术密集型产品的出口在工业制成品总出口中占据绝对主导地位。从变化趋势来看，除芬兰、冰岛、英国、日本和美国等个别国家高等技能和技术制造业的出口占比有小幅下降外，大多数高收入经济体均呈现增加趋势。如比利时、法国、希腊、爱尔兰、以色列、拉脱维亚、瑞士和中国香港等国家和地区，高等技能和技术制造业的出口占比增幅都较大。这说明，从制造业的出口结构来看，高收入经济体的高等技能和技术行业具有较大的出口规模优势，反映出高收入经济体制造业结构的高层次性。同时，高等技能和技术行业相对出口规模的普遍扩大意味着大多数高收入经济体制造业结构存在着技术密集化的升级趋势。

表 4-4 高收入经济体高等技能和技术制造业占工业制成品出口的比例 单位:%

国家/地区	1995 年	2000 年	2004 年	2008 年	2010 年	2011 年	2012 年	2013 年	2014 年	2015 年
澳大利亚	29.13	30.31	30.30	30.55	32.65	32.34	34.17	33.73	33.78	35.12
奥地利	15.69	19.28	20.88	19.51	22.02	21.40	22.88	23.73	23.96	23.58
比利时	28.51	33.43	40.35	41.53	46.22	43.94	45.05	45.61	45.24	45.67
加拿大	21.75	25.15	22.01	28.66	28.82	29.32	27.65	28.26	28.44	28.37
智利	8.42	13.83	12.75	11.44	8.84	9.39	11.31	12.00	11.99	12.61
捷克	15.32	14.44	21.60	25.08	27.25	26.91	25.68	24.23	24.43	23.49
丹麦	28.26	33.94	33.85	28.93	30.17	29.76	30.93	31.28	30.64	31.82
爱沙尼亚	25.58	43.18	32.74	19.77	23.97	29.74	28.96	29.08	30.97	30.19
芬兰	22.40	35.71	30.93	29.75	25.51	23.88	23.88	22.52	21.27	19.92
法国	34.83	39.40	36.66	38.39	42.96	42.40	43.88	44.41	44.18	44.12
德国	28.39	31.68	31.27	30.06	31.39	30.20	31.07	31.31	31.32	31.76
希腊	12.65	25.22	27.14	29.43	33.49	30.87	31.39	32.50	34.38	34.73
匈牙利	24.06	37.08	41.61	40.05	44.37	40.89	37.65	34.59	30.83	29.11
冰岛	10.72	5.23	15.51	15.50	9.82	9.04	8.09	6.19	5.61	5.09
爱尔兰	67.62	80.38	84.43	85.11	85.15	84.99	84.33	83.22	83.60	85.65
以色列	35.95	37.17	34.80	44.02	48.94	46.78	49.06	50.51	48.18	50.81
意大利	16.97	19.62	18.79	17.71	20.48	20.22	20.79	21.26	21.22	21.51
日本	37.88	38.57	35.72	29.95	31.03	30.10	29.45	30.07	29.97	29.71
韩国	38.21	47.72	47.43	42.78	43.82	39.94	39.97	41.75	42.15	42.15
拉脱维亚	15.54	14.25	14.33	23.10	25.96	25.38	25.64	29.70	33.45	34.77
卢森堡	21.58	20.91	24.25	21.29	20.86	22.28	22.30	23.56	22.56	24.75
荷兰	48.48	53.99	55.12	51.13	53.91	51.77	53.19	53.50	52.97	53.16
新西兰	31.20	34.19	28.96	32.09	29.06	29.52	32.44	33.04	34.05	35.40
挪威	18.72	22.64	23.91	22.29	26.45	25.45	23.04	23.38	24.23	25.37
波兰	13.21	14.17	13.62	19.06	23.46	21.00	21.90	22.20	22.78	22.53
葡萄牙	13.83	15.58	19.51	20.08	18.33	19.10	18.49	18.85	18.08	18.10
斯洛伐克	18.04	13.68	13.99	25.48	28.26	25.61	25.66	26.73	26.36	24.34
斯洛文尼亚	16.31	16.61	18.48	20.91	23.40	23.30	25.11	26.20	25.50	24.07
西班牙	18.69	20.72	22.02	22.87	25.69	23.81	24.87	25.14	24.49	23.98
瑞典	26.25	35.35	30.45	27.92	31.01	28.44	27.50	28.04	28.48	28.99
瑞士	44.17	45.20	51.88	53.43	57.13	57.32	59.36	59.73	60.55	61.62

续表

国家/地区	1995 年	2000 年	2004 年	2008 年	2010 年	2011 年	2012 年	2013 年	2014 年	2015 年
英国	41.17	42.93	38.16	35.15	37.73	35.43	34.77	33.36	36.32	38.02
美国	45.41	47.98	46.84	44.99	43.89	42.44	41.26	41.14	40.87	41.68
新加坡	70.52	74.26	73.87	68.63	70.67	68.09	68.18	68.20	68.07	69.53
中国香港	33.90	38.07	47.35	51.83	55.91	55.92	58.16	59.63	60.98	63.23
平均	27.98	32.05	32.61	32.81	34.53	33.63	33.95	34.25	34.34	34.74

资料来源：UNCTADstat 数据库，下同。

（二）中低收入经济体出口商品的结构升级

相比较而言，中低收入国家高等技能和技术密集型制造业的出口占比整体来看小于高收入经济体（见表 4－5），如所研究国家的平均水平在所有年份均小于高收入经济体的平均水平。另外，不同的中低收入国家之间表现出较大的差异性。一方面，既有高等技能和技术制造业相对出口规模特别小的国家，如阿尔巴尼亚、孟加拉国、刚果、斯里兰卡、中非共和国、埃塞俄比亚、马达加斯加等，出口份额占比在大多数年份都小于 10%，甚至有些国家始终处于 5% 以下，制造业的结构层次很低；另一方面，也有高等技能和技术制造业相对出口规模较大的国家，如阿尔及利亚、阿根廷、中国、哥伦比亚、哥斯达黎加、伊朗、伊拉克、约旦、马来西亚、墨西哥、菲律宾、斯威士兰、泰国、塞内加尔等，出口份额占比在绝大多数年份都大于 30%。从变化趋势上来看，大多数中低收入国家高等技能和技术密集型制造业的相对出口规模也呈现扩大趋势，这说明以制造业出口结构来衡量，中低收入国家的制造业也经历着技术密集化的升级过程，但升级层次和趋势都弱于高收入经济体。

表 4－5 中低收入经济体高等技能和技术制造业占工业制成品出口的比例

单位：%

国家	1995 年	2000 年	2004 年	2008 年	2010 年	2011 年	2012 年	2013 年	2014 年	2015 年
阿尔巴尼亚	3.81	1.87	2.88	2.11	3.68	3.25	3.67	2.81	2.72	2.80
阿尔及利亚	39.26	54.23	49.32	57.55	58.64	69.22	77.37	77.67	91.30	93.15
阿根廷	24.36	27.25	31.03	31.19	29.82	31.23	31.40	30.48	31.36	34.18
孟加拉国	3.84	2.06	1.64	1.85	0.90	1.00	1.31	1.32	1.25	1.21

续表

国家	1995 年	2000 年	2004 年	2008 年	2010 年	2011 年	2012 年	2013 年	2014 年	2015 年
玻利维亚	7.76	26.54	9.64	13.54	20.62	13.80	24.46	17.74	16.94	18.02
巴西	17.08	29.80	21.92	24.83	26.35	25.24	26.50	23.49	24.54	24.47
中国	21.86	28.38	39.15	37.64	39.62	37.64	37.52	37.77	36.34	36.86
哥伦比亚	23.66	32.81	26.19	26.75	35.53	38.98	35.33	38.72	40.57	42.96
刚果	2.46	3.19	8.05	18.03	2.60	3.03	4.18	1.55	2.06	7.16
哥斯达黎加	17.96	61.89	72.07	71.99	81.01	81.79	83.13	84.17	76.17	57.07
埃及	14.12	15.34	15.24	27.96	28.87	31.26	32.77	33.01	35.81	33.57
斐济	1.94	2.87	5.61	19.48	21.62	23.61	26.79	25.72	33.02	22.50
印度	13.52	15.11	18.07	21.05	20.71	22.01	23.57	24.50	23.86	23.49
印度尼西亚	17.13	29.80	28.78	22.98	26.05	26.89	26.47	25.66	24.47	25.02
伊朗	18.30	21.96	28.24	46.03	58.47	63.30	64.27	68.00	67.08	61.82
伊拉克	9.70	87.78	67.29	74.96	75.51	88.22	89.25	85.55	76.71	81.57
约旦	64.79	49.77	37.87	52.10	50.26	51.79	51.53	50.81	52.38	50.07
肯尼亚	25.17	29.56	21.34	34.01	30.66	32.84	32.25	28.13	29.46	27.81
马其顿	7.87	6.28	6.59	3.59	17.61	24.46	24.33	26.60	27.40	28.63
马来西亚	66.95	72.94	68.89	58.69	63.26	60.81	59.42	59.20	59.87	58.51
毛里求斯	7.40	4.51	8.82	14.64	11.51	10.56	11.44	15.20	27.31	27.97
墨西哥	27.41	31.49	32.64	35.79	36.36	33.28	32.66	31.48	30.32	29.27
蒙古国	7.77	2.46	0.98	6.86	6.49	6.64	5.13	16.63	13.63	7.28
摩洛哥	33.83	31.16	29.10	41.03	36.23	39.44	37.72	32.46	30.45	31.27
秘鲁	5.80	7.18	7.89	10.01	12.75	14.52	14.56	13.28	14.39	16.99
菲律宾	42.80	73.91	70.38	66.79	59.47	53.25	52.52	55.70	56.73	60.21
罗马尼亚	13.89	14.00	10.83	14.49	19.19	19.10	16.06	13.96	13.43	12.71
俄罗斯	21.07	23.20	23.18	25.25	24.78	28.48	27.44	27.72	29.33	29.64
南非	15.54	19.10	14.13	14.97	15.38	16.05	17.96	17.48	18.71	18.13
斯里兰卡	2.90	5.24	6.34	2.97	2.74	2.79	3.40	2.91	4.17	4.53
斯威士兰	45.35	42.08	48.35	54.02	57.81	66.20	68.38	71.35	69.83	70.60
泰国	38.02	45.95	42.30	39.72	40.68	39.36	39.62	38.77	38.86	38.09
突尼斯	16.81	15.86	14.97	27.69	24.55	21.98	25.34	24.53	23.62	21.79
土耳其	7.19	12.38	10.97	8.18	9.73	9.46	10.58	10.28	10.42	10.72
布隆迪	15.29	9.97	23.77	28.54	36.67	20.21	42.58	40.93	27.71	31.39

续表

国家	1995年	2000年	2004年	2008年	2010年	2011年	2012年	2013年	2014年	2015年
中非共和国	2.23	0.55	1.16	6.94	3.63	3.58	11.53	2.21	8.08	4.84
厄立特里亚	13.77	24.73	34.97	12.29	19.02	13.20	61.19	31.02	21.74	19.11
埃塞俄比亚	2.96	0.27	19.57	8.95	7.30	5.62	8.66	9.03	10.94	12.62
马达加斯加	10.07	4.17	3.67	7.62	8.96	14.97	7.59	8.19	6.04	5.17
马拉维	6.36	6.66	5.61	35.79	47.47	55.90	58.15	61.15	42.42	20.85
尼泊尔	1.44	13.16	8.76	10.73	7.08	7.56	7.16	7.69	8.10	7.62
塞内加尔	78.25	64.49	69.65	50.56	44.64	51.57	42.91	38.60	40.85	45.17
坦桑尼亚	7.27	7.33	13.80	20.03	18.72	17.58	24.17	15.86	17.14	34.97
乌干达	30.10	26.24	30.48	26.56	30.98	34.53	33.48	28.53	21.25	28.17
平均	19.43	24.67	24.82	27.65	28.95	29.91	32.18	30.86	30.43	30.00

二、出口商品结构升级与经济增长的相关性分析

（一）基于相关关系图的相关关系分析

世界及不同收入水平国家的经济增长与高等技能和技术制造业出口占比（SHTC）的相关关系图显示（见图4-3），经济增长与高等技能和技术制造业的相对出口规模同样存在较为明显且一致的正相关关系，表现为GDP和人均GDP随着高等技能和技术制造业出口占比的增加而增加。这意味着经济增长与以出口结构反映的制造业升级之间存在明显的正相关性。

（二）基于Pearson相关系数的相关关系分析

不同收入水平经济体的经济增长与高等技能和技术制造业出口占比（SHTC）的相关系数表明（见表4-6），经济增长在世界层面、高收入经济体层面以及中低收入国家层面均表现出与高等技能和技术制造业相对出口规模的显著正相关关系，即GDP和人均GDP将随着高等技能和技术制造业相对出口规模的增大而增加。且不讨论是制造业生产结构和产品结构的高级化促进了经济增长，还是经济增长带动了制造业技术水平的提高，从而提升了出口商品的技术密集程度。两者之间显著的正相关系数确实说明经济增长与制造业升级水平之间存在着显著的正相关关系。从相关系数的大小来看，同上节关于经济增长与技术密集型制造业的分析相似，同样是中低收入国家制造业升级表现出与总经济增长更大的正相关性，而高收入经济体制造业升级表现出与人均水平的经济增长更大的正相关性。不同的是，世界层面、高收入经济体层面以及中低收入经济体层面的高等技能和技术制造业的相对出口规模均表现出与人均经济增长水平更大的正相关性。

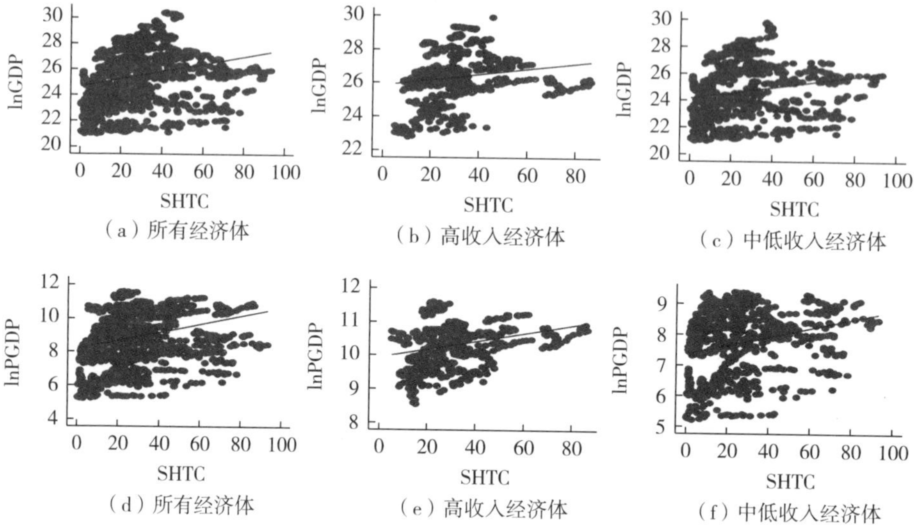

图4－3　经济增长与高等技能和技术制造业出口占比的相关关系

注：SHTC表示高等技能和技术密集型行业的出口额在工业制成品总出口额中的占比，下同。

资料来源：根据表4－4和表4－5中的数据及世界银行世界发展指数中的GDP和人均GDP数据绘制。

表4－6　经济增长与高等技能和技术制造业出口占比的相关系数

区域	lnGDP与SHTC	lnPGDP与SHTC
世界	0.2667*	0.2966*
高收入经济体	0.1840*	0.3130*
中低收入经济体	0.2099*	0.2673*

注：＊表示在5%的水平下显著相关。

资料来源：UNCTADstat数据库与世界银行的世界发展指数。

第三节　基于生产率提升的制造业升级与经济增长

制造业升级不仅仅表现为由劳动密集型行业向技术密集型行业的升级过程，同样也表现为各制造业行业内部由低技术、低附加值的生产环节向高技术、高附加值生产环节的提升过程。因此，制造业技术密集型行业相对规模的变动及高等技能和技术行业出口占比的变动只是反映了制造业升级的一个方面。若要全面反应制造业的升级情况，还需要从投入产出效益或者生产效率方面加以考察。近年来，许多学者采用增加值率来反映经济效益，以此引导经济和产业的转型升级（沈利生、王恒，2006；沈利生，2009；王金照、王金石，2012；于春海、常海龙，2015）。然而，增加值率这一指标由于受产业部门结构和专业化分工程度的影响较大，因此经济体或行业之间的可比性较差，还可能导致与实际情况相悖（牛凌云、窦丽琛，2000）。相比较而言，基于综合要素投入效率的全要素生产率在理论上是一个较为合适的指标，然而由于数据的限制，较难获得世界各国制造业在时间序列上连续且数据统计标准统一的资本存量数据，因而无法计算各国制造业的全要素生产率增长率。而前文提到，产业升级和劳动生产率的增长速度之间有着直接的关系（孙理军、严良，2016）。因此，本节以劳动生产率作为替代，进一步对38个高收入经济体和19个中低收入国家的制造业升级情况及其与经济增长的相关性进行考察。

一、不同收入水平经济体制造业的劳动生产率

（一）高收入经济体制造业的劳动生产率

表4－7是高收入经济体自20世纪90年代以来的制造业劳动生产率及其变化情况。数据表明，大多数高收入经济体制造业的劳动生产率都处于较高水平，如澳大利亚、奥地利、比利时、加拿大、丹麦、德国、爱尔兰、意大利、日本、卢森堡、荷兰、新西兰、挪威、瑞士、美国等国家，制造业劳动生产率在研究的所有年份均在5万美元以上。2012年，奥地利、比利时、丹麦、芬兰、爱尔兰、日本、荷兰、挪威、新加坡、瑞典、瑞士、美国等许多国家都超过10万美元。这说明，若以生产率来衡量制造业的升级水平，则许多高收入经济体都处于较高层次。就劳动生产率的变动情况来看，所有高收入经济体制造业的劳动生产率年均增长率均大于0，即劳动生产率呈现不断增加趋势，尤其是捷克、爱沙尼亚、爱尔兰、立陶宛、波兰、新加坡、斯洛伐克、瑞典等国，劳动生产率年均增长率均在5%以上，说明高收入经济体制造业升级趋势明显。

表 4-7　高收入经济体制造业的劳动生产率　　单位：美元/人，%

国家/地区	1990 年	1995 年	2000 年	2004 年	2008 年	2012 年	年均增长率
澳大利亚	65352	72701	80281	87994	91401[b]	—	2.12
奥地利	55242	66364	81581	89418	104181	108160	3.10
比利时	63741	73939	92900	106800	119298	125703	3.13
加拿大	62734	75178	88876	87995	90142	87556	1.53
中国香港	17645	21400	26836	—	36665	41083[d]	3.74
中国台湾	16182	23361	29773	35913	34295	36171	3.72
塞浦路斯	32246	36164	42006	—	41925	37753[d]	0.69
捷克	12819	12181	17113	20626	31227	42093	5.55
丹麦	59614	71384	85086	93615	97435	107298	2.71
智利	15098	20222	25225	27975	31509	35271	3.93
爱沙尼亚	8062	7884	13688	16900	21129	27322[d]	5.45
芬兰	39759	54832	77680	95543	117403	109554[c]	4.94
法国	46394	56025	68903	78740	87007	92132	3.17
德国	55936[a]	64516	74372	82264	92058	94717	2.54
希腊	33738	38619	44969	45760	48269	39101	0.67
匈牙利	10759	13591	17626	23395	28015	29066	4.62
冰岛	48936[a]	47924	55195	68261	93806	—	3.90
爱尔兰	61977	81633	127397	156413	165821	213334	5.78
以色列	—	43274	58928	61607	71432	—	3.93
意大利	51061	61067	64962	64090	67081	66646[c]	1.28
日本	54485	60153	71280	84529	99287	103628	2.97
拉脱维亚	16188	11640	15558	—	22890	25408[d]	1.98
立陶宛	—	9403	14613	—	30830	39638[d]	8.32
卢森堡	61514	77371	98576	93232	81368	—	1.57
荷兰	54894	64924	78801	87469	98892	104563[c]	3.12
新西兰	52703	59793	68343	74503	69304	80710[d]	1.87
挪威	83849	84532	91028	109649	112116	118172[c]	1.65
波兰	—	7533	11497	16670	20336	26864	7.77
葡萄牙	21106	22406	27511	30016	38114	44574	3.46
韩国	14223	22095	37608	48901	65958	72684	7.70
新加坡	38111	53093	79009	—	87404	120350	5.37

续表

国家/地区	1990 年	1995 年	2000 年	2004 年	2008 年	2012 年	年均增长率
斯洛伐克	—	9188	12652	20498	28830	36750	8.50
斯洛文尼亚	16753	17164	24865	31654	39511	44061[d]	4.18
西班牙	49279	56343	58552	60666	64433	72970	1.80
瑞典	37303	53137	76203	98403	111321	127410[c]	6.02
瑞士	83272	101253	116807	139899	156542	158493[d]	2.84
英国	42769	51097	56755	66365	75242	79957	2.88
美国	57011	67996	86111	112044	127817	145804	4.36
平均	42375	46615	57873	70237	73692	79265	3.76

注：a 为 1991 年，b 为 2006 年，c 为 2011 年，d 为 2013 年。

资料来源：根据《国际工业统计年鉴》、OECD 数据库、GGDC 数据库以及 UNIDO 数据库中的数据计算得到。其中，就业人数来自《国际工业统计年鉴》、OECD 数据库和 GGDC 数据库，制造业 2010 年不变价增加值数据来自 UNIDO 数据库。

（二）中低收入经济体制造业的劳动生产率

表 4－8 是中低收入国家自 20 世纪 90 年代以来的制造业劳动生产率及其变化情况。与高收入经济体相比，中低收入国家制造业的劳动生产率要低很多，表现为除委内瑞拉在个别年份超过 5 万美元外，其余所有国家在所有年份均在 5 万美元以下，大多处于 5000～30000 美元。这说明，中低收入国家制造业升级处于较低层次，具有很大的升级空间。就劳动生产率的变动情况来看，除埃塞俄比亚、加纳、肯尼亚等个别国家出现负增长以外，其他中低收入经济体均呈现不断增加趋势。这说明，同高收入经济体一样，大多中低收入国家都在经历着制造业的升级过程。然而，中低收入国家制造业的升级趋势要远弱于高收入经济体，表现为除中国制造业的劳动生产率年均增长率特别高以外（10.14%），其他国家制造业劳动生产率的年均增长率都不高，均处于 5% 以下。

不同收入水平国家制造业劳动生产率及年均增长率的平均水平能更清晰地反映出中低收入国家制造业较高收入经济体升级层次低、升级趋势弱的现象。从绝对水平来看，高收入经济体制造业的劳动生产率在 1990 年平均为 42375 美元，而中等收入国家仅为 11755 美元，前者是后者的 3 倍多。2011 年，高收入经济体制造业的劳动生产率平均水平增长到将近 8 万美元，而中低收入国家仍然不足 2 万美元，前者的劳动生产率水平提升至后者的 4 倍多，两者较大的生产率差距出

表4-8　中低收入经济体制造业的劳动生产率　单位：美元/人，%

国家	1990年	1995年	2000年	2004年	2008年	2011年	年均增长率
阿根廷	15591	25668	28864	27215	32101	37719	4.30
巴西	18698	24215	24621	24643	23651	25170	1.43
中国	1949	3771	6003	8363	10883	14809	10.14
哥斯达黎加	11655	12901	17182	18169	23303	24272	3.55
埃及	6865	7634	9413	10871	12685	14683	3.69
埃塞俄比亚	1271	722	576	508	447	428[a]	-4.83
加纳	2292	1530	1843	1849	1855	1860	-0.99
印度尼西亚	6100	8492	9593	12311	13112	13252	3.76
肯尼亚	7159	4386	2835	2376	2284	2426[a]	-4.80
马来西亚	13284	14962	18512	23470	28666	28595	3.72
毛里求斯	5921	7526	9788	13081	12840	15274	4.62
墨西哥	18418	19518	21633	21884	22425	23227	1.11
摩洛哥	8309	8823	9150	9421	9699	9986[a]	0.84
尼日利亚	7881	8030	8371	9316	10368	11964[a]	1.92
秘鲁	10716	10590	11124	14919	18214	21415	3.35
菲律宾	10398	9793	10625	11216	13824	15703[a]	1.89
南非	20694	21022	21285	23176	26011	28560	1.55
泰国	12190	13733	13938	15330	18814	18846	2.10
委内瑞拉	43946	57109	52519	56414	52568	49211	0.54
平均	11755	13706	14625	16028	17566	18811	1.99

注：a为2012年。

资料来源：根据GGDC数据和UNIDO数据库中的数据计算得到。其中，就业人数来自GGDC数据库，制造业2010年不变价增加值数据来自UNIDO数据库。

现进一步扩大的趋势。劳动生产率年均增长率的平均水平则更好地反映了这一现象。高收入经济体制造业劳动生产率的年均增长率平均为3.76%，而中低收入国家则还不到2%，远远小于高收入经济体的平均增长水平。

可见，与基于技术密集型制造业发展情况的分析得到的结论相似，对制造业劳动生产率及其增长情况的分析同样发现，高收入经济体制造业升级层次高、升级趋势明显。而中低收入国家制造业升级层次低、升级趋势弱，即经济发展水平与制造业升级水平及趋势之间存在一定的正向对应关系。

二、制造业劳动生产率与经济增长的相关性分析

（一）基于相关关系图的相关关系分析

图4－4是世界所有经济体层面、高收入经济体层面以及中低收入国家层面经济增长与制造业劳动生产率（PMVA）的相关关系①。结果表明，不管是从世界总体层面来看，还是从高收入经济体或中低收入国家层面来看，经济增长与制造业劳动生产率之间均存在明显且一致的同向相关关系，表现为GDP和人均GDP均随着制造业劳动生产率的提升而增加，即经济增长与制造业升级水平存在明显的正相关关系。从相关关系图的走势来看，人均GDP与制造业升级的相关关系更为密切。

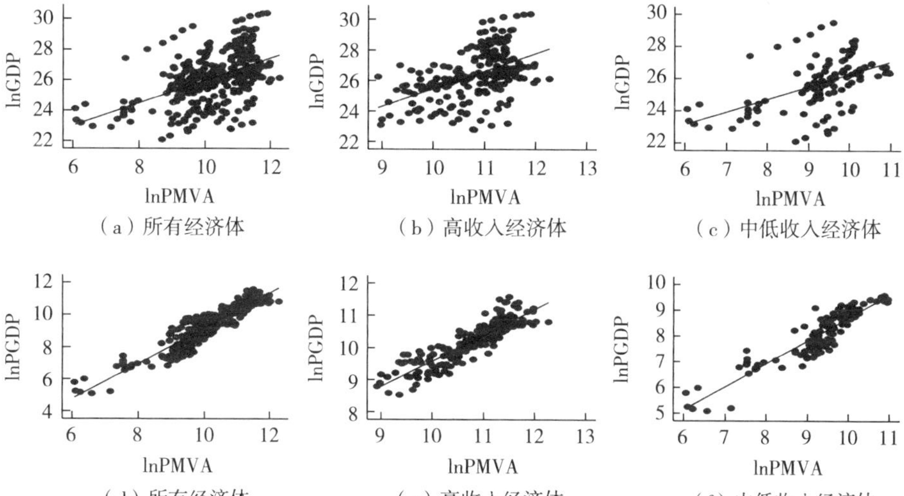

图4－4　经济增长与制造业劳动生产率的相关关系

注：PMVA表示制造业的劳动生产率，下同。

资料来源：根据表4－7和表4－8中的数据及UNIDO中的GDP和人均GDP数据绘制②。

① 由于GDP、人均GDP及制造业劳动生产率等经济变量数值较大，同时为与上文保持一致，这里同样采取先取对数再做相关性分析的方法。

② 由于表4－7和表4－8中制造业劳动生产率计算时的制造业增加值数据来自UNIDO数据库，为尽可能保持数据来源的一致性，这里的GDP和人均GDP数据也来自UNIDO数据库。

（二）基于 Pearson 相关系数的相关关系分析

表4－9是世界及不同收入水平经济体经济增长与制造业劳动生产率（PMVA）的 Pearson 相关系数，基于该系数对上述相关关系图表现出来的明显的相关性及其显著性进行进一步的分析和验证。结果显示，同上述相关关系图表现出来的相关性基本一致，不管是从世界层面来看，还是从高收入经济体或中低收入国家层面来看，经济增长指标与制造业劳动生产率均在5%的显著性水平下呈现显著的正相关关系，表现为 GDP 和人均 GDP 随制造业劳动生产率的提升而增加，即经济增长与制造业升级水平之间存在着显著的正相关性。从相关系数的大小来看，人均 GDP 与制造业升级的正相关性要大于 GDP 与制造业升级的正相关性，这说明制造业升级表现出与人均 GDP 更为密切的关系。

表4－9　经济增长与制造业劳动生产率的相关系数

区域	lnGDP 与 lnPMVA	lnPGDP 与 lnPMVA
世界	0.4971*	0.9377*
高收入经济体	0.4978*	0.8927*
中低收入经济体	0.5140*	0.9164*

注：*表示在5%的水平下显著相关。

资料来源：《国际工业统计年鉴》、GGDC 数据库、UNIDO 数据库和 OECD 数据库。

第四节　本章小结

自20世纪60年代以来，大多高收入经济体和中低收入国家技术密集型制造业的相对规模都有所扩大，经历着制造业的结构升级过程。但是，中低收入国家制造业结构层次较低，升级趋势也远弱于高收入经济体。

高收入经济体和大多中低收入国家高等技能和技术密集型行业的相对出口规模均呈现不断扩大趋势，经历着技术密集化的制造业升级过程，但后者相对出口规模的扩大趋势稍弱于前者。高收入经济体高等技能和技术密集型行业具有较大的出口规模优势，而中低收入国家整体来看出口规模较小。这说明中低收入国家制造业升级层次低于高收入经济体，升级趋势也稍弱于高收入经济体。

大多数高收入经济体制造业的劳动生产率都处于较高水平，而且增长幅度较大。这说明以劳动生产率来衡量，高收入经济体制造业层次较高，升级趋势明显。相比较而言，中低收入国家制造业的劳动生产率要低很多，而且增长趋势也远弱于高收入经济体。这意味着中低收入国家制造业结构层次较低，升级趋势较弱。

可见，经济发展水平较高的高收入经济体制造业升级层次高于发展水平较为落后的中低收入国家，制造业升级趋势也强于中低收入国家。这意味着经济增长与制造业升级之间存在着一定的对应关系。基于相关关系图和 Pearson 相关系数对经济增长与制造业升级的相关性进行分析，进一步验证得出，不管是世界层面、高收入经济体还是中低收入国家，经济增长与技术密集型制造业的发展、高等技能和技术制造业出口额的占比以及制造业劳动生产率三者之间都存在显著的正相关关系。

第五章　制造业升级的直接经济增长效应

根据前文分析，制造业升级对经济增长的影响可以分为直接经济增长效应和间接经济增长效应。直接经济增长效应是制造业升级对制造业生产率或制造业增长的影响。目前学术界普遍采用偏离份额分析模型对劳动生产率增长率或全要素生产率增长率进行分解，以分离出结构变动对生产率增长的贡献。虽然该方法存在一些缺陷和局限性，但目前仍然是以分析结构效应为最常用的方法。同时，该方法不仅能分离出结构变动对整体生产率增长的贡献，还能相应分离出各行业内部生产率的增长对整体生产率增长的贡献。考虑到本书研究的对象是制造业升级对经济增长的影响，这样偏离份额分析模型将生产率增长率分解的两部分均可认为是本书分析的对象。其中，各行业内部生产率的增长可以看作是制造业各行业的产业内升级对生产率的贡献，因此可称为制造业各行业产业内升级的生产率提升效应。而不同行业间的资源再配置效应可以看作是基于要素流动的制造业产业间升级对生产率的贡献，因此可称为制造业产业间升级的生产率提升效应。鉴于此，本章选择偏离份额模型来实证分析制造业升级过程中的产业间升级和产业内升级对制造业生产率增长的贡献大小，以此考察制造业升级的直接经济增长效应。

第一节　偏离份额分析模型

偏离份额分析模型存在两个分支，一个分支注重跨产业分析，最早由 Fabricant（1942）提出，后经 Massell（1961）等的不断扩展和完善，形成跨产业分析模型，已成为测算资源在不同产业部门间重新配置时产生的对生产率增长贡献的一种常用方法。另一个分支注重跨区域分析，最早由 Salter（1960）提出，在 E. S. 邓恩和埃德加·胡佛等的推动下不断发展，形成跨区域分析模型，并逐渐成为国际学术界在分析区域增长差距的决定因素时通常采用的方法（杨绍波，2014）。

根据本章的研究目的和研究对象，跨产业分析模型较为合适，因此这里选择第一个分支的偏离份额分析模型进行详细阐述。该模型的基本思想是将整体劳动生产率增长率或资本生产率增长率，抑或是全要素生产率增长率分解为各行业生产率提高的内部增长效应与资源在不同行业间的再配置效应两部分。Maddison（1952）首次采用偏离份额分析法从劳动生产率增长率中分离出行业间资源再配置的结构效应。Fagerberg（2000）、Timmer 和 Szirmai（2000）、Peneder（2002）以及吕铁（2002）、李小平和卢现祥（2007）、刘伟和张辉（2008）、干春晖和郑若谷（2009）等也都采用该方法对生产率增长中结构变动的贡献进行分析。

根据分解对象的不同，偏离份额分析可分为基于对劳动生产率增长率进行分解的偏离份额分析、基于对资本生产率增长率进行分解的偏离份额分析和基于对全要素生产率增长率进行分解的偏离份额分析。从理论上来看，基于综合投入要素的全要素生产率比基于单一投入要素的劳动生产率和资本生产率具有一定的优势。但是，考虑到本章分析的对象是世界上 40 多个国家，各国制造业分行业层面的固定资本存量难以获得，导致全要素生产率的测定或计算在数据上具有很大困难，所以本节仍按照大多数学者在研究较多国家结构效应时的惯例（Fagerberg，2000；Peneder，2002），选择对制造业的劳动生产率增长率进行分解，分离出制造业生产率提升中的结构效应和内部增长效应，并以此来分析制造业产业间升级和产业内升级对制造业劳动生产率增长率的贡献。

基于对劳动生产率增长率进行分解的偏离份额分析是将制造业的劳动生产率作为生产效率的衡量指标，将其增长率分解为各制造业行业劳动生产率的提升效应和不同行业间劳动力的再配置效应。具体过程如下：

令 LP 为制造业的劳动生产率，Y 为制造业的增加值，L 为就业人数，i 为第 i 类制造业。根据本章的研究目的，按照 OECD 对国际标准产业分类（ISIC）中不同制造业行业技术密集度的划分，将 ISIC 中的制造业行业分为低技术、中低技术、中高技术和高技术制造业四类[①]，i 则分别代表这四类制造业行业。LP_i表示第 i 类制造业的劳动生产率，S_i表示第 i 类制造业的就业份额。上标 0 和 T 分别表示研究时间段的期初和期末，则 0 时期和 T 时期制造业总体的劳动生产率可以分别表示为：

$$LP^0 = \frac{Y^0}{L^0} = \sum_{i=1}^{n} \frac{Y_i^0}{L_i^0}\frac{L_i^0}{L^0} = \sum_{i=1}^{n} LP_i^0 S_i^0 \quad (5-1)$$

$$LP^T = \frac{Y^T}{L^T} = \sum_{i=1}^{n} \frac{Y_i^T}{L_i^T}\frac{L_i^T}{L^T} = \sum_{i=1}^{n} LP_i^T S_i^T \quad (5-2)$$

于是，T 时期和 0 时期的劳动生产率之差为：

$$LP^T - LP^0 = \sum_{i=1}^{n}(LP_i^T - LP_i^0)S_i^0 + \sum_{i=1}^{n}(S_i^T - S_i^0)LP_i^0 + \sum_{i=1}^{n}(LP_i^T - LP_i^0)(S_i^T - S_i^0) \quad (5-3)$$

式（5－3）两边同时除以LP^0，则将制造业的劳动生产率增长率分解为如下三部分：

$$\frac{LP^T - LP^0}{LP^0} = \frac{\sum_{i=1}^{n}(LP_i^T - LP_i^0)S_i^0}{LP^0} + \frac{\sum_{i=1}^{n}(S_i^T - S_i^0)LP_i^0}{LP^0} + \frac{\sum_{i=1}^{n}(LP_i^T - LP_i^0)(S_i^T - S_i^0)}{LP^0} \quad (5-4)$$

其中，式（5－4）右边第一项为各制造业行业的内部增长效应，衡量的是在不存在结构变动，即各制造业行业在维持原有就业份额不变的情况下，各行业自身劳动生产率的提高对制造业总体劳动生产率增长的影响。由于这一部分主要是各制造业行业通过采用新技术、新工艺，生产新产品，从低技术生产环节转向高技术生产环节的过程中产生的。因此，可以认为是各行业的产业内升级对制造业总体生产率增长的贡献，称为制造业产业内升级的效率提升效应。如果某一行业在 T 期相对于 0 期劳动生产率出现提高，则有（$LP_i^T - LP_i^0$）$S_i^0 > 0$。当所有行业求和大于 0，即 $\sum_{i=1}^{n}$（$LP_i^T - LP_i^0$）$S_i^0 > 0$ 时，说明制造业产业内升级对制造业整体生产率增长的贡献为正，也意味着产业内升级促进了制造业生产率的提升；相

① 具体行业分类详见本章第二节。

反，如果 $\sum_{i=1}^{n}(LP_i^T - LP_i^0)S_i^0 < 0$，则说明各行业没有发生产业内升级，抑制了制造业生产率的提升。

式（5-4）右边第二项表示制造业内部结构的静态转移效应，衡量的是在各制造业行业劳动生产率水平不变的情况下，劳动力向初期具有较高劳动生产率的行业转移所产生的对制造业整体劳动生产率增长的影响。如果某一初期劳动生产率较高的行业 i 出现就业份额的增加，则有 $(LP_i^T - LP_i^0)S_i^0 > 0$。当所有制造业行业求和大于 0，即 $\sum_{i=1}^{n}(LP_i^T - LP_i^0)S_i^0 > 0$ 时，说明从不同行业整体来看，劳动力更多地流向了初期具有较高劳动生产率的行业，那么高生产率行业就业份额的增加会促使制造业整体劳动生产率的提高，产生结构红利效应；如果 $\sum_{i=1}^{n}(S_i^T - S_i^0)LP_i^0 < 0$，说明劳动力更多地流向了初期具有较低劳动生产率的行业，那么低生产率行业就业份额的增加会抑制制造业整体劳动生产率的提高，产生结构负利效应。

式（5-4）右边第三项表示制造业内部结构的动态转移效应，衡量的是劳动力向具有较高劳动生产率增长率的行业转移时所产生的对制造业总体劳动生产率增长的影响。如果某一制造业行业 i 在 T 时期的劳动生产率和就业份额相对于 0 时期同时提高（增加）或同时降低（减少），则有 $(LP_i^T - LP_i^0)(S_i^T - S_i^0) > 0$。当所有制造业行业求和大于 0，即 $\sum_{i=1}^{n}(LP_i^T - LP_i^0)(S_i^T - S_i^0) > 0$ 时，便产生结构红利效应；如果某一制造业行业 i 在 T 时期的劳动生产率和就业份额相对于 0 时期一个提高（增加），另一个降低（减少），并使得所有行业出现 $\sum_{i=1}^{n}(LP_i^T - LP_i^0)(S_i^T - S_i^0) < 0$ 时，便产生结构负利现象。

静态转移效应和动态转移效应两者之和为制造业升级过程中要素在不同行业之间转移的资源再配置效应。如果两者之和大于零，说明发生了基于要素流动的产业间升级，从而促进了生产率的提升，产生结构红利；如果两者之和小于零，则说明没有发生基于要素流动的产业间升级，甚至出现生产要素由高技术产业向低技术产业的逆向流动，抑制了生产率的提升。由于这一部分主要是由生产要素投入到不同制造业行业中的相对规模的变化带来的，故将其称为制造业产业间升级的效率提升效应。

第二节　行业分类及数据来源和处理

一、行业分类

（一）国际标准产业分类

本章采用的制造业行业分类主要是指国际标准产业分类（ISIC）。该分类体系是经联合国统计委员会批准的，最成熟、最权威而且最具影响力的经济活动分类体系，为各国或各地区经济活动的比较分析提供了一个产业分类标准。随着世界经济活动的发展和变化，ISIC 从 1948 年初稿形成，经历了不同版本的修订，如 ISIC 2.0、ISIC 3.0 和 ISIC 3.1 等。其中，ISIC 3.0 和 ISIC 3.1 差别不大。2008 年，在对 ISIC 3.0 和 ISIC 3.1 进行审查的基础上，再次进行修订，并推出最新的 ISIC 4.0。

本章研究的时间跨度为 2000～2012 年①，并以 2008 年金融危机为界限，分为两个时间段进行研究。考虑到国际标准产业分类的版本变更及相应的数据统计口径问题，本书同时选择 ISIC 3.0 和 ISIC 4.0 作为各国制造业行业的分类标准。其中，ISIC 3.0 为四级分类体系，以字母和 4 位十进制阿拉伯数字作为它的分类符号，包括 17 个部门、60 个类、159 个大组和 292 个组。在 ISIC 3.0 中，制造业是国际标准产业分类的第 D 大门类，包含 23 个类、61 个大组和 127 个小组。ISIC 4.0 同样为四级分类体系，也是以字母和 4 位十进制阿拉伯数字作为它的分类符号，包括 21 个门类、88 个类、238 个大组和 419 个小组。因此，相比于 ISIC 3.0，其详细程度大大提高。在 ISIC 4.0 中，制造业是国际标准产业分类的第 C 大门类，包括 24 个类、69 个大组和 137 个小组。

同时，由于本书研究的主题是制造业升级与经济增长，这里根据 OECD 按各制造业行业的技术密集度对制造业进行的划分，将 ISIC 3.0 和 ISIC 4.0 中的各制

---

① 2016 年《国际工业统计年鉴》中各国的就业数据大多更新到 2012 年，个别国家的数据更新到 2013 年，故本章在分析各国制造业升级的直接经济增长效应时大多截止到 2012 年，个别国家的数据截止到 2013 年。

造业行业相应地分为低技术制造业、中低技术制造业、中高技术制造业和高技术制造业①。表5-1和表5-2分别列出了ISIC 3.0和ISIC 4.0中各制造业行业在类层面上的行业代码与相应名称及其所属的技术密集度行业类型。

表5-1　ISIC 3.0中各制造业行业及其所属类别

行业类别	行业代码及名称
低技术制造业	15 食品及饮料的制造 16 烟草制品的制造 17 纺织品的制造 18 服装的制造、毛皮修饰及染色 19 皮革的鞣制及修正，皮箱、手提包、马具及鞋类的制造 20 木材、木材制品及软木制品的制造（家具除外），草编物品及编织材料物品的制造 21 纸和纸制品的制造 22 出版、印刷及记录媒介物的复制 36 家具的制造，未另列明的制造业 37 回收
中低技术制造业	23 焦炭、精炼石油产品及核燃料的制造 25 橡胶和塑料制品的制造 26 其他非金属矿物制品的制造 27 基本金属的制造 28 金属制品的制造，但机械设备除外
中高技术制造业	24 化学品及化学制品的制造 29 未另列明的机械和设备的制造 31 未另列明的电力机械和装置的制造 34 机动车辆、挂车和半挂车的制造 35 其他运输设备的制造
高技术制造业	30 办公室、会计和计算机械的制造 32 收音机、电视机和通信设备和装置的制造 33 医疗器械、精密仪器和光学仪器、钟表的制造

资料来源：根据OECD对国际标准产业分类（ISIC 3.0）中制造业行业技术密集度的划分整理得到。

① OECD对ISIC 3.0中不同制造业行业技术密集度的分类涉及了三位代码行业。但由于数据限制，许多国家在很多时候无法分离出相应的三位代码行业。因此，为使各国不同技术密集度的行业分类能够统一，这里以两位代码行业为基础进行大致划分。

表 5-2　ISIC 4.0 中各制造业行业及其所属类别

行业类别	行业代码及名称
低技术制造业	10 食品的制造 11 饮料的制造 12 烟草制品的制造 13 纺织品的制造 14 服装的制造 15 皮革和相关产品的制造 16 木材、木材制品及软木制品的制造（家具除外），草编物品及编织材料物品的制造 17 纸和纸制品的制造 18 记录媒介物的印制及复制 31 家具的制造 32 其他制造业
中低技术制造业	19 焦炭和精炼石油产品的制造 22 橡胶和塑料制品的制造 23 其他非金属矿物制品的制造 24 基本金属的制造 25 金属制品的制造，但机械设备除外 33 机械和设备的修理与安装
中高技术制造业	20 化学品及化学制品的制造 27 电力设备的制造 28 未另分类的机械和设备的制造 29 汽车、挂车和半挂车的制造 30 其他运输设备的制造
高技术制造业	21 基本医药产品和医药制剂的制造 26 计算机、电子产品和光学产品的制造

资料来源：根据 OECD 对国际标准产业分类（ISIC 3.0）中制造业行业技术密集度的划分及 ISIC 3.0 和 ISIC 4.0 中制造业行业的对应关系整理得到。

（二）中国制造业行业分类

由于 OECD 中没有中国的数据，而《国际工业统计年鉴》中虽有部分中国数据，但缺乏中国的工业生产指数及就业人数的相关数据。因此，中国的数据来自《中国统计年鉴》及《中国工业统计年鉴》，相应的行业分类则是国家统计局制定的国民经济行业分类。2002 年版的《国民经济行业分类标准》将工业划分为

39个大类，包括30个制造业行业。2011年版的《国民经济行业分类标准》将工业调整为41个大类，包括31个制造业行业。考虑到两个版本的制造业行业分类差别不大，而且存在差异的行业分类大多数据较小，因此这里对两个版本中的制造业行业进行稍微地删除调整，以使每个研究时间段的始末年份具有统一的制造业行业分类。具体来看，在两个研究时间段中，前一阶段的两个年份2003年和2008年制造业分类的版本相同，故不用调整；而后一阶段的两个年份2008年和2014年所采用的制造业分类版本不同，做法是2008年删除工艺品及其他制造业，2014年删除其他制造业和金属制品、机械和设备修理业两个行业，以使金融危机后行业统一。同时，根据我国制造业行业与国际标准产业分类中制造业行业的对应关系①，将我国各制造业行业同样划分为低技术制造业、中低技术制造业、中高技术制造业和高技术制造业四类。表5－3是中国各制造业行业及其所属的技术密集度行业类型。为将2002年和2011年两个版本的制造业分类进行统一列示，这里从01开始重新为各行业编号。

表5－3　中国制造业行业及其所属类别

行业类别	行业代码及名称
低技术制造业	01 农副食品加工业 02 食品制造业 03 饮料制造业 04 烟草制品业 05 纺织业 06 纺织服装、鞋、帽制造业 07 皮革、毛皮、羽毛（绒）及其制品业 08 木材加工及木、竹、藤、棕、草制品业 09 家具制造业 10 造纸及纸制品业 11 印刷业和记录媒介的复制 12 文教体育用品制造业 29 废弃资源和废旧材料回收加工业 30 工艺品及其他制造业

① 向铁梅、黄静波：《国民经济行业分类与国际标准产业分类中制造业大类分类的比较分析》，《对外经贸实务》2008年第11期，第33－36页。

续表

行业类别	行业代码及名称
中低技术制造业	13 石油加工、炼焦及核燃料加工业 17 橡胶制品业 18 塑料制品业 19 非金属矿物制品业 20 黑色金属冶炼及压延加工业 21 有色金属冶炼及压延加工业 22 金属制品业
中高技术制造业	14 化学原料及化学制品制造业 15 医药制造业 16 化学纤维制造业 23 通用设备制造业 24 专用设备制造业 25 交通运输设备制造业
高技术制造业	26 电气机械及器材制造业 27 通信设备、计算机及其他电子设备制造业 28 仪器仪表及文化、办公用机械制造业

资料来源：根据 OECD 对国际标准产业分类（ISIC 3.0）中制造业行业技术密集度的划分及向铁梅、黄静波（2008）分析的我国制造业行业与国际标准产业分类（ISIC 3.0）中制造业行业的对应关系整理得到。

二、数据来源和处理

（一）数据来源

本章研究的时间段为 2000～2012 年，考虑到 2008 年国际金融危机的影响及国际标准产业分类的版本重新修订问题，划分为 2000～2008 年和 2008～2012 年两个时间段①进行研究。其中，2000～2008 年研究的对象为 42 个经济体，包括 32 个高收入经济体和 10 个中等收入国家。由于卢森堡和印度两个国家在后一时间段数据缺失，而中国香港在这一时期有数据，故 2008～2012 年的研究对象缩

① 对于个别公布 2013 年就业数据的国家，两个研究时间段分别为 2000～2008 年和 2008～2013 年。

减为41个，包括32个高收入经济体和9个中等收入国家[①]。要用到的数据有各国制造业分行业的增加值和就业人数。其中，OECD国家2000～2008年的数据来自OECD数据库中的STAN数据，而非OECD国家2000～2008年的数据来自历年《国际工业统计年鉴》。除奥地利、捷克、丹麦、芬兰、意大利、荷兰、挪威和瑞典等少数国家2008～2012年的数据来自OECD数据库中的STAN数据外，其他大多数国家2008～2012年的数据来自《国际工业统计年鉴》。需要说明的是，来自OECD数据库中的数据，行业统计口径为国际标准产业分类中的两位代码行业，而来自《国际工业统计年鉴》中的数据，行业统计口径为国际标准产业分类中的三位代码行业，后者在使用时对其进行相应的加总处理，得到两位代码行业数据。中国的数据来自《中国统计年鉴》和《中国工业统计年鉴》。

（二）数据说明和处理

在2000～2008年的研究中，各国制造业增加值的数据是以2000年为不变价的本币价格。在2008～2012年的研究中，制造业增加值的数据是以2010年为不变价的本币价格。由于历年《国际工业统计年鉴》统计的价值量数据都是当年价数据，故两个时间段分别以各国2000年[②]和2010年[③]的数据为基础，采用《国际工业统计年鉴》中以2000年和2010为基期的制造业分行业的工业生产指数求得各国不变价的制造业分行业的增加值数据。在个别国家个别行业在个别年份的增加值数据或就业数据缺失时，采用相邻年份的数据或前后相邻年份的数据进行线性插值补充。在个别国家个别行业在个别年份工业生产指数不可得时，以该国该行业2010年在制造业中的占比与指数缺失年份制造业2010年不变价增加值相乘得到。对于采用上述方法也无法补充数据的行业，在运用偏离份额分析法考察该国制造业升级的直接经济增长效应时做删除处理。能够这样处理是因为数据缺失且无法补充的行业往往相对规模都较小，删除对计算结果影响不大。

由于《中国统计年鉴》中只有从2004年开始的以上年为100（2004年即是以2003年为100）的工业分行业的工业生产者出厂价格指数，各行业最早能计算得到以2003年为不变价的数据，因此中国研究的起始时间是2003年。同时，中国官方已公布2014年各制造业行业的相关数据，因此对中国而言，两个研究

① 由于数据限制，这里没有包括低收入国家。

② 由于数据限制，个别国家以2005年为不变价计算的基准年份。考虑到偏离份额分析只是关注一国制造业生产率增长率的分解结果，而不进行数据的价值量比较，因此认为不同的基准年份不会造成影响。

③ 由于数据限制，个别国家以2011年或2012年为不变价计算的基准年份。

时间段分别为2003～2008年和2008～2014年。由于我国从2008年开始没有再公布工业分行业的增加值数据，从2012年开始没有再公布各工业行业的总产值数据。因此，2008年的工业增加值是根据2007年工业增加值与工业总产值的比例关系换算得到的，而2014年的工业增加值则以2014年的工业销售产值为基础，首先根据2011年工业总产值与工业销售产值的比例换算得到2014年的工业总产值，其次根据2007年工业增加值与工业总产值的比例关系换算得到2014年的工业增加值。中国2003年的工业增加值和就业人数的统计口径为全部国有和规模以上非国有工业企业，2008年和2014年均为规模以上工业企业。虽然统计口径存在差异，但由于对生产率增长率的分解是以劳动生产率和就业份额等相对指标及其变化为基础，因此不会对分解结果造成太大影响。

第三节　制造业劳动生产率增长率的分解

一、金融危机前制造业劳动生产率增长率的分解

（一）高收入经济体制造业劳动生产率增长率的分解

表5－4显示，大多数高收入国家制造业劳动生产率的年均增长率均大于零。从高收入经济体制造业劳动生产率增长率的分解结果来看，所研究的32个高收入经济体在2000～2008年制造业劳动生产率的变动均主要是由制造业各子行业的劳动生产率的增长带来的，制造业结构变动的贡献较小。即使考虑到该方法所不能衡量的Verdoorn效应，内部增长效应也远远大于结构效应，所得结果与Fagerberg（2000）和Peneder（2002）之前对多国进行研究时得到的结论基本一致。这说明，对高收入国家来说，制造业劳动生产率的提高主要来源于制造业各行业的产业内升级，而基于劳动力在不同生产率或生产率增长率的行业间流动的产业间升级对制造业劳动生产率的影响较弱。

具体来看，在制造业劳动生产率年均增长率大于零的28个国家中，除韩国、希腊、西班牙、匈牙利四个国家外，其余各国家制造业行业劳动生产率的增长对制造业总体劳动生产率增长的贡献均达到了90%以上，而结构变动的贡献（结构效应的绝对值）大多还不到10%。内部增长效应稍弱的韩国、希腊、西班牙、

匈牙利四国也同样表现为内部增长效应大于结构效应的现象。这一方面说明这些国家各制造业行业的劳动生产率出现较大程度的提高，构成制造业总体劳动生产率增长的主要部分；另一方面说明结构变动并没有带来明显的结构红利效应，也即意味着劳动力在2000~2008年并没有大规模地从低劳动生产率或低劳动生产率增长率的行业流向高劳动生产率或高劳动生产率增长率的行业，或者高劳动生产率和高劳动生产率增长率行业的劳动流出与劳动流入发生相互抵消，从而导致以劳动投入结构变动为特征的产业间升级对生产率只产生相当微弱的影响。

表5-4　2000~2008年高收入经济体制造业劳动生产率增长率的分解 单位:%

国家	劳动生产率年均增长率	总效应	内部增长效应	结构效应	静态转移效应	动态转移效应
美国	6.38	100	106.78	-6.78	-0.11	-6.67
德国	2.93	100	91.17	8.83	3.59	5.24
日本	4.47	100	98.79	1.21	4.36	-3.15
韩国	7.78	100	85.39	14.61	7.30	7.31
英国	3.68	100	98.04	1.96	0.24	1.73
法国	3.08	100	101.25	-1.25	0.79	-2.04
奥地利	3.57	100	94.31	5.69	3.79	1.89
比利时	2.08	100	98.14	1.86	1.51	0.35
加拿大	0.32	100	90.06	9.94	1.44	8.50
捷克	7.34	100	91.03	8.97	1.80	7.16
丹麦	2.46	100	96.49	3.51	5.62	-2.11
芬兰	7.04	100	110.44	-10.44	-2.85	-7.59
希腊	1.50	100	59.90	40.10	29.63	10.47
葡萄牙	2.05	100	97.91	2.09	6.07	-3.98
意大利	-0.46	-100	-118.69	18.69	18.96	-0.27
西班牙	0.39	100	65.82	34.18	41.05	-6.87
瑞典	6.31	100	105.05	-5.05	1.22	-6.27
荷兰	2.72	100	96.04	3.96	1.66	2.30
挪威	3.23	100	94.85	5.15	3.93	1.22
爱沙尼亚	7.20	100	90.31	9.69	4.16	5.54
匈牙利	5.71	100	72.34	27.66	15.69	11.97

续表

国家	劳动生产率年均增长率	总效应	内部增长效应	结构效应	静态转移效应	动态转移效应
斯洛伐克	14.00	100	92.29	7.71	1.31	6.39
斯洛文尼亚	5.99	100	92.41	7.59	4.79	2.79
瑞士	3.15	100	94.88	5.12	3.66	1.45
卢森堡	-1.04	-100	-103.14	3.14	-10.73	13.87
波兰	6.12	100	97.08	2.92	0.89	2.03
新加坡	0.75	100	200.16	-100.16	-29.04	-71.13
新西兰	-1.77	-100	-100.21	0.21	0.55	-0.34
爱尔兰	7.63	100	108.27	-8.27	-3.06	-5.21
立陶宛	9.63	100	98.68	1.32	1.86	-0.54
拉脱维亚	5.00	100	99.15	0.85	3.80	-2.95
塞浦路斯	-1.00	-100	-67.35	-32.65	-20.02	-12.63

注：韩国、葡萄牙、卢森堡是2000~2006年的结果，法国、挪威、波兰、新西兰、爱尔兰、立陶宛和拉脱维亚是2000~2007年的结果，其他国家都是2000~2008年的结果。

资料来源：根据OECD数据库和《国际工业统计年鉴》中的数据计算得到。

意大利、卢森堡、新西兰、塞浦路斯四个制造业劳动生产率增长率小于零的国家同样主要是由各制造业行业劳动生产率的下降导致的。如意大利、卢森堡、新西兰的内部增长效应分别高达-118.69%、-103.14%、-100.21%，在生产率下降的影响因素中居于绝对主导地位。塞浦路斯虽然内部增长效应稍弱一些，但仍然大于结构效应。这说明，高收入经济体的制造业生产率的提高不仅在很大程度上依赖于各类行业内部生产率的提高，其生产率的下降很大程度上也是由各类行业生产率下降导致的。

高收入经济体较弱的结构效应和较强的内部增长效应可以从各国制造业的结构变动中得到解释。这里以美国、德国、日本三个世界最发达的国家为例进行分析。表5-5～表5-7显示，美国、德国和日本三国制造业增加值年均增长率分别为3.22%、2.21%、2.82%。其中，高技术制造业和中高技术制造业增加值的增长率均高于低技术制造业和中低技术制造业，尤其是高技术制造业，增长速度远高于其他类型制造业及制造业的整体水平。三国制造业的劳动生产率在2000~2008年都有所提升，年均增长率分别为6.38%、2.93%、4.47%，这主要得益于三国各类制造业行业劳动生产率的提高。如三国劳动生产率年均增长率最高的制造业行业均为高技术密集型制造业，劳动生产率年均增长率分别高达20.75%、12.22%、12.79%，均远高于其他类制造业行业的生产率增长率及制造业整体的生产率增长率。可见，三国较强的内部增长主要得益于高技术制造业劳动生产率的快速增长。

表5－5 2000～2008年美国制造业结构的变动 单位:%，美元/人

行业类别	增加值年均增长率	增加值份额年均变化率	就业年均增长率	就业份额年均变化率	初期劳动生产率	劳动生产率年均增长率
低技术	0.89	－2.08	－3.10	－0.13	69208	4.12
中低技术	－0.49	－3.17	－2.43	0.57	78125	1.99
中高技术	0.98	－2.01	－2.75	0.24	95555	3.83
高技术	15.42	18.06	－4.42	－1.41	95380	20.75
整体	3.22	—	－2.97	—	80864	6.38

资料来源：根据OECD数据库和《国际工业统计年鉴》中的数据计算得到，下同。

表5－6 2000～2008年德国制造业结构的变动 单位:%，欧元/人

行业类别	增加值年均增长率	增加值份额年均变化率	就业年均增长率	就业份额年均变化率	初期劳动生产率	劳动生产率年均增长率
低技术	－2.04	－3.60	－1.93	－1.19	41266	－0.11
中低技术	0.55	－1.53	－0.35	0.36	51173	0.91
中高技术	2.45	0.24	－0.17	0.55	61033	2.63
高技术	12.40	14.23	0.15	0.89	58541	12.22
整体	2.21	—	－0.70	—	52533	2.93

表5－7 2000～2008年日本制造业结构的变动 单位:%，日元/人

行业类别	增加值年均增长率	增加值份额年均变化率	就业年均增长率	就业份额年均变化率	初期劳动生产率	劳动生产率年均增长率
低技术	－1.59	－3.70	－2.75	－1.14	6561831	1.19
中低技术	－1.78	－3.83	－1.63	－0.05	9928404	－0.15
中高技术	3.75	0.94	0.83	2.67	10934754	2.90
高技术	9.81	8.66	－2.64	－1.04	10027612	12.79
整体	2.82	—	－1.58	—	8920861	4.47

从生产要素在不同类型制造业间的流动来看，三国均没有出现劳动力大规模地从初期劳动生产率较低的行业向劳动生产率较高的行业流动的现象，劳动生产

率增长率较高的行业也没有发生劳动力的大量净流入。如美国初期劳动生产率最高和劳动生产率增长率最高的高技术密集型制造业和中高技术密集型制造业均没有出现劳动力份额的大幅提高，尤其是高技术密集型制造业，其就业的绝对量和就业份额还出现负增长。德国和日本同样没有出现劳动力更多地流向初期劳动生产率和劳动生产率增长率都较高的高技术密集型制造业和中高技术密集型制造业的现象，这是导致三国结构效应较弱的原因所在。

（二）中等收入经济体制造业劳动生产率增长率的分解

表5－8是中等收入经济体2000～2008年劳动生产率增长率的分解结果。同高收入经济体一样，中等收入国家制造业劳动生产率的增长同样主要是由各行业生产率的增长贡献的，结构变动对生产率的影响较小。这说明，对中等收入国家来说，基于制造业技术进步的各行业产业内升级是劳动生产率增长的主要来源，而基于技术密集型行业要素投入相对规模扩大的产业间升级对劳动生产率增长的贡献很弱。

表5－8　2000～2008年中等收入经济体制造业劳动生产率增长率的分解

单位：%

国家	劳动生产率年均增长率	总效应	内部增长效应	结构效应		
					静态转移效应	动态转移效应
俄罗斯	7.49	100	92.32	7.68	6.80	0.88
印度	3.97	100	86.07	13.93	13.92	0.01
印度尼西亚	5.66	100	95.79	4.21	9.04	－4.84
巴西	－1.75	－100	－107.31	7.31	5.59	1.72
墨西哥	0.31	100	150.78	－50.78	32.36	－83.14
保加利亚	8.51	100	104.01	－4.01	－1.10	－2.91
阿塞拜疆	7.69	100	99.52	0.48	4.24	－3.77
土耳其	－5.50	－100	－103.35	3.35	6.28	－2.93
罗马尼亚	7.08	100	108.83	－8.83	－0.88	－7.95
中国	13.01	100	99.18	0.82	2.39	－1.57

注：印度、巴西是2000～2007年的结果，中国是2003～2008年的结果，其余国家均为2000～2008年的结果。

资料来源：根据《国际工业统计年鉴》《中国统计年鉴》及《中国工业统计年鉴》中的数据计算得到。

具体来看，在所研究的10个中等收入国家中，制造业各类子行业劳动生产率的变动对制造业整体生产率变动的贡献都远远超过结构变动对整体生产率变动的贡献。就劳动生产率年均增长率大于零的8个国家而言，除印度外，其他国家制造业各行业劳动生产率的提高带来的整体生产率的提升占到了制造业劳动生产率总增长的90%以上，要素流动带来的结构效应大多在10%以下。其中，在中国13.01%的劳动生产率年均增长率中，各类行业生产率的提高贡献了99.18%，而劳动力在不同行业间的流动仅贡献了0.82%，结构红利效应十分微弱。就巴西和土耳其两个劳动生产率年均增长率小于零的国家来看，内部增长效应分别高达-107.31%、-103.35%，这意味着，两国各类制造业行业劳动生产率的下降同样是整体制造业生产率下降的主导因素。

中等收入国家较弱的结构效应和较强的内部增长效应同样可以从各国制造业的结构变动中得到解释。这里以中国为例进行说明（见表5-9）。中国制造业在21世纪初发展得较好，各制造业行业增加值年均增长率都很高，远大于就业的年均增长率，因此劳动生产率年均增长率也都表现出较高水平。除高技术制造业外，其他所有类型制造业的劳动生产率年均增长率均在10%以上，成为制造业总体劳动生产率增长率的主要来源。就劳动力在不同行业间的流动来看，虽然初期劳动生产率最高的高技术制造业的就业份额出现较大幅度的提高，但由于该行业本身的就业规模和占比都较小，导致即使较大的就业份额增长率也难以形成大规模的劳动力流入，因而静态转移效应也仅为2.39的较低水平。另外，由于中国制造技术进步慢，创新不足，导致高技术行业的劳动生产率增长较为缓慢，因而就业规模的相对增大并没有带来较大程度的动态转移效应。同时，劳动生产率年均增长率最高的中高技术行业还出现就业份额的小幅下降，抵消了高技术行业就业规模扩大带来的生产率提升效应，并最终导致产生微弱的负的动态转移效应。

表5-9 2003~2008年中国制造业结构的变动 单位:%，元/人

行业类别	增加值年均增长率	增加值份额年均变化率	就业年均增长率	就业份额年均变化率	初期劳动生产率	劳动生产率年均增长率
低技术	21.52	-1.85	8.59	-0.92	186508	11.91
中低技术	22.85	-0.83	8.13	-1.32	282484	13.61

续表

行业类别	增加值年均增长率	增加值份额年均变化率	就业年均增长率	就业份额年均变化率	初期劳动生产率	劳动生产率年均增长率
中高技术	25.00	0.91	8.54	-0.97	272212	15.17
高技术	26.68	2.35	16.70	7.35	415905	8.55
整体	23.90	—	9.62	—	260764	13.02

资料来源：根据《中国统计年鉴》和《中国工业统计年鉴》中的数据计算得到。

二、金融危机后制造业劳动生产率增长率的分解

（一）高收入经济体制造业劳动生产率增长率的分解

2008 年的金融危机对多数国家的制造业产生了负面影响。在危机之后的几年中，大多数国家制造业增加值的增长率及劳动生产率年均增长率都出现了不同程度的下降。较明显且直观的是，在金融危机前的 32 个高收入国家中，只有 4 个国家制造业劳动生产率的年均增长率小于零。而在金融危机后的 32 个高收入经济体中，有 9 个国家制造业劳动生产率的年均增长率小于零。可见，金融危机不仅影响了制造业规模的增长，也对制造业的生产率产生了一定程度的消极影响。

然而，金融危机并没有改变内部增长效应在制造业整体劳动生产率增长中的主导地位。就劳动生产率增长率的分解结果来看（见表 5 - 10），与金融危机前一样，所研究的 32 个高收入经济体在 2008 ~ 2012 年的内部增长效应均大于结构效应，制造业各类子行业劳动生产率的增长仍主导着制造业整体生产率的增长。结构主义理论认为，外部冲击会打破经济原有的均衡，从而使结构变动表现出对经济增长更大程度的影响。然而，表 5 - 6 和表 5 - 12 的实证结果表明，金融危机这一冲击并没有明显增强高收入经济体的结构效应在生产率增长中的作用程度。这可能是由于高收入经济体制造业结构发展较为成熟，结构调整的空间较为有限，从而导致其始终表现出较弱的结构效应。

表 5 - 10　2008 ~ 2012 年高收入经济体制造业劳动生产率增长率的分解 单位：%

国家/地区	劳动生产率年均增长率	总效应	内部增长效应	结构效应	静态转移效应	动态转移效应
美国	2.32	100	83.97	16.03	34.92	-18.89
德国	-0.34	-100	-91.37	-8.63	-6.39	-2.24

续表

国家/地区	劳动生产率年均增长率	总效应	内部增长效应	结构效应	静态转移效应	动态转移效应
日本	-0.87	-100	-101.53	1.53	4.03	-2.49
韩国	2.28	100	91.78	8.22	5.97	2.25
英国	1.40	100	94.84	5.16	9.75	-4.59
法国	-2.02	-100	-91.76	-8.24	-6.46	-1.78
奥地利	1.44	100	99.66	0.34	3.68	-3.34
比利时	0.98	100	93.97	6.03	-1.06	7.09
加拿大	0.56	100	84.15	15.85	13.45	2.40
捷克	3.80	100	93.56	6.44	5.88	0.56
丹麦	3.92	100	85.91	14.09	6.32	7.78
芬兰	-4.53	-100	-96.24	-3.76	-7.73	3.98
希腊	-2.38	-100	-86.99	-13.01	-6.96	-6.04
葡萄牙	1.36	100	91.40	8.60	15.91	-7.32
意大利	-0.63	-100	-110.41	10.41	15.17	-4.76
西班牙	-0.38	-100	-131.43	31.43	22.98	8.45
瑞典	6.85	100	101.33	-1.33	-0.51	-0.82
荷兰	2.36	100	100.79	-0.79	-1.29	0.51
挪威	2.35	100	94.60	5.40	4.58	0.82
爱沙尼亚	6.30	100	103.83	-3.83	4.12	-7.95
匈牙利	3.65	100	95.30	4.70	4.35	0.35
斯洛伐克	3.20	100	102.84	-2.84	-4.38	1.53
斯洛文尼亚	-0.17	-100	-86.10	-13.90	112.01	-125.91
瑞士	2.22	100	87.19	12.81	9.67	3.14
波兰	6.27	100	98.17	1.83	2.52	-0.69
新加坡	6.02	100	108.78	-8.78	-4.71	-4.06
中国香港	2.45	100	76.78	23.22	34.31	-11.10
新西兰	0.58	100	76.37	23.63	32.25	-8.62
爱尔兰	5.22	100	80.50	19.50	15.04	4.46
立陶宛	6.74	100	99.00	1.00	0.92	0.08
拉脱维亚	5.57	100	99.94	0.06	0.24	-0.18
塞浦路斯	-5.47	-100	-102.78	2.78	0.15	2.63

注：奥地利、比利时、捷克、丹麦、芬兰、意大利、瑞典、荷兰、挪威是2008~2011年的结果，中国香港、立陶宛、拉脱维亚、塞浦路斯是2008~2013年的结果，瑞士是2009~2013年的结果，其他国家均为2008~2012年的结果。

资料来源：根据OECD数据库和《国际工业统计年鉴》中的数据计算得到。

（二）中等收入经济体制造业劳动生产率增长率的分解

金融危机后，中等收入国家制造业增长也呈现出一些新的特征。巴西和土耳其的劳动生产率延续了2008年之前的下降态势，劳动生产率增长率仍然为负。而墨西哥制造业劳动生产率增长率在2008年后由正变为负。其他国家虽然制造业生产率仍有所增加，但在金融危机的影响下，增长幅度都出现不同程度的下降现象。

就制造业劳动生产率增长率的分解结果来看（见表5-11），同金融危机前一样，9个中等收入国家的内部增长效应均大于结构效应。而且除印度尼西亚和土耳其两国的两种效应差距较小外，其他国家各制造业行业内部生产率的变动对制造业整体生产率的影响程度远大于劳动力在不同行业间流动产生的资源再配置效应对整体生产率的影响程度。与高收入经济体不同的是，金融危机后，中等收入国家的结构效应整体来看比金融危机前有轻微的增强趋势，表现为更多国家的资源再配置效应对劳动生产率增长率的贡献超过了10%。同时，中等收入国家也表现出微强于高收入经济体的趋势。这与金融危机使中等收入国家经济的非均衡性比高收入经济体表现得更为突出有关。

表5-11　2008~2012年中等收入经济体制造业劳动生产率增长率的分解

单位:%

国家	劳动生产率年均增长率	总效应	内部增长效应	结构效应	静态转移效应	动态转移效应
俄罗斯	5.41	100	97.98	2.02	2.06	-0.05
印度尼西亚	1.45	100	54.64	45.36	65.18	-19.82
巴西	-3.40	-100	-101.80	1.80	2.30	-0.51
墨西哥	-1.69	-121	-110.70	-10.70	-10.62	-0.08
保加利亚	0.35	100	86.43	13.57	2.09	11.48
阿塞拜疆	3.49	100	86.08	13.92	18.86	-4.94
土耳其	-2.18	-100	-74.76	-25.24	-15.86	-9.37
罗马尼亚	4.73	100	96.69	3.31	2.53	0.79
中国	12.15	100	98.85	1.15	0.69	0.46

注：俄罗斯、墨西哥、保加利亚、阿塞拜疆、罗马尼亚是2008~2013年的结果，印度尼西亚是2010~2012年的结果，巴西、土耳其是2008~2012年的结果，中国是2008~2014年的结果。

资料来源：根据《国际工业统计年鉴》《中国统计年鉴》及《中国工业统计年鉴》中的数据计算得到。

综上，不管是高收入经济体还是中等收入国家，金融危机前还是金融危机后，各制造业行业生产率提升的产业内升级是制造业整体生产率提升的主导因素，而基于劳动力在不同生产率和不同生产率增长率的行业间转移的产业间升级对制造业整体生产率的影响较小。这一方面意味着以劳动生产率来衡量产业内升级对制造业的效率提升至关重要；另一方面如果以劳动生产率增长率来衡量制造业的产业升级水平，则制造业整体的劳动生产率在很大程度上能够表征制造业各类行业的产业内升级情况。这一结论为第七章面板模型分析中以制造业整体的劳动生产率近似综合衡量各制造业行业的产业内升级水平提供了依据。

第四节 制造业内部增长效应的分解

第三节对制造业劳动生产率增长率分解结果的分析表明，各国制造业劳动生产率的增长主要来自制造业内部各类制造业行业生产率的增长，即内部增长效应是各国制造业生产率提升的主要原因。鉴于此，本节进一步对各国制造业的内部增长效应进行分解，以分析不同类型制造业对内部增长效应的贡献程度。

一、金融危机前制造业内部增长效应的分解

高收入经济体 2000 ~2008 年制造业内部增长效应的分解结果表明(见表 5 - 12)，不同国家不同类型的制造业行业对内部增长效应的贡献程度存在较大差异。一些发展水平较高且制造业升级水平也较高的国家，如美国、德国、日本、芬兰、希腊、瑞典、瑞士、新加坡等的高技术行业和中高技术行业对内部增长效应的贡献程度较高，两类技术密集型行业的贡献之和均超过了低技术和中低技术行业对内部增长效应的贡献之和。而且在上述国家中，除瑞士的中高技术行业在四类行业中对生产率增长的贡献最大外，其余国家在高技术行业上表现得尤为突出，贡献份额均接近或超过内部增长效应的一半。另一些国家，如比利时、加拿大、意大利、卢森堡、新西兰、拉脱维亚等的低技术和中低技术行业对内部增长效应的贡献程度之和远大于高技术和中高技术行业对内部增长效应的贡献程度之和。这意味着对一些高收入国家来说，技术密集度较高的制造业已发展成为促进生产率提高的主导产业，而对另一些高收入国家来说，技术密集度较低的制造业行业

由于在全球产业链中居于高端生产环节而同样发挥着对生产率提升的主导作用。

表 5-12　2000~2008 年高收入经济体制造业内部增长效应的分解　　单位：%

国家	低技术行业	中低技术行业	中高技术行业	高技术行业	低和中低技术行业	高和中高技术行业
美国	19.74	5.22	16.57	58.46	24.97	75.03
德国	-0.88	7.24	44.27	49.37	6.36	93.64
日本	6.60	-0.71	17.57	76.54	5.89	94.11
韩国	12.98	8.40	31.24	47.38	21.37	78.63
英国	32.49	20.50	38.86	8.15	52.99	47.01
法国	20.23	16.36	26.15	37.26	36.59	63.41
奥地利	41.49	10.69	41.99	5.83	52.18	47.82
比利时	57.75	22.91	22.26	-2.93	80.66	19.34
加拿大	104.44	54.44	1.45	-60.34	158.89	-58.89
捷克	15.56	18.11	54.61	11.72	33.67	66.33
丹麦	35.61	1.23	31.54	31.61	36.84	63.16
芬兰	13.96	5.94	13.09	67.01	19.90	80.10
希腊	-50.65	76.64	84.86	-10.84	25.98	74.02
葡萄牙	40.81	19.14	11.85	28.21	59.95	40.05
意大利	-41.42	-30.79	-18.72	-9.07	-72.22	-27.78
西班牙	82.97	-37.01	37.84	16.20	45.96	54.04
瑞典	9.31	17.11	13.83	59.75	26.42	73.58
荷兰	27.83	27.71	49.38	-4.92	55.54	44.46
挪威	38.65	14.63	36.37	10.34	53.28	46.72
爱沙尼亚	49.16	16.85	22.69	11.30	66.01	33.99
匈牙利	16.34	24.50	38.94	20.23	40.84	59.16
斯洛伐克	30.55	20.24	32.39	16.82	50.79	49.21
斯洛文尼亚	31.29	22.43	32.32	13.95	53.72	46.28
瑞士	19.18	3.06	62.85	14.91	22.24	77.76
卢森堡	-38.96	-126.10	37.24	27.82	-165.07	65.07
波兰	33.13	25.14	35.85	5.88	58.27	41.73
新加坡	-8.86	-3.42	-9.57	121.85	-12.28	112.28

续表

国家	低技术行业	中低技术行业	中高技术行业	高技术行业	低和中低技术行业	高和中高技术行业
新西兰	-61.47	-29.07	-8.50	-0.96	-90.54	-9.46
爱尔兰	42.42	-1.15	46.47	12.25	41.27	58.73
立陶宛	51.29	18.24	16.45	14.02	69.53	30.47
拉脱维亚	77.01	4.98	15.58	2.43	81.99	18.01
塞浦路斯	-261.70	1.51	158.06	2.14	-260.19	160.19

注：表中所列数据为各类制造业行业劳动生产率的提高对内部增长效应的贡献程度，下同。

资料来源：根据 OECD 数据库和《国际工业统计年鉴》中的数据计算得到。

就中等收入国家 2000～2008 年制造业内部增长效应的分解结果来看（见表 5-13），不同国家不同类型制造业行业对内部增长效应的贡献程度也存在差异。如俄罗斯、巴西、保加利亚、土耳其、罗马尼亚和中国的低技术和中低技术行业带来的生产率提升效应大于高技术和中高技术行业两者的贡献之和，这主要是因为各国具有较大规模的技术密集度较低的制造业行业。而印度、印度尼西亚、墨西哥和阿塞拜疆则相反，即高技术和中高技术行业两者对内部增长效应的贡献程度大于低技术和中低技术行业两者的贡献之和。与高收入国家相比，中等收入国家一个明显的特征是，高技术行业对内部增长效应的贡献程度整体来看较弱，表现为没有一个国家高技术行业生产率的增长对内部增长效应的贡献居于首位。而且在所研究的 10 个国家中，除印度尼西亚和墨西哥两国外，其他国家高技术行业生产率的提升对内部增长效应的贡献份额均在 10% 以下。同时，中等收入国家低技术行业和中低技术行业的生产率提升效应整体来看强于高收入国家，如前者低技术行业生产率的提升对内部增长效应的贡献份额均在 20% 以上或者十分接近 20%，而后者则有约 1/4 的国家处于 20% 以下。又如前者中低技术行业生产率的提升对内部增长效应的贡献份额仅有印度和印度尼西亚两国在 10% 以下，而后者则有超过 1/3 的国家在 10% 以下。这意味着，整体来看，中等收入国家内部增长效应更多是来自低技术和中低技术行业生产率的提高，而高收入经济体则更多是来自高技术和中高技术行业生产率的提高。这一方面与不同收入水平国家的制造业产业结构存在差异有关，即中等收入国家相对于高收入国家来说，非技术密集型行业的相对规模通常较大，而技术密集型行业的相对规模通常较小。在各行业生产率增长相同的情况下，规模较大的行业生产率的提升带来的整体生产率的增长就较大。另一方面与不同收入水平国家的制造技术水平存在差距有关，即中等收入国家相对于高收入国家来说，其在技术密集型行业的价值链中处于技术水平较低的生产加工环节，导致高技术和中高技术行业的生产效率提升较为缓慢，从而对内部增长效应的贡献较小。

表 5-13　2000~2008 年中等收入经济体制造业内部增长效应的分解　单位：%

国家	低技术行业	中低技术行业	中高技术行业	高技术行业	低和中低技术行业	高和中高技术行业
俄罗斯	32.76	26.46	36.81	3.97	59.22	40.78
印度	19.35	8.06	72.69	-0.10	27.42	72.58
印度尼西亚	44.96	-1.52	23.62	32.93	43.45	56.55
巴西	-52.83	-37.65	-3.80	-5.72	-90.48	-9.52
墨西哥	26.42	-60.83	77.02	57.39	-34.41	134.41
保加利亚	31.77	26.75	39.54	1.93	58.52	41.48
阿塞拜疆	20.78	22.43	54.56	2.22	43.22	56.78
土耳其	-50.15	-35.11	-11.73	-3.01	-85.26	-14.74
罗马尼亚	47.99	16.20	37.13	-1.32	64.19	35.81
中国	29.20	27.41	34.52	8.87	56.61	43.39

资料来源：根据《国际工业统计年鉴》《中国统计年鉴》及《中国工业统计年鉴》中的数据计算得到。

二、金融危机后制造业内部增长效应的分解

不管是高收入经济体还是中等收入国家，金融危机后不同技术密集型行业在内部增长效应中的重要性呈现出不同程度的变化，而且国家之间比金融危机前表现出更大的差异性（见表 5-14 和表 5-15）。这与各国为应对危机后经济增长下降的局面对不同技术密集度的制造业行业采取的较为不同的发展措施有关。高收入经济体中，美国、德国在金融危机后低技术和中低技术行业对内部增长效应的贡献程度超过了高技术和中高技术行业对内部增长效应的贡献程度。而日本、芬兰、瑞士、瑞典、新加坡的高技术和中高技术行业生产率的提升对内部增长效应的贡献仍然居于主导地位。但整体来看，金融危机后更多的高收入经济体表现

出高技术和中高技术行业对生产率提升的贡献之和大于低技术和中低技术行业的现象。中等收入国家中，虽然更多国家的高技术行业对内部增长效应的贡献有变大的趋势，但整体来看，更多中等收入国家表现出低技术和中低技术行业两者对生产率的贡献之和大于高技术和中高技术行业的现象。这意味着，中等收入国家高技术和中高技术行业生产率的提升对制造业整体生产率提升的贡献在金融危机后表现出更加弱于高收入经济体的现象。这一方面与不同收入水平国家制造业的结构及制造技术水平存在差异有关，另一方面也与金融危机后高收入经济体比中等收入国家更注重发展技术密集型制造业的政策有关。

表 5-14 2008~2012 年高收入经济体制造业内部增长效应的分解 单位:%

国家/地区	低技术行业	中低技术行业	中高技术行业	高技术行业	低和中低技术行业	高和中高技术行业
美国	44.33	70.76	-39.18	24.10	115.09	-15.09
德国	-25.75	-109.29	6.63	28.41	-135.03	35.03
日本	6.42	-30.14	-80.47	4.20	-23.73	-76.27
韩国	-1.10	0.62	27.25	73.22	-0.47	100.47
英国	34.27	26.69	69.87	-30.83	60.96	39.04
法国	-45.73	-37.79	-18.03	1.56	-83.52	-16.48
奥地利	51.31	-30.84	38.97	40.56	20.47	79.53
比利时	80.94	141.52	-131.57	9.12	222.45	-122.45
加拿大	-45.88	40.29	96.54	9.05	-5.59	105.59
捷克	3.98	10.42	66.53	19.07	14.40	85.60
丹麦	-6.29	-1.18	35.42	72.05	-7.47	107.47
芬兰	-18.16	-0.14	23.63	-105.33	-18.30	-81.70
希腊	-108.45	35.30	-29.50	2.64	-73.15	26.85
葡萄牙	154.41	52.35	-62.23	-44.53	206.76	-106.76
意大利	27.62	-60.36	-88.49	21.22	-32.74	-67.26
西班牙	125.58	-157.35	-82.61	14.37	-31.76	-68.24
瑞典	13.75	-5.75	43.69	48.31	8.00	92.00
荷兰	22.66	19.20	46.28	11.86	41.86	58.14
挪威	14.29	8.44	55.54	21.74	22.73	77.27
爱沙尼亚	42.17	0.86	11.72	45.24	43.04	56.96
匈牙利	21.64	-4.57	74.54	8.38	17.08	82.92

续表

国家/地区	低技术行业	中低技术行业	中高技术行业	高技术行业	低和中低技术行业	高和中高技术行业
斯洛伐克	-47.69	36.47	78.11	33.10	-11.22	111.22
斯洛文尼亚	262.64	-741.72	418.59	-39.51	-479.08	379.08
瑞士	0.65	-0.62	19.95	80.02	0.03	99.97
波兰	44.42	29.38	26.03	0.17	73.80	26.20
新加坡	-1.85	-1.78	38.91	64.72	-3.63	103.63
中国香港	77.03	-0.59	-4.72	28.28	76.43	23.57
新西兰	173.18	-122.31	63.24	-14.11	50.87	49.13
爱尔兰	50.68	-8.50	6.51	51.32	42.17	57.83
立陶宛	57.54	22.08	17.87	2.51	79.61	20.39
拉脱维亚	71.79	6.75	19.52	1.93	78.55	21.45
塞浦路斯	-31.56	-67.03	-1.85	0.44	-98.59	-1.41

资料来源：根据 OECD 数据库和《国际工业统计年鉴》中的数据计算得到。

表 5-15　2008~2012 年中等收入经济体制造业内部增长效应的分解　单位：%

国家	低技术行业	中低技术行业	中高技术行业	高技术行业	低和中低技术行业	高和中高技术行业
俄罗斯	28.79	42.17	28.39	0.64	70.97	29.03
印度尼西亚	-48.28	124.02	-117.62	141.88	75.74	24.26
巴西	-29.10	-34.57	-30.59	-5.75	-63.66	-36.34
墨西哥	-18.46	-49.92	-12.77	-18.84	-68.39	-31.61
保加利亚	26.78	-62.61	62.18	73.65	-35.83	135.83
阿塞拜疆	24.37	36.15	38.11	1.37	60.52	39.48
土耳其	-114.06	-54.16	48.08	20.15	-168.23	68.23
罗马尼亚	33.09	31.22	36.38	-0.70	64.32	35.68
中国	27.96	25.20	31.27	15.56	53.17	46.83

资料来源：根据《国际工业统计年鉴》《中国统计年鉴》及《中国工业统计年鉴》中的数据计算得到。

第五节　本章小结

不管是高收入经济体还是中等收入国家，也不管在金融危机前还是金融危机后，整体来看，结构变动对制造业整体生产率的影响程度远弱于各制造业行业生产率变动对制造业生产率的影响程度，即内部增长效应要远大于资源再配置效应。这意味着制造业劳动生产率的增长主要是制造业各行业生产率提高的产业内升级带来的，而不是基于劳动力在不同行业间流动的产业间升级产生的。这可以通过各国不同的技术密集型制造业，尤其是高技术行业的劳动生产率及其就业的变动情况得到验证。如美国、德国和日本等高技术行业的劳动生产率和劳动生产率增长率都较高，但三国在该行业上并没有发生劳动力的大规模相对净流入，导致结构效应较弱。研究结果一方面肯定了产业内升级对生产率提高的巨大促进作用；另一方面各国不同制造业行业间的生产率及生产率增长率的差异也意味着，制造业具有巨大的结构调整空间，发挥产业间升级对制造业生产率的促进作用是未来各国制造业结构调整的关键。这对发展水平较低的中等收入国家尤为重要，因为这些国家的高技术和中高技术行业等技术密集型制造业在相对规模上比高收入经济体发展弱，因而具有更大的结构转变和调整空间。

进一步对内部增长效应的分解发现，金融危机前，中等收入国家高技术行业劳动生产率的提高对内部增长效应的贡献整体来看小于高收入经济体，而低技术和中低技术行业生产率的提高对内部增长效应的贡献整体来看大于高收入经济体。这说明，高收入经济体制造业生产率的提高更依赖于技术密集型制造业生产率的提高，而中等收入国家则更依赖于非技术密集型制造业生产率的提高。金融危机后，更多的高收入经济体表现为高技术和中高技术行业两者生产率的提高对制造业整体生产率提高的贡献之和超过了低技术和中低技术行业，而更多的中等收入国家表现为低技术和中低技术行业生产率的提高对整体生产率提高的贡献之和超过了高技术和中高技术行业。这意味着，中等收入国家高技术和中高技术行业生产率的提高对制造业整体生产率提高的贡献在金融危机后表现出更加弱于高收入经济体的现象。本书分析结论在很大程度上揭示了中等收入国家技术密集型制造业发展弱、效率增长慢这一事实。

第六章　制造业升级的间接经济增长效应

间接经济增长效应是制造业升级通过产业关联对制造业之外的其他产业，如对农业和服务业的影响。伴随着人均收入水平的提高，各国农业在GDP中的占比逐渐减小，服务业占比逐渐增大，多数国家已经进入以服务业为主体的服务经济时代。同时，信息技术的广泛应用使得制造业与服务业呈现融合发展态势，以大数据、互联网、智能化为特征的新一轮科技革命的兴起加速了制造业与服务业的融合发展，使二者的相互依赖程度日益加深，相互作用不断增强。鉴于此，本章将研究重点集中在制造业升级对服务业的影响上，主要通过构建基于完全消耗系数的依赖度和基于完全分配系数的供给度指标，从需求驱动作用和供给支撑作用两个层面，对制造业升级的间接经济增长效应进行研究。

第一节　制造业升级影响服务业增长的基本分析

制造业与服务业互依互促、共生共融，两者融合发展表现为以下两个方面：一是制造业的服务化，二是服务业的制造化。黄永春等（2013）从制造业的外部性视角，提出需求拉动效应、效率增强效应和竞争刺激效应三个制造业对服务业产生影响的效应机制。其中，需求拉动效应和竞争刺激效应是制造业基于制造业的服务化对服务业产生的影响，而效率提升效应是制造业基于服务业的制造化对服务业产生的影响。因此，这里同样从制造业服务化和服务业制造化两个角度分析制造业升级对服务业的影响机制。

一、制造业服务化视角下的影响机制

制造业服务化包含两方面的内涵：一是制造投入的服务化，二是制造产出的服务化。而制造业对服务业的影响主要来自制造投入的服务化，即依赖于制造领域对服务业的需求。Shugan（1994）和吕政等（2006）指出，生产性服务业的产生和发展源于制造业发展过程中的专业化分工及由此导致的服务外包活动。具体来看，随着制造业结构的调整和生产规模的逐渐扩大，产业内部分工趋于细化，对中间服务投入的需求也越来越多。制造业企业为了得到规模经济效应和专业化优势，往往会考虑把原来自我提供的一些具有生产性服务性质的次要业务或辅助性业务以外包的方式分离出去，使其成为独立的业务部门。制造业服务外包引致的需求可以有效地推动生产性服务业的发展。图 6－1 是生产性服务业伴随着制造业需求的变化而不断升级的阶段性变化过程。

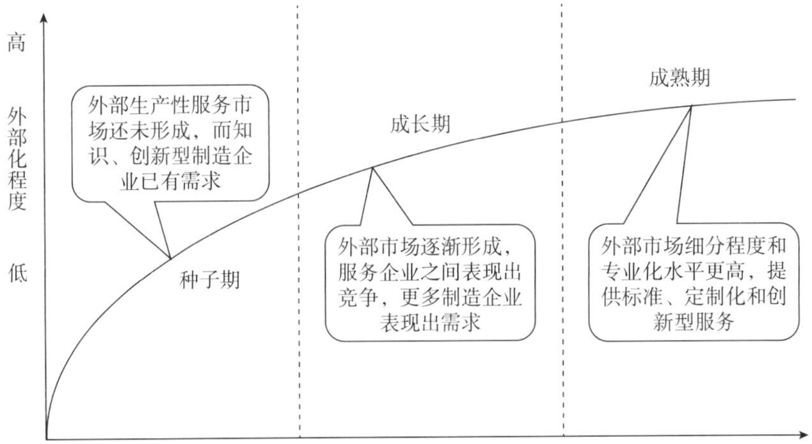

图 6－1　生产性服务业的发展阶段

资料来源：吕政等：《中国生产性服务业发展的战略选择——基于产业互动的研究视角》，《中国工业经济》2006 年第 8 期，第 5－12 页。

随着服务外包业务量的不断增大，生产性服务的经营将逐渐专业化，创新也会越来越多，从而发展出具有规模经济和专业化优势的生产性服务行业，由此促进服务效率不断提高。这使需要以服务作为中间投入产品的制造业的成本进一步下降，生产效率不断提高，从而增大制造业企业基于研发投入的升级空间，有助于制造业向技术密集化和层次高端化的产业升级。而制造业升级反过来又能进一步促进生产性服务业的高端发展，有助于推动生产性服务业从制造业中剥离和再渗透，从而服务产业化趋势日益明显。

在制造业与服务业两者互动互促的基础上，随着制造业的不断发展和经济全球化的不断推进，制造业活动呈现出日益国际化和高级化的发展趋势，加之制造业自身所具有的创新特征，使其对服务业的需求规模和层次不断地扩大和提高。这既有助于扩大服务业服务的内涵和手段，还能提高服务供给的质量和效率，从而推动服务业的高端化发展。正如周静（2015）指出的，生产性服务业的高端发展依赖于高端制造业对其的需求，而制造业升级是产生这种需求的关键。正是在这样一种循环往复的促进机制中，两者融合趋势进一步显现，制造业对服务业的作用程度也不断放大。

上述循环促进机制发挥作用的关键，是制造业能够产生对服务业的有效和高端需求。从生产性服务业产生于制造业服务项目外包这一角度来看，由于不同的制造业行业及不同的生产制造环节具有不同的服务投入需求，因而伴随着制造业升级便会形成规模、内容和模式不同的服务外包，从而刺激不同层次生产性服务业的发展。低技术型制造业对低层次的批发贸易、住宿餐饮、运输仓储等服务的需求较大，资本密集型行业对金融服务的需求较大，而技术密集型行业和生产环节对高层次的咨询管理、研发等商务服务以及计算机及相关活动的需求较大。比如，计算机、通信设备和电子设备制造业更多地需要计算机服务和软件业、信息传输服务等技术密集型服务，而食品、饮料、烟草制造以及纺织服装等行业则更多地需要交通运输、批发零售等传统服务。进一步地，在计算机、通信设备和电子设备制造业内部，CPU、芯片、发动机等核心部件的制造对知识密集型生产性服务业的需求较大，而外壳等低端生产环节对非知识密集型生产性服务业的需求较大，等等。因此，伴随制造业升级而来的各行业相对规模的变化及行业内部生产环节的提升，会产生对不同类型生产性服务业的需求，表现为对技术密集的研发和商务活动等服务的需求日益增加，对劳动密集的批发零售、交通运输等传统服务的需求日益下降，从而促进服务业的规模化和高端化发展。制造业服务化视角下制造业升级与生产性服务业发展的循环促进机制可用图 6-2 表示。其中，小黑圆点是两者循环促进机制发挥作用的起点。

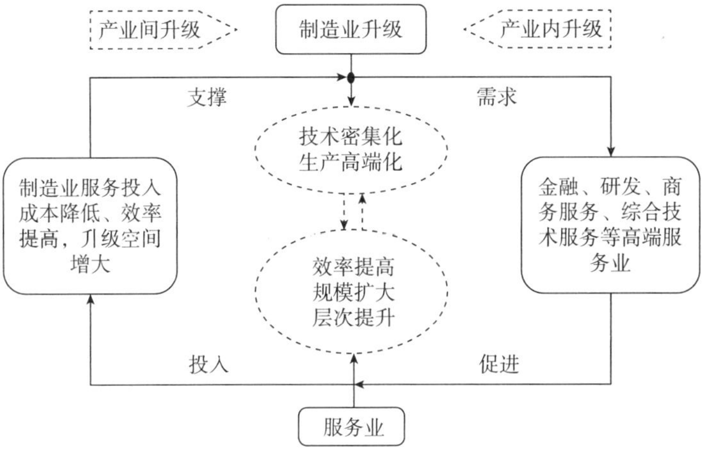

图6-2　制造业服务化视角下制造业升级与服务业发展的循环促进机制

资料来源：笔者绘制。

二、服务业制造化视角下的影响机制

从服务业制造化的角度来看，制造业升级对服务业的影响主要是通过服务业企业在服务供给过程中融入更多的制造元素实现的。White 和 Feng（1999）较早提出“基于制造的服务业”这一概念。Marceau 和 Martinez（2002）进一步指出，服务业企业将服务价值嵌入到制造产品中，这一竞争方式是以服务业企业为主体的融合竞争策略。更明确地说，服务业制造化就是服务业企业通过直接设立自己的制造工厂，或者将制造业中的先进生产方式以及标准化产品引入服务业，借助制造产品提高服务供给的质量和效率，如银行、通信企业和物业公司分别通过信用卡、通信设备和门禁监控系统等提供相关服务等（李美云，2011；肖挺、刘华，2013；王晓红，2014）。正如 Bowen（1989）指出的，服务业借助制造业实现自动化和信息化，从而提高服务效率。从这个层面讲，制造业是服务业发展的基础，可为服务业经营提供所需的“硬件”、运行平台、技术支持以及各种服务赖以存在的介质。因此，尤其是对于可以细分为标准化生产工序的可标准化服务业来说，制造业的发展，比如计算机等电子信息设备行业的发展能够为标准化程度较高的信息、通信、金融、批发等服务业提供重要的支撑，从而通过降低生产成本和提高生产效率来促进可标准化服务业的快速增长。由于像金融、信息以及软件产业等现代服务业大多是可标准化的服务业，其规模经济明显。因此，随着现代服务业的快速发展，制造业升级对服务业的基础支撑作用和促进作用会更加明显。同时，与不同制造业行业对不同类型和不同层次服务业的差异化中间需求相似，不同制造业行业对不同服务业也存在不同程度的中间供给。因此，伴随着制造业升级而发生的不同技术密集型行业的发展会形成对不同层次服务业的不同供给，进而影响服务业发展的规模和层次。

然而，不同于制造业升级对服务业的驱动作用主要集中于其对生产性服务业的影响方面，制造业升级对服务业的支撑作用还表现为其对公共服务及社会、个人等消费性服务行业的影响上。这主要是由于像公共管理、国防、教育、健康等服务业在很多情况下同生产性服务业一样，需要借助制造业来实现，典型的如坦克、雷达、导弹、战机等高端军用装备是国防必不可少的，精密医疗器械则是健康服务的重要基础，等等。

同样，与制造业服务化视角下制造业升级与服务业发展两者之间的循环促进机制相似，服务业制造化视角下也存在着制造业升级与服务业发展二者之间的循环促进机制。这主要是由于，伴随着制造业升级出现的先进技术和高端设备，以投入和溢出的方式推动服务业发展所需的硬件设施、技术支持、运行平台、介质等升级，这有助于降低服务业的成本，提高服务的技术水平和供给效率，进而推动服务业的规模化和高级化发展。这一过程反过来有助于降低制造业中间服务的投入成本，促进制造业生产效率不断提高，从而通过增大升级空间促进制造业升级。而制造业的升级可以进一步增强其对服务业的供给支撑作用。两者同样是在一种循环促进机制中实现效率提升、成本下降以及技术水平提高的协同升级。服务业制造化视角下制造业升级与服务业发展的循环促进机制可用图 6－3 表示。其中，小黑圆点是两者循环促进机制发挥作用的起点。

上述制造业在制造业服务化和服务业制造化两个视角下发生的对服务业影响的作用机制，分别对应着需求层面制造业对服务业的驱动作用和供给层面制造业对服务业的支撑作用，即制造业通过中间需求和投入供给两个层面与服务业产生关联并进而影响服务业的发展。目前，投入产出分析法是学术界分析产业之间的关联关系时应用最为广泛的一种方法。因此，本章也选择投入产出分析法分析不同技术密集型制造业对服务业的中间需求程度与投入供给程度，以考察制造业升级对服务业发展的影响。

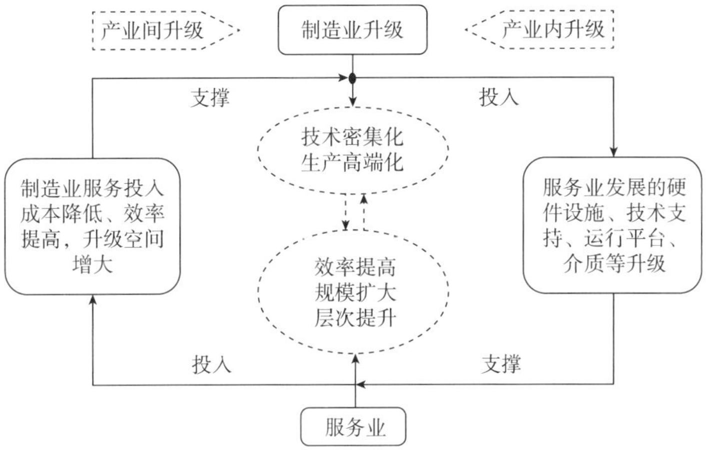

图 6－3 服务业制造化视角下制造业升级与服务业发展的循环促进机制

资料来源：笔者绘制。

第二节 基于投入产出分析构建依赖度和供给度

投入产出分析法最早是由美国经济学家列昂惕夫提出，主要是根据瓦尔拉斯的一般均衡理论，基于编制的投入产出表建立相应的数学模型，来反映经济系统中各产业部门间存在的需求供给关系的经济数量方法。投入产出表能够集中反映各种产品在生产价值链中的生产消耗和分配使用、投入来源和产出去向，对探究国民经济各产业部门间存在的经济技术联系具有很高的应用价值。因此，越来越多的学者将投入产出模型应用于对经济的生产效益、产业之间的关联、特定产业对国民经济的影响以及基于价值链的产业竞争力等问题的研究中（沈利生、吴振宇，2003；程大中，2008；尹伟华，2016，等）。制造业与服务业的融合发展进一步使得投入产出分析法在对二者互动发展及相互影响的研究中得到广泛应用（Park 和 Chan，1989；Park，1994；Franke 和 Kalmbach，2005；李冠霖，2002；梁晶晶、黄繁华，2007；胡晓鹏、李庆科，2009；刘书瀚等，2010；楚明钦，2014，等）。目前，投入产出分析已成为一种较为成熟的经济分析工具。

根据本章的研究需要，这里分别从投入产出表的列向平衡和行向平衡两个层面进行分析，以推出本章所用到的两个指标：基于完全消耗系数的依赖度和基于完全分配系数的供给度。其中，供给度是仿照依赖度指标进行构建的，两者具有一定的对应关系。

一、基于完全消耗系数构建依赖度：列向分析

假设经济系统由 n 个部门组成，投入产出分析在列向上的基本平衡关系式为：

$$\sum_{i=1}^{n} a_{ij} x_j + y_j = x_j, \ j=1, 2, \cdots, n \tag{6-1}$$

式（6－1）写成矩阵形式为：

$$AX + Y = X \tag{6-2}$$

对式（6－2）变形：

$$X = (I - A)^{-1} Y \tag{6-3}$$

其中，X 表示各部门的总产出列向量，Y 表示各部门的增加值列向量。令 $C = (I-A)^{-1}$，$B = C - I$，则 A、B、C 构成了投入产出分析中三个重要的基本矩阵，分别代表直接消耗系数矩阵、完全消耗系数矩阵和完全需求系数矩阵（通常称为列昂惕夫逆矩阵）。其中，直接消耗系数矩阵与完全消耗系数矩阵中的系数分别称为直接消耗系数与完全消耗系数，是投入产出分析中投入方向的两个最基本的分析产业间相互关联关系的指标。

直接消耗系数为经济系统中某一产业在一单位产品的生产过程中直接消耗其他产业产品的数量（价值量），计算公式为：

$$a_{ij} = \frac{x_{ij}}{X_j}, \ i, j=1, 2, \cdots, n \tag{6-4}$$

其中，a_{ij} 是指 j 部门生产一单位总产出所需要直接消耗 i 部门产品的数量（价值量），也可以根据投入产出表直接计算出来。a_{ij} 越大，表示 j 部门对 i 部门表现出的直接依赖度越强。可见，直接消耗系数揭示的是，给定技术水平以及相应的生产组织管理条件，国民经济各部门之间存在的直接经济技术联系，因此在投入产出分析中具有重要价值。

完全消耗系数是在直接消耗系数的基础上得到的，为某一产业在一单位产品

的生产过程中所直接和间接消耗其他产业产品的数量（价值量），即：

完全消耗 = 直接消耗 + 所有间接消耗 = 直接消耗 + 一次间接消耗 + 二次间接消耗 + ……

用公式表示为：

$$b_{ij} = a_{ij} + \sum_{k=1}^{n} a_{ik} a_{kj} + \sum_{s=1}^{n} \sum_{k=1}^{n} a_{is} a_{sk} a_{kj} + \cdots, \quad i, j = 1, 2, \cdots, n \tag{6-5}$$

其中，b_{ij}指 j 部门生产一单位总产出所直接和间接消耗 i 部门产品的数量（价值量）。b_{ij}越大，表示 j 部门对 i 部门的直接和间接依赖性越强。完全消耗系数不仅反映在给定技术水平下，产业部门间的直接经济技术联系，还反映各部门间的间接经济技术联系。在生产活动日益复杂的背景下，间接消耗成为产业部门间总体中间消耗的重要构成部分。因此，完全消耗系数能更全面、更深刻地反映不同产业在投入产出中的相互依赖关系。

Park（1994）采用依赖度考察制造业和服务业两者之间的依存关系。该指标表示，在某行业的产品生产中，对某项中间产品的直接消耗系数占全部中间产品直接消耗系数之和的比重，计算公式为：

$$D_{ij} = \frac{a_{ij}}{\sum_{i=1} a_{ij}}, \quad i, j = 1, 2, \cdots, n \tag{6-6}$$

其中，a_{ij}是 j 产业部门对 i 产业部门的直接消耗系数，$\sum_{i=1} a_{ij}$是 j 部门对全部中间产品的直接消耗系数之和。

可见，依赖度衡量的是在 j 产业的生产过程中，其对 i 产业产品的中间需求程度相对于对所有产业产品中间需求程度的大小。

由于完全消耗系数相比于直接消耗系数能更全面、更深刻地反映不同产业在投入产出中的相互依赖关系。因此，本书在 Park 的基础上，改用完全消耗系数计算依赖度，公式为：

$$D_{ij} = \frac{b_{ij}}{\sum_{i=1} b_{ij}}, \quad i, j = 1, 2, \cdots, n \tag{6-7}$$

其中，b_{ij}是 j 行业对 i 行业的完全消耗系数，$\sum_{i=1} b_{ij}$ 是 j 行业对全部中间产品的完全消耗系数之和。

二、基于完全分配系数构建供给度：行向分析

同样假设经济系统由 n 个部门组成，投入产出分析在行向上的基本平衡关系式为：

$$\sum_{j=1}^{n} h_{ij} x_i + y_i = x_i, \quad i=1, 2, \cdots, n \tag{6-8}$$

式（6-8）写成矩阵形式为：

$$HX + Y = X \tag{6-9}$$

对式（6-9）变形：

$$X = (I - H)^{-1} Y \tag{6-10}$$

其中，X 表示各部门的总产出列向量，Y 表示各部门的最终需求列向量。令 $N = (I - H)^{-1}$，$M = N - I$，则 H、M、N 同样构成了投入产出分析中三个重要的基本矩阵，分别代表直接分配系数矩阵、完全分配系数矩阵和完全供给系数矩阵。前两者中的系数分别称为直接分配系数和完全分配系数，是从产出方向分析产业间相互关联关系的两个最基本的指标。

直接分配系数反映经济生产过程中某一产业部门对其他部门提供中间产品的情况，即 i 部门向 j 部门提供的中间产品与 i 部门的总产出之比，公式为：

$$h_{ij} = \frac{x_{ij}}{X_i}, \quad i, j=1, 2, \cdots, n \tag{6-11}$$

其中，直接分配系数h_{ij}是 i 部门单位总产出向 j 部门提供的中间使用的产品数量（价值量），衡量的是 i 部门对 j 部门的贡献程度大小。h_{ij}越大，则表明 i 部门对 j 部门的贡献越大。

完全分配系数是在直接分配系数的基础上得到的，表示经济系统中某一产业部门单位总产出所直接和间接提供给其他产业部门生产用的产品数量（价值量），即：

完全分配 = 直接分配 + 所有间接分配 = 直接分配 + 一次间接分配 + 二次间接分配 + ……

用公式表示为：

$$m_{ij} = h_{ij} + \sum_{k=1}^{n} h_{ik} h_{kj} + \sum_{s=1}^{n} \sum_{k=1}^{n} h_{is} h_{sk} h_{kj} + \cdots, \quad i, j=1, 2, \cdots, n \tag{6-12}$$

其中，完全分配系数m_{ij}表示 i 部门单位总产出直接或通过别的部门间接提供

给 j 部门中间产品的数量（价值量），反映一部门对国民经济或某部门的推动作用，是考察产品推动能力的合理指标（刘起运，1992，2002）。

同样借鉴 Park（1994）基于直接消耗系数构建依赖度的方法，这里采用完全分配系数构建供给度，计算公式为：

$$S_{ij} = \frac{m_{ij}}{\sum_{j=1} m_{ij}}，i，j=1，2，\cdots，n \qquad (6-13)$$

其中，m_{ij}是 i 行业对 j 行业的完全分配系数，$\sum_{i=1} m_{ij}$是 i 行业对所有行业的完全分配系数之和。由于完全分配系数m_{ij}反映的是 i 部门对 j 部门的推动作用，因此基于完全分配系数的供给度衡量的便是 i 部门相对于其他部门对 j 部门推动作用的大小。

三、非竞争型投入产出表及产业部门合并

（一）非竞争型投入产出表的选择

投入产出表是投入产出分析的关键。目前，OECD 数据库不仅公布了更多国家的投入产出表数据，而且同时公布了只包含国内产品消耗而不包含进口产品消耗的非竞争型投入产出表①。沈利生（2010）认为，由于直接消耗的进口产品并不在国内产生间接消耗，因此，基于包含进口产品消耗的竞争型投入产出数据计算的列昂惕夫逆矩阵不合理，进而导致基于列昂惕夫逆矩阵计算的完全消耗系数存在错误。他指出，应该采用由非竞争型投入产出表计算的列昂惕夫逆矩阵。因此，本节以 OECD 给出的各国不包含进口产品的非竞争型投入产出数据为基础对列昂惕夫逆矩阵及完全消耗系数和依赖度进行计算。相应地，在计算完全分配系数和供给度时，同样采用非竞争型投入产出表。

（二）产业部门合并说明

根据研究目的，在 OECD 给出的 2011 年各国不包含进口的非竞争型投入产出数据的基础上进行行业合并处理。为探究不同要素密集型制造业与不同类型服务业之间的关联情况，将投入产出表中的 34 个部门合并为 19 个部门。其中，农

① OECD 数据库同时公布了各国基于竞争型投入产出表的列昂惕夫逆矩阵和基于非竞争型投入产出表的列昂惕夫逆矩阵，这样可以很方便地得到相应的完全消耗系数矩阵及依赖度矩阵。但根据本章的研究目的，需要对某些制造业部门进行合并，因此这里选择各国的原始投入产出表数据，进行部门合并后分别计算相应的完全消耗系数、完全分配系数及依赖度和供给度等指标。

业为 1 个部门。制造业与第五章一样，按照 OECD 对不同行业要素密集度的分类划分为低技术制造业、中低技术制造业、中高技术制造业和高技术制造业四类，制造业之外的其他工业行业归为其他工业。服务业则按原有的部门分类，共包括批发零售、住宿餐饮、运输仓储、邮政通信、金融媒介、房地产、设备租赁、计算机及相关活动、研发及其他商务活动等 14 个部门。

同时，为便于分析，第三节将除私人家庭雇佣服务之外的 13 个服务业部门分为生产性服务业和社会及个人服务业，前者包括批发零售、住宿餐饮①、运输仓储、邮政通信、金融媒介、房地产、设备租赁、计算机及相关活动、研发及其他商务活动九类行业，后者包括公共管理、国防、社会安全，教育，健康和社会工作，其他社区、社会与个人服务四类行业。同时，生产性服务业又进一步分为知识密集型生产性服务业和非知识密集型生产性服务业。前者包括邮政通信、金融媒介、房地产、设备租赁、计算机及相关活动、研发及其他商务活动六类行业，后者包括批发零售、住宿餐饮、运输仓储三类行业。

需要说明的是，基于指标的可加性，每一类技术密集度制造业对不同层次服务业的依赖度和供给度是将该类制造业对相应类型服务业中细分行业的指标值相加得到。相应地，每一类技术密集度制造业对服务业整体的依赖度和供给度是将该类制造业对所有服务业行业的指标值相加得到（不同技术密集型制造业行业对主要服务业行业的依赖度和供给度见附录 A 至附录 D）。

第三节　制造业升级影响服务业增长的实证分析

一、制造业产业间升级对服务业的驱动作用：需求视角

（一）高收入经济体制造业对服务业的依赖度

表 6－1 为高收入经济体不同技术密集度的制造业行业对服务业整体及不同层次服务业的依赖度。就不同类型制造业对服务业整体的依赖度来看，所有高收

① 住宿餐饮业实质上是更偏向于消费性的服务业，但为了将其与公共管理、国防、社会安全等具有公共性质的服务业区分开，这里将其归于生产性服务业。

入经济体不同制造业行业均表现出对服务业程度不同的依赖性，奠定了制造业从需求层面影响服务业发展的基础。具体来看，大多数高收入经济体高技术或中高技术密集型制造业对服务业的依赖度大于低技术和中低技术密集型制造业对服务业的依赖度。如澳大利亚、奥地利、加拿大、克罗地亚、塞浦路斯、丹麦、希腊、以色列、拉脱维亚、波兰、葡萄牙、瑞典、瑞士、英国等国家的高技术和中高技术密集型制造业对服务业的依赖度均大于低技术和中低技术制造业对服务业的依赖度。尤其是克罗地亚、塞浦路斯、丹麦、希腊、冰岛、荷兰、瑞士等国家，高技术或中高技术密集型制造业的指标值比低技术和中低技术密集型制造业的指标值均高出 15 个百分点，其差异程度较大。从所有高收入经济体的平均水平来看，表现为高技术和中高技术密集型制造业对服务业的依赖度均大于低技术和中低技术密集型制造业对服务业的依赖度。其中，高技术密集型制造业指标值最大，为 53.191%，而中低技术密集型制造业指标值最小，为 44.458%。这说明，高收入经济体技术密集度较高的制造业行业对服务业的依赖度大于技术密集度较低的制造业行业。相应地，技术密集型制造业的发展对服务业的需求驱动作用大于非技术密集型制造业。这意味着，对大多数高收入经济体来说，伴随着制造业从低技术密集型向高技术密集型的升级过程，制造业对服务业的中间需求会相应增加，从而对服务业产生规模扩大效应。

表 6-1　高收入经济体不同技术密集型制造业对服务业整体及不同层次服务业的依赖度

单位：%

国家/地区	服务业				知识密集型生产性服务业			
	低技术型	中低技术型	中高技术型	高技术型	低技术型	中低技术型	中高技术型	高技术型
澳大利亚	53.380	50.466	61.622	67.573	23.579	23.593	33.098	40.758
奥地利	47.409	47.388	48.086	57.532	20.094	19.175	21.971	31.481
比利时	52.440	44.470	48.156	60.141	21.795	19.054	23.174	31.995
文莱	27.623	9.441	11.593	20.772	11.209	6.532	7.266	2.797
加拿大	48.112	42.152	49.482	66.956	17.778	16.061	19.890	34.670
智利	43.664	38.668	52.072	43.404	21.202	17.603	31.682	25.548
克罗地亚	36.695	42.208	50.625	71.308	18.558	25.527	36.303	59.923

续表

国家/地区	服务业				知识密集型生产性服务业			
	低技术型	中低技术型	中高技术型	高技术型	低技术型	中低技术型	中高技术型	高技术型
塞浦路斯	40.989	42.235	60.455	52.920	12.288	10.639	16.706	8.749
捷克	42.240	39.248	37.280	40.317	16.198	14.815	15.409	18.414
丹麦	53.985	50.893	60.566	71.628	26.153	30.202	31.664	38.073
爱沙尼亚	45.752	50.218	53.401	49.896	16.205	19.512	21.004	24.851
芬兰	48.046	44.063	45.840	64.624	14.775	14.334	19.887	40.529
法国	55.764	57.983	57.032	69.124	29.791	31.809	33.666	48.218
德国	51.738	48.261	42.408	55.404	27.398	23.806	23.388	32.592
希腊	51.322	51.706	55.095	70.780	23.319	18.807	29.667	45.358
中国香港	84.628	57.313	70.796	81.410	24.074	13.753	21.222	27.307
匈牙利	41.018	47.895	45.012	40.098	17.048	19.299	22.060	21.244
冰岛	33.758	59.472	59.199	59.466	17.256	35.705	34.151	38.422
爱尔兰	31.559	42.984	36.638	13.890	14.410	12.564	23.750	5.797
以色列	48.988	50.871	54.410	61.629	28.361	31.157	33.790	42.952
意大利	55.744	47.187	51.126	62.793	21.433	20.183	22.736	32.295
日本	39.315	31.764	33.471	37.213	13.387	10.664	11.377	13.947
韩国	26.685	21.464	19.013	22.090	11.235	9.125	9.080	11.652
拉脱维亚	47.878	52.386	54.423	60.216	16.021	17.043	20.779	24.579
立陶宛	39.042	68.534	47.599	45.022	11.357	11.052	13.113	13.114
卢森堡	73.310	47.428	50.976	57.134	28.488	8.393	10.426	18.651
马耳他	42.225	42.650	44.490	15.091	14.719	13.323	12.800	3.276
荷兰	49.985	37.357	45.474	70.200	21.486	18.340	21.636	48.377
新西兰	43.875	44.567	43.074	37.537	17.864	20.584	21.154	16.662
挪威	46.015	34.953	44.950	57.999	20.468	15.479	20.911	29.541
波兰	40.454	40.794	42.650	46.041	12.783	13.758	16.708	14.537
葡萄牙	46.529	48.387	50.147	53.307	19.886	18.116	22.922	22.995
沙特阿拉伯	52.495	14.600	30.540	47.611	18.313	4.780	11.197	18.812
新加坡	58.409	44.843	41.699	43.682	20.217	11.208	14.437	16.322
斯洛伐克	44.228	43.921	38.862	46.191	14.440	12.242	14.722	16.030

续表

国家/地区	服务业				知识密集型生产性服务业			
	低技术型	中低技术型	中高技术型	高技术型	低技术型	中低技术型	中高技术型	高技术型
斯洛文尼亚	50.636	45.551	49.704	60.131	20.634	17.522	22.525	29.670
西班牙	44.720	45.282	44.203	58.128	16.186	13.700	16.155	29.048
瑞典	54.442	54.860	57.779	69.100	21.419	21.052	30.329	46.124
瑞士	47.606	55.456	71.798	57.668	12.796	23.472	52.281	30.311
英国	53.997	43.251	55.634	63.331	23.218	19.036	24.931	24.671
美国	45.538	39.602	39.060	51.465	21.858	16.511	19.353	31.639
平均	47.372	44.458	47.718	53.191	19.017	17.550	22.178	27.120

国家/地区	非知识密集型生产性服务业				社会及个人服务业			
	低技术型	中低技术型	中高技术型	高技术型	低技术型	中低技术型	中高技术型	高技术型
澳大利亚	27.716	25.105	25.716	24.026	2.085	1.767	2.809	2.789
奥地利	24.278	21.247	23.928	23.218	3.037	6.966	2.187	2.832
比利时	27.289	18.422	22.227	25.032	3.357	6.993	2.755	3.113
文莱	16.380	2.861	4.284	17.965	0.034	0.047	0.043	0.011
加拿大	26.981	23.071	26.369	28.534	3.353	3.020	3.223	3.752
智利	21.726	20.475	19.376	17.125	0.736	0.590	1.014	0.731
克罗地亚	15.539	13.730	10.625	6.352	2.597	2.951	3.698	5.033
塞浦路斯	27.324	30.676	41.684	43.564	1.377	0.921	2.066	0.607
捷克	24.367	20.258	19.992	20.265	1.675	4.175	1.880	1.638
丹麦	23.131	16.279	23.699	27.026	4.701	4.411	5.203	6.528
爱沙尼亚	27.777	26.891	30.336	23.518	1.770	3.815	2.061	1.527
芬兰	30.197	19.836	21.384	19.685	3.073	9.892	4.569	4.410
法国	21.864	19.241	19.482	16.623	4.108	6.933	3.884	4.283
德国	19.914	20.038	15.767	19.338	4.426	4.417	3.253	3.474
希腊	25.378	31.222	22.885	20.602	2.624	1.677	2.544	4.820
中国香港	58.490	42.480	47.861	52.058	2.064	1.080	1.713	2.045
匈牙利	20.493	24.030	19.911	16.782	3.476	4.566	3.040	2.073
冰岛	13.266	18.014	20.693	16.116	3.236	5.753	4.355	4.928
爱尔兰	13.697	24.299	9.113	6.504	3.452	6.121	3.774	1.589

续表

国家/地区	非知识密集型生产性服务业				社会及个人服务业			
	低技术型	中低技术型	中高技术型	高技术型	低技术型	中低技术型	中高技术型	高技术型
以色列	19.342	18.526	18.646	17.125	1.285	1.187	1.975	1.553
意大利	31.859	23.721	25.953	28.077	2.453	3.282	2.438	2.421
日本	24.985	20.273	21.174	22.199	0.943	0.828	0.920	1.066
韩国	12.725	11.002	8.789	9.440	2.725	1.337	1.144	0.999
拉脱维亚	31.031	34.410	32.502	34.668	0.826	0.933	1.142	0.970
立陶宛	26.386	56.645	33.112	30.280	1.299	0.836	1.373	1.628
卢森堡	43.757	38.568	39.407	37.148	1.065	0.466	1.144	1.335
马耳他	23.398	21.225	24.604	10.896	4.108	8.103	7.086	0.919
荷兰	24.547	14.809	20.150	15.365	3.952	4.208	3.687	6.457
新西兰	21.904	19.899	17.622	17.633	4.107	4.083	4.298	3.243
挪威	22.867	16.037	19.951	23.463	2.680	3.437	4.088	4.994
波兰	24.995	23.543	22.639	28.743	2.677	3.492	3.303	2.761
葡萄牙	23.316	19.538	23.492	26.892	3.327	10.733	3.733	3.420
沙特阿拉伯	25.343	7.911	13.991	23.893	8.839	1.909	5.352	4.906
新加坡	35.775	32.193	25.775	26.210	2.416	1.442	1.488	1.150
斯洛伐克	28.287	30.361	22.870	28.430	1.501	1.319	1.270	1.731
斯洛文尼亚	26.550	20.286	22.758	25.471	3.453	7.743	4.421	4.990
西班牙	24.886	22.249	24.340	24.271	3.647	9.332	3.708	4.809
瑞典	28.475	24.002	22.866	18.672	4.548	9.806	4.585	4.305
瑞士	30.556	28.711	15.494	24.227	4.253	3.273	4.023	3.131
英国	27.321	20.852	27.693	35.594	3.459	3.362	3.010	3.065
美国	20.685	20.545	17.086	16.350	2.995	2.545	2.621	3.476
平均	25.483	23.012	22.591	23.156	2.872	3.896	2.948	2.915

资料来源：OECD 数据库，下同。

从不同类型制造业对知识密集型生产性服务业的依赖度来看，高技术和中高技术密集型制造业对知识密集型生产性服务业的依赖度大于低技术和中低技术密集型制造业对知识密集型生产性服务业的依赖度这一特征表现得更为明显。除文莱、卢森堡、爱尔兰、马耳他、新加坡和新西兰等个别国家外，其他所有经济体的高技术密集型制造业对知识密集型生产性服务业的依赖度指标值均大于低技术和中低技术密集型制造业对知识密集型生产性服务业的依赖度指标值。中高技术密集型行业在大多数经济体中表现出与高技术密集型制造业相似的特征。就平均水平而言，高技术和中高技术密集型制造业对知识密集型生产性服务业的依赖度分别为27.12%、22.178%，均高于低技术和中低技术密集型制造业对知识密集型生产性服务业19.017%和17.55%的依赖水平。这说明，技术密集度较高的制造业行业相比于技术密集度较低的制造业行业对知识密集型生产性服务业的依赖性大，而且相比于服务业整体表现得更为明显。这意味着内涵于制造业升级的高技术和中高技术密集型制造业相对规模的扩大会产生对知识密集型生产性服务业更大的需求，从而促进知识密集型生产性服务业更快发展，以及带动服务业向高技术化方向升级，即制造业升级对服务业具有层次提升效应。

从不同类型制造业对非知识密集型生产性服务业的依赖度来看，更多的经济体表现为低技术密集型制造业对非知识密集型生产性服务业的依赖度大于高技术密集型制造业对非知识密集型生产性服务业的依赖度。就平均水平来看，低技术和中低技术密集型制造业对非知识密集型生产性服务业的依赖度分别大于高技术和中高技术密集型制造业对非知识密集型生产性服务业的依赖度。可见，制造业升级过程中高技术密集型行业的相对更快发展并不会促进非知识密集型生产性服务业规模的扩大。这进一步说明，对高收入经济体来说，制造业升级与服务业的高端化发展具有一定的对应关系，即技术密集度高的制造业对高端的知识密集型生产性服务业具有更大的需求驱动作用，而技术密集度低的制造业对低层次的非知识密集型生产性服务业具有更大的需求驱动作用。

不同类型制造业对社会及个人服务业的依赖度相对于制造业对生产性服务业的依赖度要小很多，这主要是由于制造业对服务业的中间需求主要集中于生产性服务业上，而社会及个人服务则多属于消费性服务。这意味着制造业对社会及个人服务业的需求驱动作用较弱。就平均水平而言，中低技术密集型制造业对服务业的依赖性最大，高技术密集型制造业与中高技术密集型制造业对社会及个人服务业的依赖度也大于低技术密集型行业，这说明从低技术密集型行业向中低、中高和高技术密集型行业转变的制造业升级能促进社会及个人服务业规模的小幅增长。

（二）中等收入经济体制造业对服务业的依赖度

表6-2为中等收入国家不同技术密集度的制造业行业对服务业整体及不同

层次服务业的依赖度。就不同类型制造业对服务业整体的依赖度来看，与高收入经济体一样，所有中等收入国家不同制造业行业同样表现出对服务业程度不同的依赖性，奠定了制造业从需求层面影响服务业发展的基础。具体来看，除菲律宾外的所有国家高技术密集型制造业对服务业的依赖度都大于低技术密集型制造业对服务业的依赖度，尤其是阿根廷、保加利亚、柬埔寨、哥斯达黎加、马来西亚、墨西哥和罗马尼亚等国，两者指标值的差距都在10个百分点以上。同时，除哥斯达黎加、菲律宾、俄罗斯外的所有国家高技术密集型制造业对服务业的依赖性也都大于中低技术密集型制造业对服务业的依赖性。中高技术密集型制造业对服务业的依赖度也在除泰国外的所有国家中大于低技术密集型或中低技术密集型制造业对服务业的依赖度。相应地，平均水平表现为高技术和中高技术密集型制造业对服务业的依赖度均大于低技术和中低技术密集型制造业对服务业的依赖度。这说明，中等收入国家高技术和中高技术密集型制造业对服务业的需求驱动作用大于对低技术和中低技术行业的。而且相比于高收入经济体，中等收入国家低技术密集型行业对服务业的依赖度指标值与高技术密集型行业对服务业的依赖度指标值差异程度更大。因此，伴随制造业升级过程中出现的高技术密集型行业的更快发展能对服务业产生更大的规模扩大效应。就中国而言，虽然高技术密集型制造业对服务业的依赖度大于低技术密集型和中低技术密集型制造业对服务业的依赖度，中高技术密集型行业对服务业的依赖性也大于中低技术密集型行业对服务业的依赖度。但就国家层面的比较来看，中国高技术和中高技术密集型行业对服务业的依赖度在所有中等收入国家中都是最小的，这说明中国制造业的服务化程度低，制造业升级对服务业产生的规模增长效应远弱于其他中等收入国家。不过，这也从另一个角度说明，中国制造业升级在对服务业规模扩大的促进作用上具有巨大的提升空间。

表6-2 中等收入经济体不同技术密集型制造业对服务业整体及不同层次服务业的依赖度

单位:%

国家	服务业				知识密集型生产性服务业			
	低技术型	中低技术型	中高技术型	高技术型	低技术型	中低技术型	中高技术型	高技术型
阿根廷	35.170	29.253	39.805	46.908	12.248	11.603	17.311	20.104
巴西	36.289	33.372	37.189	43.980	15.014	15.683	20.637	26.431

续表

国家	服务业				知识密集型生产性服务业			
	低技术型	中低技术型	中高技术型	高技术型	低技术型	中低技术型	中高技术型	高技术型
保加利亚	38.596	41.822	45.484	51.824	16.653	15.448	21.200	24.933
柬埔寨	12.113	26.021	26.915	28.417	1.480	13.044	17.247	14.402
中国	19.378	17.858	18.384	21.486	8.672	7.835	8.988	11.649
哥伦比亚	36.473	28.916	39.651	42.403	14.860	11.977	17.879	23.015
哥斯达黎加	45.455	65.831	70.076	63.817	18.276	28.006	33.137	22.172
印度	32.424	26.651	27.438	39.414	9.452	6.806	10.157	20.002
印度尼西亚	27.785	26.688	27.690	36.647	6.511	7.595	8.635	11.011
马来西亚	17.791	23.247	19.281	32.980	6.882	11.546	8.364	17.299
墨西哥	39.232	29.455	39.061	56.314	11.596	10.717	14.343	16.766
菲律宾	25.556	26.633	26.193	22.948	6.283	6.201	7.047	4.507
罗马尼亚	34.255	44.204	41.239	46.326	12.852	14.210	16.901	20.628
俄罗斯	39.569	42.278	41.306	41.813	7.549	9.405	9.666	10.319
南非	49.889	45.047	55.045	61.604	16.744	15.547	22.190	29.624
泰国	23.394	25.431	22.504	33.692	8.843	9.942	9.811	13.260
突尼斯	20.897	23.041	25.634	33.070	6.882	10.231	13.103	11.994
土耳其	32.939	33.036	33.104	40.053	6.819	9.610	10.656	13.646
越南	16.240	15.907	21.281	29.127	3.611	4.504	8.316	11.272
平均	30.708	31.826	34.594	40.675	10.065	11.574	14.505	17.002

国家	非知识密集型生产性服务业				社会及个人服务业			
	低技术型	中低技术型	中高技术型	高技术型	低技术型	中低技术型	中高技术型	高技术型
阿根廷	20.484	15.398	19.521	23.515	2.438	2.252	2.973	3.288
巴西	18.453	13.758	13.081	14.351	2.823	3.931	3.471	3.199
保加利亚	20.133	24.842	22.638	25.362	1.809	1.532	1.647	1.529
柬埔寨	10.413	12.119	8.330	13.152	0.221	0.858	1.337	0.862
中国	9.668	8.898	8.227	8.744	1.039	1.125	1.168	1.094
哥伦比亚	20.016	16.061	19.239	17.976	1.597	0.879	2.534	1.412
哥斯达黎加	23.260	34.360	31.892	37.327	3.919	3.465	5.047	4.318
印度	22.444	19.545	16.960	18.625	0.528	0.300	0.321	0.787

续表

国家	非知识密集型生产性服务业				社会及个人服务业			
	低技术型	中低技术型	中高技术型	高技术型	低技术型	中低技术型	中高技术型	高技术型
印度尼西亚	18.518	16.537	15.530	20.223	2.756	2.557	3.524	5.412
马来西亚	10.395	9.727	9.352	14.503	0.514	1.973	1.565	1.178
墨西哥	27.543	18.642	24.599	39.422	0.093	0.096	0.120	0.126
菲律宾	18.383	19.363	16.284	17.419	0.890	1.070	2.862	1.021
罗马尼亚	18.874	27.444	21.324	22.510	2.529	2.550	3.014	3.188
俄罗斯	31.899	32.741	31.517	31.372	0.122	0.132	0.122	0.122
南非	24.773	23.368	23.624	22.770	8.372	6.132	9.230	9.210
泰国	12.947	13.824	10.710	17.671	1.604	1.664	1.982	2.761
突尼斯	13.916	12.729	12.412	20.976	0.099	0.082	0.120	0.100
土耳其	25.509	22.607	21.463	25.218	0.612	0.819	0.986	1.188
越南	12.104	10.856	11.663	16.326	0.526	0.547	1.302	1.529
平均	18.933	18.569	17.809	21.445	1.710	1.682	2.280	2.228

从不同类型制造业对知识密集型生产性服务业的依赖度来看，除哥斯达黎加、马来西亚、菲律宾和泰国四个国家外，其他所有国家高技术和中高技术密集型制造业对知识密集型生产性服务业的依赖度均大于低技术和中低技术密集型制造业对知识密集型生产性服务业的依赖度。而马来西亚和泰国的高技术密集型制造业，以及哥斯达黎加和菲律宾的中高技术密集型行业对知识密集型生产性服务业的依赖度均大于低技术密集型和中低技术密集型制造业对知识密集型生产性服务业的依赖度。就平均水平而言，高技术和中高技术密集型制造业对知识密集型生产性服务业的依赖度同样均大于低技术与中低技术密集型制造业对知识密集型生产性服务业的依赖度。这说明，中等收入国家技术水平高的制造业行业相比于技术水平低的制造业行业同样表现出对知识密集型生产性服务业更大的中间需求，因而制造业升级能更快地促进知识密集型生产性服务业规模的扩大，驱动服务业的高端化发展。就中国来看，虽然高技术和中高技术密集型制造业对知识密集型生产性服务业的依赖度大于低技术和中低技术制造业对知识密集型生产性服务业的依赖度，但依赖度指标值在中等收入国家中均排在倒数位置，远小于中等收入国家的平均水平，说明中国制造业升级带来的服务业升级效应也远弱于其他

大多数中等收入国家。该结论同样意味着中国制造业升级在对服务业层次提升的促进作用上具有巨大的提升空间。

从不同类型制造业对非知识密集型生产性服务业的依赖度来看，与高收入经济体不同，超过半数的中等收入国家高技术密集型制造业对非知识密集型生产性服务业的依赖度大于低技术和中低技术密集型制造业对非知识密集型生产性服务业的依赖度。相应地，平均水平同样表现为高技术密集型行业对非知识密集型生产性服务业的依赖度大于低技术和中低技术密集型行业对非知识密集型生产性服务业的依赖度。这说明，整体来看，中等收入国家高技术密集型制造业的发展对非知识密集型生产性服务业规模的扩大也有促进作用。这主要是因为，不像高收入经济体在高技术密集型制造业中处于高技术生产环节，中等收入国家由于发展水平低、技术进步慢，其高技术密集型制造业中同样存在大量的低端生产环节，从而产生较多对低层次生产性服务业的需求。就中国而言，不同类型制造业行业对非知识密集型生产性服务业的依赖度在所有国家中均排在最后，进一步说明了中国制造业的低服务化特征。

同样，制造业对社会及个人服务业的依赖度指标值相对于其对生产性服务业的依赖度指标值要小很多，但在平均水平上高技术密集型制造业和中高技术密集型制造业对社会及个人服务业的依赖度都大于低技术密集型制造业和中低技术密集型制造业，这意味着中等收入国家制造业升级对社会及个人服务业也具有微弱的规模增长效应。

二、制造业产业间升级对服务业的支撑作用：供给视角

（一）高收入经济体制造业对服务业的供给度

表6－3为高收入经济体不同技术密集度的制造业行业对服务业整体及不同层次服务业的供给度。就对服务业整体的供给度来看，所有高收入经济体不同制造业行业均表现出对服务业程度不同的供给度，奠定了制造业从供给层面影响服务业发展的基础。具体来看，不同的高收入经济体表现并不一致。如澳大利亚、智利、克罗地亚、以色列、拉脱维亚、荷兰、新西兰和挪威等国家，高技术密集型制造业对服务业的供给度远大于低技术密集型制造业对服务业的供给度，而文莱、塞浦路斯、捷克、爱沙尼亚、法国、中国香港、匈牙利、爱尔兰、日本、韩国、马耳他、沙特阿拉伯、新加坡、斯洛伐克等国家和地区，低技术密集型制造业对服务业的供给度远大于高技术密集型制造业对服务业的供给度。然而，大多

数经济体高技术和中高技术密集型制造业对服务业的供给度都大于中低技术密集型制造业对服务业的供给度。从平均水平来看，技术密集度从低到高的各类制造业行业对服务业的供给度分别为43.428%、28.478%、33.253%、40.055%。这说明，更多的高收入经济体低技术密集型制造业对服务业的供给度大于高技术和中高技术密集型制造业对服务业的供给度，同时更多的高收入经济体高技术和中高技术密集型制造业对服务业的供给度大于中低技术密集型制造业对服务业的供给度。这意味着，制造业从低技术密集型制造业向高技术和中高技术密集型制造业的升级不会推动服务业规模的扩大，而从中低技术密集型制造业向高技术和中高技术密集型制造业的升级会对服务业产生规模扩大效应。可见，制造业升级对服务业的供给支撑作用带来的规模扩大效应弱于制造业升级对服务业的需求驱动作用带来的规模扩大效应。

表6-3　高收入经济体不同技术密集型制造业对服务业整体及不同层次服务业的供给度

单位:%

国家/地区	服务业				知识密集型生产性服务业			
	低技术型	中低技术型	中高技术型	高技术型	低技术型	中低技术型	中高技术型	高技术型
澳大利亚	50.935	28.130	46.921	65.439	15.841	10.258	15.539	23.468
奥地利	38.401	23.416	28.640	45.883	12.725	6.846	10.202	24.992
比利时	40.489	22.435	26.961	41.351	11.544	6.467	7.456	17.690
文莱	16.309	23.764	35.480	0.000	6.371	1.306	15.323	0.000
加拿大	41.583	32.520	31.620	45.834	16.373	8.115	6.499	18.307
智利	30.408	29.400	32.629	40.217	6.115	4.606	8.259	16.461
克罗地亚	42.038	36.043	42.077	59.535	14.185	9.991	11.254	15.977
塞浦路斯	53.563	29.508	42.025	37.750	9.773	6.759	10.015	3.334
捷克	34.933	23.068	22.609	15.600	14.475	8.528	6.417	7.499
丹麦	56.100	50.881	44.298	56.653	18.189	8.237	8.805	18.369
爱沙尼亚	33.201	27.109	29.544	16.829	10.119	7.391	7.303	6.396
芬兰	38.727	26.918	27.372	45.376	13.868	8.414	8.713	21.628
法国	49.130	27.090	26.697	38.000	15.376	7.995	7.569	19.654
德国	38.918	19.503	15.667	34.669	11.673	4.587	4.497	17.203
希腊	49.221	33.961	43.950	56.200	9.039	4.069	5.215	6.690

续表

国家/地区	服务业				知识密集型生产性服务业			
	低技术型	中低技术型	中高技术型	高技术型	低技术型	中低技术型	中高技术型	高技术型
中国香港	84.448	43.636	82.501	43.144	23.072	10.934	17.533	16.544
匈牙利	34.192	25.191	19.958	13.777	7.303	6.020	5.242	5.947
冰岛	49.053	23.900	28.925	44.681	11.027	9.707	12.282	18.440
爱尔兰	39.312	24.917	14.100	17.221	17.609	9.738	5.065	13.698
以色列	41.860	20.267	23.779	50.592	12.263	4.353	2.809	6.521
意大利	39.576	28.122	32.759	43.069	9.428	5.583	7.569	16.208
日本	45.472	23.629	24.774	26.316	12.695	3.337	2.041	4.428
韩国	35.138	14.034	16.745	14.285	6.532	2.571	3.199	6.514
拉脱维亚	35.785	32.544	55.987	48.291	10.490	13.499	12.037	21.394
立陶宛	32.455	27.189	20.135	25.975	8.321	8.601	4.513	11.382
卢森堡	74.547	30.046	49.242	78.625	54.585	12.192	23.434	62.178
马耳他	65.959	34.360	44.167	31.374	18.970	12.549	11.459	16.127
荷兰	37.079	28.746	24.874	48.188	11.586	7.808	6.779	21.360
新西兰	24.444	23.685	31.224	59.080	8.876	7.840	11.111	14.700
挪威	44.465	43.189	42.228	59.924	18.959	9.803	11.083	30.878
波兰	30.122	28.842	24.549	32.326	7.787	7.435	6.501	16.528
葡萄牙	37.846	31.171	32.798	40.984	7.839	5.438	6.331	18.265
沙特阿拉伯	58.385	26.602	43.474	47.171	6.195	2.767	4.140	17.537
新加坡	44.018	33.232	24.324	26.345	13.292	5.673	8.318	15.266
斯洛伐克	33.500	19.512	14.696	11.372	9.416	3.707	2.710	2.199
斯洛文尼亚	36.958	16.667	27.691	33.956	11.081	5.211	8.522	13.907
西班牙	43.352	26.473	34.260	41.509	10.824	4.817	7.661	14.223
瑞典	49.331	31.840	39.498	51.182	20.555	11.230	13.098	24.005
瑞士	45.970	23.538	33.641	36.306	15.817	7.784	10.696	9.911
英国	52.450	32.061	44.935	63.063	14.685	8.758	11.846	20.406
美国	50.878	40.447	35.639	54.151	14.150	9.128	10.132	25.223
平均	43.428	28.478	33.253	40.055	13.391	7.318	8.760	16.133

续表

国家/地区	非知识密集型生产性服务业				社会及个人服务业			
	低技术型	中低技术型	中高技术型	高技术型	低技术型	中低技术型	中高技术型	高技术型
澳大利亚	22.662	10.635	22.099	15.170	12.432	7.238	9.282	26.800
奥地利	17.350	11.043	11.515	13.086	8.326	5.527	6.923	7.805
比利时	21.181	11.529	11.371	15.892	7.764	4.439	8.134	7.770
文莱	3.178	20.903	13.550	0.000	6.760	1.555	6.607	0.000
加拿大	15.111	15.682	15.853	8.951	10.099	8.723	9.268	18.575
智利	18.856	20.674	11.099	13.298	5.437	4.120	13.270	10.459
克罗地亚	16.482	18.604	17.081	12.561	11.371	7.449	13.741	30.998
塞浦路斯	29.582	11.585	18.907	18.525	14.207	11.164	13.104	15.891
捷克	14.112	11.566	12.708	5.599	6.346	2.974	3.484	2.501
丹麦	20.747	32.664	18.057	20.679	17.164	9.979	17.436	17.605
爱沙尼亚	16.628	14.310	14.784	7.654	6.453	5.409	7.457	2.779
芬兰	14.213	12.703	9.564	12.683	10.647	5.801	9.095	11.065
法国	19.675	12.547	8.468	8.863	14.080	6.548	10.661	9.483
德国	14.146	10.453	6.356	8.917	13.100	4.463	4.813	8.548
希腊	28.274	22.458	13.849	21.086	11.908	7.434	24.885	28.425
中国香港	48.360	27.972	54.535	17.735	13.015	4.730	10.433	8.865
匈牙利	20.066	14.889	10.331	5.126	6.823	4.281	4.385	2.705
冰岛	21.031	10.344	10.994	13.095	16.996	3.848	5.649	13.146
爱尔兰	10.389	9.452	2.350	2.014	11.314	5.727	6.685	1.509
以色列	19.630	8.927	5.072	5.384	9.967	6.987	15.898	38.687
意大利	24.168	17.735	16.589	18.414	5.980	4.804	8.601	8.447
日本	21.694	12.704	10.038	12.856	11.082	7.588	12.695	9.032
韩国	21.198	7.714	5.740	3.353	7.108	3.749	7.806	4.417
拉脱维亚	20.918	16.144	37.641	20.283	4.377	2.901	6.309	6.613
立陶宛	14.366	13.746	9.920	9.239	9.768	4.842	5.702	5.354
卢森堡	14.360	13.347	19.147	10.936	5.602	4.507	6.661	5.511

续表

国家/地区	非知识密集型生产性服务业				社会及个人服务业			
	低技术型	中低技术型	中高技术型	高技术型	低技术型	中低技术型	中高技术型	高技术型
马耳他	35.360	13.925	15.534	10.478	11.629	7.886	17.173	4.770
荷兰	14.222	14.936	9.536	15.405	11.271	6.002	8.559	11.423
新西兰	9.259	9.065	9.303	9.362	6.309	6.780	10.811	35.018
挪威	17.568	27.238	24.619	16.761	7.939	6.148	6.526	12.285
波兰	16.501	17.121	12.509	10.131	5.835	4.286	5.539	5.667
葡萄牙	20.807	19.038	11.616	15.179	9.200	6.695	14.851	7.540
沙特阿拉伯	19.307	12.887	12.207	12.265	32.883	10.948	27.127	17.370
新加坡	24.319	22.992	8.859	6.069	6.407	4.567	7.146	5.010
斯洛伐克	16.819	12.956	9.755	7.320	7.265	2.850	2.231	1.853
斯洛文尼亚	16.711	7.701	11.330	13.218	9.166	3.755	7.839	6.831
西班牙	21.457	15.220	14.319	14.897	11.071	6.437	12.281	12.389
瑞典	16.253	13.635	15.389	16.783	12.523	6.975	11.011	10.393
瑞士	19.895	10.304	14.911	12.406	10.258	5.450	8.034	13.989
英国	23.118	13.972	14.238	9.678	14.647	9.332	18.851	32.980
美国	15.523	14.142	8.141	9.534	21.205	17.177	17.365	19.394
平均	19.410	15.011	14.144	11.729	10.628	6.148	10.349	12.193

资料来源：OECD 数据库，下同。

就不同技术密集型行业对知识密集型生产性服务业的供给度来看，高技术密集型制造业对知识密集型生产性服务业的强供给性表现得尤为突出。绝大多数经济体高技术密集型制造业对知识密集型生产性服务业的供给度指标值都大于低技术或中低技术密集型制造业对知识密集型生产性服务业的供给度指标值。多半数的国家中高技术密集型制造业对知识密集型生产性服务业的供给度也大于低技术或中低技术密集型制造业对知识密集型生产性服务业的供给度。从平均水平来看，高技术密集型制造业在各制造业行业中对知识密集型生产性服务业的供给度指标值最大（16.133%）。同时，中高技术密集型制造业对知识密集型生产性服务业的供给度指标值也大于中低技术密集型制造业。这意味着，伴随着制造业升级过程出现的技术密集度较高的制造业行业相对规模的扩大，尤其是高技术密集型制造业的更快发展会通过对知识密集型生产性服务业产生更强的供给支撑作用而推动服务业的高层次发展。

就不同技术密集型行业对非知识密集型生产性服务业的供给度来看，除文莱、加拿大、智利、克罗地亚、丹麦、中国香港、荷兰、新西兰、挪威、波兰、瑞典等少数国家和地区外，其他所有高收入经济体低技术密集型行业对非知识密集型生产性服务业的供给度在四类制造业行业中都是最大的。同时，大多数国家高技术密集型制造业或中高技术密集型制造业对非知识密集型生产性服务业的供给度在四类制造业行业中都是最小的。相应地，平均水平上表现为低技术和中低技术密集型行业对非知识密集型生产性服务业的供给度指标值均大于高技术或中高技术密集型制造业对非知识密集型生产性服务业的供给度指标值。可见，制造业升级同样不会增强其对非知识密集型生产性服务业的供给能力。同样进一步说明，制造业升级与服务业的高端发展存在某种程度的对应关系，即高技术密集型制造业对知识密集型生产性服务业具有更大的供给支撑作用，而低技术密集型制造业对非知识密集型生产性服务业具有更大的供给支撑作用。

不同于对社会及个人服务业较弱的需求驱动作用，制造业对社会及个人服务业的供给支撑作用要强很多。就供给度的平均水平来看，高技术和中高技术密集型制造业对社会及个人服务的供给度分别大于低技术和中低技术密集型制造业对社会及个人服务的供给度。正如前文提到的，这主要是由于一些公共服务和私人服务，如国防、教育、健康等服务业在很大程度上依赖于高端制造业生产的坦克、战机、军舰等武器装备和医疗器械等精密仪器。这在一定程度上意味着制造业升级能够提升其对社会及个人服务的供给能力，从而推动社会及个人服务业的更快发展。

（二）中等收入经济体制造业对服务业的供给度

表6－4为中等收入国家不同技术密集度的制造业行业对服务业整体及不同层次服务业的供给度。就不同类型制造业对服务业整体的供给度来看，所有中等收入国家的不同制造业行业同样均表现出对服务业程度不同的供给程度，奠定了制造业从供给层面影响服务业发展的基础。具体来看，中等收入国家表现出与高收入经济体相似的特征。如阿根廷、巴西、保加利亚、柬埔寨、中国、哥伦比亚、印度、罗马尼亚、南非、土耳其、越南等国家，其高技术密集型制造业对服务业的供给度大于低技术密集型制造业对服务业的供给度，而其他发展中国家则

相反，即低技术密集型制造业对服务业的供给度大于高技术密集型制造业对服务业的供给度。然而，大多数国家高技术密集型制造业对服务业的供给程度大于中低技术和中高技术密集型制造业对服务业的供给程度。就平均水平来看，技术密集度从低到高的各类制造业行业对服务业的供给度分别为31.073%、24.356%、24.675%、30.622%。这表明，中等收入国家低技术密集型制造业对服务业的供给程度最强，其次为高技术密集型行业，两者均高于中低技术和中高技术密集型行业。因此，与高收入国家一样，中等收入国家制造业从低技术密集型制造业向中高技术和高技术密集型制造业的升级不会推动服务规模的扩大，而从中低技术密集型制造业向中高技术和高技术密集型制造业的升级会对服务业产生规模扩大效应。就中国来看，各制造业行业对服务业的供给度小于中等收入国家的平均水平，说明从供给层面来看，中国制造业与服务业的融合发展程度也处于中等收入国家的平均水平之下。

表6-4　中等收入经济体不同技术密集型制造业对服务业整体及不同层次服务业的供给度

单位：%

国家	服务业				知识密集型生产性服务业			
	低技术型	中低技术型	中高技术型	高技术型	低技术型	中低技术型	中高技术型	高技术型
阿根廷	32.392	22.735	22.290	37.140	7.534	4.734	6.126	15.789
巴西	35.081	19.140	20.863	45.618	13.585	5.025	4.827	22.190
保加利亚	30.206	34.159	29.849	40.004	6.136	3.806	5.942	14.400
柬埔寨	19.820	31.868	36.054	60.748	3.266	3.129	3.477	20.611
中国	22.181	13.026	18.322	26.084	8.616	5.392	8.430	17.248
哥伦比亚	37.271	30.688	26.638	39.813	5.249	4.094	2.018	14.359
哥斯达黎加	44.178	29.460	23.872	23.652	7.269	5.598	3.975	5.353
印度	30.034	17.518	16.835	38.228	3.319	2.242	2.404	24.018
印度尼西亚	24.454	25.825	24.551	24.406	1.939	2.080	2.276	3.904
马来西亚	20.938	22.136	23.733	9.305	3.738	2.728	2.457	2.889
墨西哥	29.228	23.372	17.961	20.431	6.639	2.707	3.106	14.339
菲律宾	47.586	37.029	33.040	9.982	6.756	11.427	8.483	2.499
罗马尼亚	46.419	28.152	42.284	56.362	9.571	6.785	8.239	22.060
俄罗斯	40.987	26.259	34.743	35.827	10.363	6.238	7.672	8.138

续表

国家	服务业				知识密集型生产性服务业			
	低技术型	中低技术型	中高技术型	高技术型	低技术型	中低技术型	中高技术型	高技术型
南非	41.122	31.637	36.965	49.140	13.977	10.304	9.310	9.435
泰国	24.000	30.422	11.750	4.014	3.828	3.065	1.874	1.314
突尼斯	25.588	8.185	16.016	10.935	2.773	2.352	4.391	6.217
土耳其	21.491	19.234	20.055	28.336	3.916	5.471	4.782	10.366
越南	17.418	11.920	12.996	21.783	2.186	1.772	1.583	5.005
平均	31.073	24.356	24.675	30.622	6.351	4.682	4.809	11.586

国家	非知识密集型生产性服务业				社会及个人服务业			
	低技术型	中低技术型	中高技术型	高技术型	低技术型	中低技术型	中高技术型	高技术型
阿根廷	15.538	12.775	8.207	8.497	9.320	5.226	7.957	12.853
巴西	10.461	8.219	6.207	4.972	11.034	5.896	9.830	18.456
保加利亚	17.464	26.930	18.354	16.526	6.606	3.424	5.553	9.078
柬埔寨	12.691	23.918	19.791	14.777	3.863	4.821	12.787	25.360
中国	7.189	4.591	4.763	3.875	6.376	3.043	5.129	4.961
哥伦比亚	23.807	20.672	10.471	11.658	8.215	5.922	14.149	13.796
哥斯达黎加	27.218	19.198	9.926	7.230	9.691	4.664	9.971	11.069
印度	22.881	13.792	10.325	8.047	3.834	1.484	4.105	6.163
印度尼西亚	13.900	16.571	7.527	4.689	8.615	7.174	14.748	15.813
马来西亚	13.329	14.874	10.664	1.739	3.871	4.534	10.612	4.677
墨西哥	16.191	17.665	8.348	3.300	6.397	3.001	6.506	2.793
菲律宾	24.756	18.997	7.430	2.812	16.075	6.605	17.127	4.671
罗马尼亚	25.179	18.372	29.251	26.311	11.669	2.995	4.794	7.991
俄罗斯	18.850	15.328	19.383	20.111	11.774	4.694	7.688	7.578
南非	17.620	12.609	12.636	6.857	9.525	8.725	15.020	32.847
泰国	14.569	23.723	6.447	1.113	5.603	3.634	3.429	1.586
突尼斯	16.723	3.658	7.860	1.582	6.092	2.175	3.766	3.136
土耳其	13.597	10.297	10.693	9.565	3.978	3.466	4.581	8.406
越南	14.021	8.666	8.861	10.147	1.211	1.482	2.552	6.631
平均	17.157	15.308	11.429	8.621	7.566	4.367	8.437	10.414

就不同技术密集型行业对知识密集型生产性服务业的供给度来看，同样是高技术密集型制造业的供给支撑作用最为明显。除哥斯达黎加、马来西亚、菲律宾、俄罗斯、南非、泰国等少数国家外，其他所有中等收入国家高技术密集型制造业对知识密集型生产性服务业的供给度都远高于其他三类制造业行业的指标值。从平均水平上也能看出这一特征，高技术密集型制造业的供给度为11.586%，明显高于低技术、中低技术和中高技术密集型制造业的供给度。这说明，中等收入国家高技术密集型制造业对知识密集型生产性服务业的供给支撑作用较强，制造业升级同样也会促进服务业的知识密集化发展。就中国而言，与对服务业整体的供给度水平不同，中国各制造业行业对知识密集型生产性服务业的供给程度均大于中等收入国家的平均水平，尤其是高技术密集型制造业最为明显，该行业对知识密集型生产性服务业的供给支撑作用远大于其他三类制造业行业。这意味着，中国制造业升级对服务业具有较大程度的层次提升效应。

中等收入国家不同技术密集型制造业对非知识密集型生产性服务业和社会及个人服务业的供给度也表现出与高收入经济体相似的特征。就对非知识密集型生产性服务业的供给度而言，超过半数国家低技术密集型制造业的指标值在四类制造业中最大，同时大多数国家高技术密集型制造业的指标值在四类制造业中最小。从平均水平来看，技术密集度从低到高四类行业对非知识密集型生产性服务业的供给度分别为17.157%、15.308%、11.429%、8.621%。可见，制造业升级在一定程度上会弱化对非知识密集型生产性服务业。这说明，与需求驱动层面不同，中等收入国家在供给层面表现出制造业升级与服务业高层次发展的相互对应关系。就中国而言，与对服务业整体的供给度水平相同，各制造业行业对非知识密集型生产性服务业的供给度均小于中等收入国家的平均水平，而且在中等收入国家中排在倒数的位置，同样进 步说明中国制造业与服务业的融合发展程度较低。

就不同技术密集型制造业对社会及个人服务业的供给度来看，中高技术和高技术密集型制造业对社会及个人服务业的供给度分别有超过1/2和约2/3的国家均大于低技术和中低技术密集型制造业对社会及个人服务业的供给度。相应地，平均水平上同样表现为高技术和中高技术密集型制造业的供给度指标值均大于低技术和中低技术密集型制造业的供给度指标值。这意味着，与高收入经济体相似，中等收入国家制造业升级同样能够增强其对社会及个人服务业的供给能力。

三、制造业产业内升级对服务业的需求驱动和供给支撑作用

在需求驱动层面上，与高收入经济体相比，中等收入国家不同技术密集度的制造业行业对服务业整体及不同层次服务业的依赖度均存在较大差距。就对服务业整体依赖度的平均水平来看（见表6-5），中等收入国家各类制造业行业依赖度的指标值都比高收入国家低10个百分点以上。其中，两者在制造业对知识密集型生产性服务业的依赖度上差距最大，四类不同技术密集型行业分别相差8.952个、5.976个、7.673个、10.118个百分点。除中低技术密集型制造业外，其他制造业对知识密集型生产性服务业的依赖度在高收入经济体和中等收入国家间的差距均贡献了两类国家不同制造业行业对服务业整体依赖度差距的一半以上，尤其是高技术密集型制造业对知识密集型生产性服务业的依赖度差距占到其对服务业整体依赖度差距的80%以上。这主要是由于，与高收入经济体相比，一方面中等收入国家的生产技术水平大多落后，在不同制造业行业的全球价值链中处于微笑曲线的低端生产加工环节，且产业内升级层次较低，导致制造业与服务业的融合发展程度处于较低水平，也即在制造业生产所需的所有中间产品的投入中，服务业投入的比重较小；另一方面中等收入国家对知识密集型生产性服务业的依赖性与高收入经济体的差距更大，这主要是因为在全球价值链中的低端生产环节使中等收入国家难以产生对知识密集型生产性服务业的需求，从而表现出对高层次服务业更弱的需求驱动作用。这在一定程度上意味着产业内升级在需求层面对服务业发展具有规模扩大和层次提升的双重效应。

在供给支撑层面上，与高收入经济体相比，中等收入国家不同技术密集度的制造业行业对服务业整体及不同层次服务业的供给度均存在较大差距。就对服务业整体供给度的平均水平来看（见表6-5），除中低技术密集型制造业外，中等收入国家其他三类制造业对服务业的供给度均比高收入经济体低10个百分点左右。两者同样在制造业对知识密集型生产性服务业上的差距最大，四类不同技术密集度行业分别相差7.04个、2.636个、3.951个、4.547个百分点。其中，低技术和中低技术密集型制造业对知识密集型生产性服务业的供给度在高收入经济体和中等收入国家间的差距贡献了不同收入水平国家两类制造业对服务业整体供给度差距的一半以上。高技术和中高技术密集型制造业对知识密集型生产性服务业的供给度差距也占到了对服务业整体供给度差距接近50%的水平。这主要是因为，相比于高收入经济体，中等收入国家较低的产业内升级水平使得其对服务

业的供给程度较弱，表现出与服务业较低的融合发展程度；另外，中等收入国家对知识密集型生产性服务业表现出与高收入经济体更大的供给度差距，这同样是因为中等收入国家在全球价值链中的低端生产环节导致其制造产品与知识密集型生产性服务业的需求不相匹配，从而对知识密集型生产性服务业表现出更弱的供给支撑作用。这在一定程度上意味着制造业产业内升级在供给层面上对服务业发展具有规模扩大和层次提升的双重效应。

表6－5　中等收入与高收入经济体不同技术密集型制造业对服务业供给度和依赖度的平均水平

指标	经济体	服务业			
		低技术型	中低技术型	中高技术型	高技术型
依赖度	中等收入经济体	30.708	31.826	34.594	40.675
	高收入经济体	47.372	44.458	47.718	53.191
供给度	中等收入经济体	31.073	24.356	24.675	30.622
	高收入经济体	43.428	28.478	33.253	40.055
指标	经济体	知识密集型生产性服务业			
		低技术型	中低技术型	中高技术型	高技术型
依赖度	中等收入经济体	10.065	11.574	14.505	17.002
	高收入经济体	19.017	17.550	22.178	27.120
供给度	中等收入经济体	6.351	4.682	4.809	11.586
	高收入经济体	13.391	7.318	8.760	16.133

资料来源：根据表6－1和表6－3中的数据整理得出。

第四节　本章小结

不同制造业行业对服务业表现出不同程度的依赖性和供给度，奠定了制造业升级影响服务业发展的基础。其中，大多数经济体不同技术密集型制造业对服务业的依赖度表现为高技术和中高技术密集型制造业对服务业的依赖度均大于低技术和中低技术制造业对服务业的依赖度。不同技术密集型制造业对服务业的供给度表现为高技术和中高技术密集型制造业对服务业的供给度均大于中低技术制造业对服务业的供给度。这说明制造业升级的高技术和中高技术密集型制造业的更快发展会产生对服务业更大的需求和供给，从而驱动服务业规模的扩大，即制造业产业间升级对服务业具有规模扩大效应。就中国而言，虽然各类制造业行业对服务业的依赖度和供给度同样表现为高技术密集型制造业对服务业的依赖度和供给度均大于低技术和中低技术制造业对服务业的依赖度和供给度。但是各行业对服务业的依赖度和供给度均低于中等收入国家的平均水平，尤其是技术密集型行业对服务业的依赖度在中等收入国家中最小。这说明中国制造业与服务业的融合发展程度很低，同时也说明在对服务业规模扩大的促进作用方面，中国制造业升级具有很大的提升空间。

不同制造业行业对知识密集型生产性服务业的依赖度在大多数经济体中表现为高技术和中高技术密集型制造业对知识密集型生产性服务业的依赖度大于低技术和中低技术密集型制造业对知识密集型生产性服务业的依赖度。同时，不同制造业行业对知识密集型生产性服务业的供给度表现为高技术密集型制造业对知识密集型生产性服务业的供给度大于低技术和中低技术密集型制造业对知识密集型生产性服务业的供给度。这说明技术含量高的制造业行业的更快发展会产生对知识密集型生产性服务业的更大需求和更高程度的供给，从而促进知识密集型生产性服务业的发展，这有助于提升服务业的发展层次，即制造业产业间升级对服务业发展具有层次提升效应。就中国来看，高技术和中高技术密集型制造业对知识密集型生产性服务业的依赖度大于低技术和中低技术密集型制造业对知识密集型生产性服务业的依赖度。但依赖度指标值在中等收入国家中均排在倒数位置，远小于中等收入国家的平均水平，意味着需求层面中国制造业在对服务业发展层次的促进作用上具有巨大的提升空间。然而，中国各制造业行业对知识密集型生产性服务业的供给程度均大于中等收入国家的平均水平，尤其是高技术密集型制造业最为明显。该行业对知识密集型生产性服务业的供给支撑作用远大于其他三类制造业行业，意味着中国制造业升级在供给层面对服务业具有较为明显的且较大程度的层次提升效应。

与高收入经济体相比，中等收入国家不同技术密集度的制造业对服务业整体及不同层次服务业的依赖度和供给度均存在较大差距，尤其体现在不同制造业行业对知识密集型生产性服务业的依赖度和供给度上。这主要是由于，中等收入国家大多生产技术水平落后，在不同制造业行业的全球价值链中处于微笑曲线的低端生产加工环节，较低的产业内升级水平使制造业与服务业的融合发展程度低，从而中等收入国家制造业对服务业整体和知识密集型生产性服务业的依赖度和供给度均远低于高收入经济体。另外，低端生产环节使中等收入国家难以形成对高端服务业的需求和供给，导致其在对知识密集型生产性服务业的依赖度和供给度上与高收入经济体的差距表现得更为明显。这意味着，制造业产业内升级同产业间升级一样，对服务业也存在着规模扩大和层次提升的双重效应。

第七章　制造业升级的总经济增长效应

第五章和第六章分别采用偏离份额分析模型与投入产出分析法研究了制造业升级对制造业本身生产率的影响以及对服务业整体及不同层次服务业的影响，但两者都只是制造业升级影响经济增长的一个方面，无法反映制造业升级对经济增长的总影响。鉴于此，本章将基于世界75个经济体的数据（其中高收入经济体39个，中低收入国家36个，具体国家和地区的名称见附录E）进行计量模型估计，以考察制造业升级的总经济增长效应。

第一节　模型构建与方法选择

一、模型构建及变量说明

（一）模型构建

通过前文分析，制造业升级具有显著的经济增长效应。就制造业升级而言，表现为产业间升级和产业内升级两种形式，而这两种形式对制造业生产率和其他关联产业的影响不同，进而产生了对经济增长的不同影响。因此，有必要对制造业升级的两种情况进行区分，分别构造制造业产业间升级和产业内升级的衡量指标，并以此来构建制造业升级对经济增长影响的计量回归模型：

$$\ln Y = \gamma_i + \beta_1 \ln Inter + \beta_2 \ln Intra + \mu_{it} \quad (7-1)$$

其中，lnY 表示各国的经济增长情况，lnInter 和 lnIntra 分别表示制造业产业间升级和产业内升级的衡量指标。γ_i表示不随时间变化的地区不可观测效应，代表个体异质性。μ_{it}表示随时间和个体同时变化的随机误差项。

同时，从制造业升级影响经济增长的机制可知，制造业升级一方面能够通过资源再配置和各行业生产率的提升而促进制造业生产率的提高，从而产生直接的经济增长效应；另一方面还能通过产业之间的关联关系对服务业产生推动和提升效应，从而间接促进经济增长。在各国纷纷将服务业作为产业升级目标这一背景下，考察制造业升级通过服务业而促进经济增长这一间接机制具有重要意义。因此考虑在模型中同时引入制造业升级与服务业的交互项。需要注意的是，在引入交互项时，通常构成交互项的各变量都需要包含在模型中，进而模型进一步扩展为：

$$\ln Y = \gamma_i + \beta_1 \ln Inter + \beta_2 \ln Intra + \beta_3 \ln GDPS + \beta_4 \ln Inter \times \ln GDPS + \beta_5 \ln Intra \times \ln GDPS + \mu_{it} \qquad (7-2)$$

其中，lnGDPS 表示服务业的增长情况，lnInter × lnGDPS 和 lnIntra × lnGDPS 分别表示制造业产业间升级和产业内升级与服务业的交互项。

然而，经济增长的影响因素很多，制造业升级只是其中一种，为更好地检验它们之间的关系，需要控制住其他因素的影响。在技术进步外生这一假设下，新古典增长理论认为，劳动和资本是决定经济增长的两种主要因素。内生增长理论将技术进步内生化，提出人力资本和知识积累等对经济的可持续增长具有重要意义。另外，对外开放也是一个多数学者普遍关注的对经济增长产生重要影响的因素，等等。然而，由于数据的可得性问题，增加一个变量在很多时候会减少样本容量。在权衡数据可得性和样本容量之间的关系后，这里只将劳动、资本和对外开放三个因素作为控制变量引入模型：

$$\ln Y = \gamma_i + \beta_1 \ln Inter + \beta_2 \ln Intra + \beta_3 \ln GDPS + \beta_4 \ln Inter \times \ln GDPS + \beta_5 \ln Intra \times \ln GDPS + X + \mu_{it}$$

$$X = \theta_1 \ln K + \theta_2 \ln L + \theta_3 \ln Open \qquad (7-3)$$

进一步讲，为了消除个体效应，同时为缓解上述模型中解释变量之间的多重共线性和变量之间共同的时间趋势，这里借鉴干春晖等（2011）的做法，对式（7-3）进行差分处理，得到差分方程：

$$\Delta \ln Y = \beta_1 \Delta \ln Inter + \beta_2 \Delta \ln Intra + \beta_3 \Delta \ln GDPS + \beta_4 \Delta \ln Inter \times \Delta \ln GDPS + \beta_5 \Delta \ln Intra \times \Delta \ln GDPS + \Delta X + \Delta \mu_{it}$$

$$\Delta X = \theta_1 \Delta \ln K + \theta_2 \Delta \ln L + \theta_3 \Delta \ln Open \tag{7-4}$$

差分方程式（7－4）是本书的基础回归模型。考虑到经济增长具有一定的时间持续性，即上期经济规模的变动对本期会产生一定的影响。因此，将经济规模变动的滞后一期作为解释变量引入模型（7－4）。这样做不仅能增强模型的解释能力，还可以减少因遗漏解释变量造成的模型相关性问题，从而提高模型估计的合理性。另外，虽然模型已经进行了差分处理，但考虑到差分后的被解释变量（经济规模的变动）仍可能存在时间趋势，为谨慎起见，在上述差分模型中加入时间趋势项 t，以剔除经济变动规模随时间而变动的趋势因素，进而设定如下最终回归模型：

$$\Delta \ln Y = \beta_0 L.\Delta \ln Y + \beta_1 \Delta \ln n Inter + \beta_2 \Delta \ln n Intra + \beta_3 \Delta \ln n GDPS + \beta_4 \Delta \ln Inter \times \Delta \ln GDPS + \beta_5 \Delta \ln Intra \times \Delta \ln GDPS + \Delta X + t + \Delta \mu_{it}$$

$$\Delta X = \theta_1 \Delta \ln n K + \theta_2 \Delta \ln n L + \theta_3 \Delta \ln n Open \tag{7-5}$$

（二）变量说明

1. 变量选取

在计量模型（7－5）中，各国的经济增长 Y 以 GDP 和人均 GDP 表示，劳动投入 L 以总就业人数表示。由于数据的限制，估算各国的资本存量存在较大的困难，虽然一些国际机构，如宾夕法尼亚大学的 Penn World Table 提供了一些国家的资本存量数据，但要么是提供少数几个国家的时间序列数据，要么是提供许多国家仅在某一年的数据，而且数据年份较早，无法满足计量分析的需要。考虑到资本存量通常来源于每年的资本形成额，故本书以资本形成额作为各国资本存量 K 的代理变量。对外开放程度 Open 以贸易额在 GDP 中的占比来衡量。服务业增长情况 GDPS 以服务业增加值来表示。

关于产业间升级水平（Inter）的衡量，本章仍然采用第四章分析用到的化学品和机械及运输设备两类技术含量较高的制造业行业增加值的占比作为一国技术密集型制造业规模发展情况的近似替代。这是因为，前文提到，根据世界银行给出的两类行业在 ISIC 3.0 中的覆盖范围，其基本涵盖了 OECD 对 ISIC 3.0 界定的中高技术密集型行业和高技术密集型行业，因此两类行业基本能够反映一国技术密集型行业的发展情况。

关于产业内升级水平（Intra）的衡量，分行业的增加值率在理论上或许是更为合适的指标，但考虑到增加值率要基于各国的投入产出表获得，而 OECD 提供的各国的投入产出表数据在时间上目前只有到 2011 年的数据。另外，OECD 仅提供了60个国家的投入产出表数据，尤其是中等收入国家只有19个，而且没有低收入国家的数据。同时考虑到模型中其他指标数据的可得性，进行统一后样本严重不足，这样会降低实证回归结果的有效性和一般性。另外，前文提到，增加值率这一指标由于受产业部门结构和专业化分工程度的影响较大，因此经济体或行业之间的可比性较差，还可能导致与实际情况相悖（牛凌云、窦丽琛，2000）。而由于数据的可得性，也无法计算出各国各制造业行业的全要素生产率。因此，本章同样考虑以劳动生产率作为替代变量衡量各制造业行业的产业内升级水平（孙理军、严良，2016）。通过第五章的分析发现，2000年以来制造业生产率的提高中结构效应较弱，而内部增长效应占据主导地位。这意味着，制造业劳动生产率的增长绝大部分都是由伴随产业内升级而来的各行业效率的提高所带来的，因此制造业整体的劳动生产率就是一个较好地反映各行业产业内升级水平的综合衡量指标。鉴于此，本章采用制造业整体的劳动生产率来综合衡量各制造业行业的产业内升级水平。而且，以这一指标来衡量不仅回避了各制造业行业数据难以获得的问题，也在很大程度上避免了将制造业各行业的劳动生产率引入模型而增大模型回归复杂度的问题。另外，考虑到多数国家制造业行业劳动生产率连续年份的数据较难获得以及制造业在工业中的主体地位，本章最终以工业劳动生产率代替制造业劳动生产率作为对制造业各类行业产业内升级水平的综合衡量。

2. 变量预期符号

根据经济理论，经济增长往往具有持续性，即上一期的经济增长对本期的影响一般是一个正向的促进作用，这主要是因为本期经济增长是在上一期经济增长的基础上实现的。因此，滞后一期的因变量在符号上预期为正。劳动和资本是索洛经济增长模型中重要的投入要素。从增长理论上来看，投入要素的增加能带来经济规模的增加。即使在存在边际报酬递减的情况下，经济总量的增长仍然与要素投入量的增加正相关。在短期总人口不变的情况下，经济总量的增长也意味着人均经济水平的增长。因此，理论上来讲，不管是以GDP变动量作为被解释变量进行回归，还是以人均GDP变动量作为被解释变量进行回归，劳动和资本的系数符号均应为正。内生经济增长理论认为，人力资本对经济增长具有重要影响，尤其在知识经济时代背景下表现得更为明显。虽然中低收入国家往往人力资本较为缺乏，但同时考虑到大多中低收入经济体产业结构处于较低层次，劳动密集型产业还占据较大比重，廉价劳动力在短期内仍然具有低成本优势，因此简单的劳动投入仍可能会表现出对经济增长的显著促进作用。关于对外开放，一些学者认为，对外开放程度的扩大有助于一国参与国际分工，发挥比较优势，因而对经济增长具有促进作用。然而，也有学者指出，中低收入国家由于长期被锁定在价值链的低端，因此很多时候并不能享受到国际贸易分工带来的好处，因此对外开放可能对中低收入经济体不具有经济增长效应或者经济增长效应为负。服务业由于是国民经济的重要构成部分，其相对规模的扩大必然能够带来 GDP 的增加，预期符号为正。

关于制造业升级的两个指标，从理论上来说，不管是产业间升级还是产业内升级，均表现为制造业从低技术、低附加值的生产状态向高技术、高附加值生产状态的提升过程，尤其是产业内升级表现得更为明显。因此，制造业产业间升级和产业内升级对经济增长的直接影响在纯粹的理论上预期符号应该为正。然而，对中低收入国家来说，一方面，由于技术水平较为落后，长期被锁定在全球价值链的低端生产环节；另一方面，一些中低收入国家往往忽略自身的要素禀赋基础，而盲目地以高收入经济体的产业结构为升级目标，损害了经济可持续发展的基础，从而导致以技术密集型行业相对规模的扩大为特征的产业间升级不一定会产生对经济增长的直接积极影响。对高收入经济体来说，由于技术密集型制造业规模已经很大，从而制造业结构升级的空间较小，可能也无法发挥结构变动对经济增长的直接促进作用。可见，引入对实际情况的考虑后，产业间升级对经济增长产生的直接影响并不确定。但产业内升级则不同，具有从低技术向高技术的明确提升方向，而且不管是高收入经济体还是中低收入国家，都有很大的升级空间，因此产业内升级应具有显著为正的回归系数。这一分析同样适用于后文关于制造业产业间升级和产业内升级对经济增长总影响（偏效应）的分析①。

关于制造业升级与服务业的交互项，从产业融合发展这一角度来看，制造业升级能产生对服务业更大规模和更高层次的需求和供给（如第六章分析的各类制造业行业对服务业的依赖度和供给度），从而促进服务业的规模化和高端化发展。这意味着，制造业升级发挥其经济增长效应在一定程度上需要依靠服务业这一间接传导机制。因此，基于制造业与服务业的融合发展理论，两交互项的预期符号应该为正。不过，由于不同发展水平国家的制造业与服务业融合发展程度不同，而且技术水平的差距使两者的融合效率也存在差异，因而制造业升级通过影响服

① 这主要是因为，从后文的模型回归结果来看，制造业产业间升级和产业内升级对经济增长的总影响在很大程度上取决于二者对经济增长的直接影响。

务业传导促进经济增长的程度可能会有所不同。在通常情况下，高收入经济体由于制造业结构处于较高层次，与服务业融合程度高，融合效率也较高，因而制造业升级能够通过服务业对经济增长产生较为显著的影响。而中低收入国家产业发展水平较低，制造业与服务业融合程度弱，融合效率也处于较低水平。因此制造业升级通过服务业对经济增长的促进作用可能会较弱或者不如高收入经济体显著。

二、估计方法选择

由于被解释变量的滞后一期作为解释变量出现在方程的右边，故本书构造的是典型的动态面板模型。该类模型的最大特征就是存在内生性问题。传统的固定效应模型和随机效应模型是面板数据模型最常用的估计方法，但都无法解决被解释变量滞后一期作为解释变量引入模型而引起的内生性问题，进而导致回归结果的有偏和不一致。尤其对非平衡面板模型而言，如果一些样本由于内生原因（即与扰动项相关）而被丢掉，可能会导致样本的非随机性，使样本不具有代表性，进而导致估计结果出现不一致。差分 GMM 和系统 GMM 通过将各内生变量及其差分变量的滞后期作为工具变量来克服内生性问题，是解决动态面板模型内生性的有效方法。差分 GMM 由 Anderson 和 Hsiao 提出，基本思想是用被解释变量的水平变量作为其差分变量的工具变量进行 2SLS 回归。以一个一般的动态面板模型为例：

$$y_{it}=\alpha+\beta_1 y_{i,t-1}+\beta_2 x_{it}+u_{it},\ i=1,\ 2,\ \cdots,\ N;\ t=2,\ 3,\ \cdots,\ T \tag{7-6}$$

其中，$u_{it}=\mu_i+v_{it}$，$\mu_i\sim IID(0,\ \sigma_\mu^2)$，代表着只随个体变化而不随时间变化的个体异质性，$v_{it}\sim IID(0,\ \sigma_v^2)$ 为同时随个体和时间变化的随机误差项，且 μ_i 与 v_{it} 相互独立。

对上式作一阶差分：

$$\Delta y_{it}=\beta_1\Delta y_{i,t-1}+\beta_2\Delta x_{it}+\Delta u_{it},\ i=1,\ 2,\ \cdots,\ N;\ t=2,\ 3,\ \cdots,\ T \tag{7-7}$$

差分后，由于 $\Delta y_{i,t-1}$ 含有 $y_{i,t-1}$，Δu_{it} 含有 $u_{i,t-1}$，而且 $y_{i,t-1}$ 与 $u_{i,t-1}$ 相关，这就导致 $\Delta y_{i,t-1}$ 必然与 Δu_{it} 相关，即 $\Delta y_{i,t-1}$ 是内生变量。而显然在 $\{u_{it}\}$ 不存在自相关的情况下，$y_{i,t-2}$ 与 Δu_{it} 不相关，因为不确定性因素不会对之前已经发生过的事情产生影响。因此，$y_{i,t-2}$ 是 Δu_{it} 的有效工具变量。相应地，以 $y_{i,t-2}$ 作为工具变量进行回归得到的估计量称为“Anderson - Hsiao 估计量”。依据同样的逻辑，$\{y_{i,t-3},\ y_{i,t-4},\ \cdots\}$ 也是有效的工具变量。因此，更为有效的估计则是使用所有

可能的工具变量进行广义矩估计。同时，如果模型中的其他解释变量x_{it}也包括内生变量，同样可以用其滞后值作为工具变量。这时，令解释变量矩阵为 $X = (y_{i,t-1}, x_i)$，系数矩阵为$\beta = (\beta_1, \beta_2)'$，工具变量矩阵为$Z = (z_y, z_x)'$，随机误差项矩阵为$U = (u_{it})'$，这样模型（7－5）变为：

$$Y = X\beta + U \tag{7-8}$$

目标函数：

$$\min\left(\frac{1}{n}(Y - X\beta)Z\right)'\varphi^{-1}\left(\frac{1}{n}(Y - X\beta)Z\right)$$

$$\varphi = E\left(\frac{1}{n}UZ \cdot UZ'\right) = \frac{\sigma^2}{n}ZZ' \tag{7-9}$$

代入目标函数，求一阶条件：

$$(X'Z)(Z'Z)^{-1}(Z'(Y - X\beta_{GMM})) = 0 \tag{7-10}$$

于是：

$$\beta_{GMM} = (X'MX)^{-1}(X'MY),\ M = Z(Z'Z)^{-1}Z' \tag{7-11}$$

β_{GMM}就是使用所有可能的工具变量得到的估计量，是由 Arellano 和 Bond（1991）提出的，故称为“Arellano－Bond 估计量”，通常情况也被称为“差分 GMM 估计量”。差分 GMM 能够有效解决动态面板模型中存在的内生性问题。但该方法仍然存在两方面的不足：一是差分 GMM 在回归过程中将不随时间变化的个体异质性变量消掉了，因而无法估计个体异质性变量的系数，回归结果直接表现为缺少截距项；二是当被解释变量序列具有很强的持续性时，可能出现工具变量与差分变量相关性较弱的现象，引起弱工具变量问题，进而导致估计结果不准确。为解决这两个问题，Arellano 和 Bover 在 1995 年提出水平 GMM，回到差分之前的水平方程，并使用被解释变量的差分变量$\{\Delta y_{i,t-1}, \Delta y_{i,t-2}, \cdots\}$作为其水平变量$y_{i,t-1}$的工具变量。使用水平 GMM 方法必须满足两个条件：一是扰动项$\{u_{it}\}$不存在自相关，二是差分变量$\{\Delta y_{i,t-1}, \Delta y_{i,t-2}, \cdots\}$与个体效应$\mu_i$不相关。

在上述研究的基础上，Blundell 和 Bond（1998）提出系统的 GMM，将差分方程与水平方程作为一个系统进行估计，一方面使用被解释变量的水平变量作为其差分变量的工具变量，另一方面使用被解释变量的差分变量作为其水平变量的工具变量，能更充分地利用所有可能的工具变量信息。因此，与差分 GMM 相比，系统 GMM 具有更大的优势，不仅可以估计个体异质变量的系数，更重要的是能够提高估计效率。鉴于此，本书选择系统 GMM 作为核心估计方法对模型进行估计。不过，系统 GMM 同水平 GMM 一样，需要满足两个条件：一是扰动项 $\{u_{it}\}$ 不存在自相关，二是差分变量 $\{\Delta y_{i,t-1}, \Delta y_{i,t-2}, \cdots\}$ 与个体效应 μ_i 不相关。

系统 GMM 属于广义矩估计的范畴，其估计过程中使用的工具变量个数大于内生解释变量的个数。因此，确定工具变量是否过度识别是系统 GMM 的必经步骤，通常有 Hansen 检验和 Sargan 检验两种方法。本书选择使用 Hansen 检验对工具变量的有效性进行检验，并以 0.05 为临界值。当检验统计量的 P 值大于 0.05 时，可接受所有工具变量均有效的原假设。否则，拒绝原假设。另外，系统 GMM 还要求扰动项不存在自相关，相应地，就需要回归过程中模型的自回归检验（AR）不存在二阶序列相关。同样规定当检验的 AR（2）统计量的 P 值大于 0.05 时，可拒绝存在自相关的原假设。只有当 Hansen 检验和 AR（2）检验均通过时，对动态面板模型进行估计得到的结果才合理有效。

另外，需要说明的是，除被解释变量的一阶滞后外，模型中还包括了制造业升级指标及其与服务业的交互项四个核心解释变量，以及服务业增加值、劳动、资本、对外开放等控制变量。而这些变量大多都与一国的经济增长具有密切关系。因此，模型中除要解决被解释变量一阶滞后项的内生性外，还需要解决包括核心解释变量和控制变量等在内的其他解释变量的内生性问题。本书在进行动态面板回归时，借鉴 Baum 等（2003）以及干春晖等（2011）的做法，将所有解释变量均作为内生变量处理。在 DIFF - GMM 估计时，采用各解释变量的相应滞后项作为工具变量。在 SYS - GMM 估计时，对差分方程采用各解释变量的相应滞后项作为工具变量，对水平方程采用默认的各解释变量的一阶差分值作为工具变量。关于差分方程中工具变量滞后阶数的选择详见具体回归结果下方的注释。

第二节　数据来源及相关检验

一、数据来源

为尽可能利用更多的样本数据信息，以得到更具有一般性和稳健性的估计结果，同时为保证数据口径的统一性，模型中涉及的指标数据均来源于世界银行的世界发展指数数据库。如各国的 GDP、人均 GDP、技术密集型行业占比（Inter）、工业劳动生产率（Intra）、服务业增加值（GDPS）、总就业人数（L）、资本形成额（K）、对外开放（Open）等指标的原始数据均直接来自于该数据库或由该数据库中的数据计算得到。其中，总就业人数是根据各国的劳动力及失业率数据计算得到的。各指标中涉及的价值量数据，如 GDP、人均 GDP、工业劳动生产率、服务业增加值、资本形成额等均为 2010 年不变价美元数据。各变量的描述性统计特征如表 7－1 所示。

表 7－1　变量的描述性统计①

变量	观察值个数	均值	标准差	最大值	最小值
ΔlnGDP	759	0.0337	0.0412	0.2964	－0.1603
ΔlnPGDP	759	0.0258	0.0399	0.2854	－0.1574
ΔlnInter	759	0.0121	0.1029	0.2616	－0.2145
ΔlnIntra	759	0.0233	0.0548	0.1390	－0.0834
ΔlnGDPS	759	0.0389	0.0490	0.4461	－0.3652
C1	759	0.0007	0.0169	0.1760	－0.1599
C2	759	0.0007	0.0103	0.1071	－0.1407
ΔlnL	759	0.0116	0.0302	0.2438	－0.1476
ΔlnK	759	0.0367	0.1360	0.6294	－0.7817
ΔlnOpen	759	0.0147	0.0796	0.3733	－0.3420

注：C1 = ΔlnInter × ΔlnGDPS，C2 = ΔlnIntra × ΔlnGDPS。

二、相关检验

（一）面板单位根检验

面板数据包含时间序列，涉及的一个重要问题就是要保证数据的平稳性，否则，将难以达到计量回归的经典假设要求，会导致出现伪回归现象。正如李子奈、潘文卿（2000）指出的，当两时间序列表现出一致的变化趋势时，即使两者没有任何经济关系，模型估计也可能获得较高的可决系数。因此，首先需要对面

① 由于本章的基础回归模型为差分模型，故这里列出的是各变量差分变量的描述性统计特征。

板数据进行序列平稳性检验。由于本章的实证研究涉及国家较多，某些国家在某些年份的指标存在缺失情况，导致同一年份研究的个体数并不一致，因此本书的面板模型是一个典型的非平衡面板。而在常用的面板单位根检验中，适合非平衡面板数据平稳性检验的方法较少，只有 IPS 检验和 Fisher 检验两种方法。但是，IPS 检验受时间序列长短及要求时间序列连续的严格限制。由于本书的研究对象中有些国家时间序列太短或者有时间间隔而导致整体无法进行 IPS 检验。鉴于此，本节仅采用 Fisher 单位根检验方法对数据的平稳性进行检验。Fisher 单位根检验又根据获得 p 值所采用的检验方法的不同分为 Fisher – ADF 检验和 Fisher – PP 检验，前者表示根据 ADF 检验获得 p 值，后者表示根据 PP 检验获得 p 值。这里同时采用这两种方法对各变量的平稳性进行检验。同时，在检验时加入“de-mean”命令以缓解可能存在的截面相关。另外，两种检验方法都存在四种检验统计量，本书采用学术界公认的 P 统计量和 Pm 统计量对各变量的平稳性进行判断。

在检验过程中，按照 Dicky 和 Fuller 给出的检验单位根的三个模型，即同时包含截距项和时间趋势项、只包含截距项以及不包含截距项和时间趋势项的顺序依次展开。结果发现，所有变量的差分变量均在第一个模型中（同时包含截距项和时间趋势项）拒绝存在单位根的原假设（检验结果见表 7 – 2），故认为所有变量的差分变量均为平稳变量。

表 7 – 2　各变量的 Fisher – ADF 和 Fisher – PP 检验结果①

变量	Fisher – ADF 检验				Fisher – PP 检验			
	P 统计量	p 值	Pm 统计量	p 值	P 统计量	p 值	Pm 统计量	p 值
ΔlnCDP	235. 74	0. 0000	8. 6916	0. 0000	342. 33	0. 0000	12. 299	0. 0000
ΔlnPGDP	249. 18	0. 0000	9. 6064	0. 0000	368. 34	0. 0000	13. 865	0. 0000
ΔlnInter	282. 45	0. 0000	11. 870	0. 0000	913. 86	0. 0000	46. 701	0. 0000
ΔlnIntra	292. 69	0. 0000	12. 567	0. 0000	814. 66	0. 0000	40. 730	0. 0000
ΔlnGDPS	261. 88	0. 0000	10. 471	0. 0000	578. 65	0. 0000	26. 524	0. 0000
C1	314. 42	0. 0000	14. 045	0. 0000	761. 80	0. 0000	37. 549	0. 0000
C2	274. 22	0. 0000	11. 310	0. 0000	984. 92	0. 0000	50. 978	0. 0000

① 由于本章的基础回归模型为差分模型，因此对各解释变量的差分变量进行单位根检验。

续表

变量	Fisher - ADF 检验				Fisher - PP 检验			
	P 统计量	p 值	Pm 统计量	p 值	P 统计量	p 值	Pm 统计量	p 值
ΔlnL	297.46	0.0000	12.891	0.0000	619.01	0.0000	28.953	0.0000
ΔlnK	274.71	0.0000	11.343	0.0000	803.55	0.0000	40.062	0.0000
ΔlnOpen	300.75	0.0000	13.115	0.0000	752.32	0.0000	36.978	0.0000

注：C1 = ΔlnInter × ΔlnGDPS，C2 = ΔlnIntra × ΔlnGDPS。

虽然两种单位根检验方法对数据的平稳性检验并不具有足够强的说服力，但由于面板数据包含多个截面和时期，其平稳性检验本身就不作强制性要求。同时考虑到本书的面板数据在时间维度上最大的只有 15 年，而且许多国家由于数据缺失还远不足 15 年，使得各截面数据的平均年份仅为 10 年左右，而本书研究的截面包括 70 多个国家，具有明显的“大 N 小 T”特征。因此，平稳性对本书的实证回归并不是一个严重问题。综合以上考虑，模型出现伪回归的可能性较小，实证分析得到的结论具有较大的可信度。

（二）多重共线性检验

如果解释变量之间存在完全多重共线性，则总体参数将不可识别，且无法对模型进行估计。通常的研究中较少存在完全的多重共线性现象，较常见的是近似的多重共线性，即将第 k 个解释变量对其他解释变量进行回归会得到较高的可决系数 R^2。虽然 OLS 估计量在近似共线性下仍然是最佳的线性无偏估计量，但会导致难以区分每个变量的单独影响，使变量的显著性检验失去意义以及回归模型缺乏稳定性等问题。因此，为得到更为稳健、准确的回归结果，有必要对模型中解释变量是否存在严重的多重共线性进行判断。

本书借鉴陈超（2016）和 Krammer（2010）采用相关系数来判断模型中解释变量之间是否存在多重共线性的方法，并借鉴二者判断多重共线性严重程度的标准对各解释变量两两之间的共线程度进行判断，即如果变量两两之间的相关系数大于等于 0.85，则认为模型存在严重的多重共线性；而如果变量两两之间的相关系数小于 0.85，则认为多重共线性的存在对估计结果不会产生严重影响。表 7－3 中各解释变量的相关系数矩阵表明，所有解释变量两两之间的相关系数均远小于 0.85，故认为模型中不存在特别严重的多重共线性问题，现有的共线性不会影响核心解释变量估计结果的准确性。

表 7-3 各解释变量的相关系数矩阵

变量	ΔlnInter	ΔlnIntra	ΔlnGDPS	C1	C2	ΔlnL	ΔlnK	ΔlnOpen
ΔlnInter	1							
ΔlnIntra	0.0905*	1						
ΔlnGDPS	-0.0070	0.0092	1					
C1	0.5200*	0.0028	-0.0484	1				
C2	0.0261	0.4304*	-0.0431	-0.0587	1			
ΔlnL	-0.0549	-0.1936*	0.3934*	-0.0355	-0.0926*	1		
ΔlnK	0.0543	0.2253*	0.4857*	0.0724*	-0.0094	0.3547*	1	
ΔlnOpen	0.0654	0.1996*	0.1217*	0.0924*	-0.0609	0.0432	0.3494*	1

注：①*表示在5%的水平下显著相关；②C1 = ΔlnInter × ΔlnGDPS，C2 = ΔlnIntra × ΔlnGDPS。

第三节 模型估计及结果分析

鉴于不同发展水平国家的制造业升级可能对经济增长产生的影响不同，本节将所研究的国家按照世界银行的标准分为高收入经济体和中低收入国家。采用 Stata 13 中的 Xtabond2 命令，对所有经济体、高收入经济体和中低收入国家三个层次分别进行回归，通过比较和分析以更准确地把握制造业升级的经济增长效应。同时，对每一个层次都分别将 GDP 增长和人均 GDP 增长对制造业升级的指标及其与服务业的交互项进行回归，以使两个模型的回归结果相互印证，从而得到较为稳健的结论。表 7-4 ~ 表 7-9 是本章所有的实证回归结果。其中，每张表格中的 SYS-GMM 是核心模型。为进行比较，同时还列出了混合 OLS 回归、固定效应回归、随机效应回归以及差分 GMM 的估计结果。

一、全部经济体制造业升级的总经济增长效应

（一）基于 GDP 变动的回归分析

表 7-4 为全部经济体层面制造业升级对 GDP 变动影响的实证回归结果。虽然不同的解释变量在不同的模型中回归结果及显著性略有差异，但四个核心解释

变量的显著性和系数符号均相同，只存在显著程度和系数大小的差异，因此模型回归结果具有一定的稳健性。从 SYS - GMM 的回归结果来看，首先，模型估计通过了系统 GMM 有效性的两个关键性检验。其中，AR（2）检验的 p 值为 0.315，则说明残差项不存在序列相关性。Hansen 检验统计量的 p 值为 0.402，也大于设定的 0.05 的临界值，故接受所有工具变量均有效的原假设。就各控制变量的回归系数来看，滞后一期的被解释变量显著为正，且回归系数小于 1，符合实际情况，因此有利于提高模型整体的解释能力。劳动、资本及对外开放三个控制变量对 GDP 增长也都表现出显著的正向促进作用，这与理论和实际情况都较符合。服务业作为国民经济的重要构成部分，对经济增长的回归系数显著为正，同样符合实践和理论预期。时间趋势项 t 在动态面板模型中不显著，而在混合 OLS、固定效应模型和随机效应模型中均显著，这可能是由于被解释变量的滞后项包含了时间趋势因素，从而使在被解释变量滞后一期引入模型后的动态面板中变得不显著，也能够得到合理的解释。考虑到时间趋势项 t 仅是为了消除被解释变量可能存在的时间趋势，后文对各模型的结果分析不再对其做出解释。

表 7 - 4　全部经济体制造业升级对 GDP 变动影响的模型估计结果

自变量	混合 OLS	FE	RE	DIFF - GMM	SYS - GMM
L. ΔlnGDP	—	—	—	0.0872 ** (2.28)	0.1210 *** (2.93)
ΔlnInter	-0.0209 ** (-2.19)	-0.0196 ** (-2.51)	-0.0200 ** (-2.39)	-0.0228 * (-1.68)	-0.0196 * (-1.65)
ΔlnIntra	0.2097 *** (5.68)	0.1822 *** (5.53)	0.1943 *** (5.67)	0.1657 *** (4.47)	0.1873 *** (5.04)
ΔlnGDPS	0.4259 *** (7.10)	0.3515 *** (5.42)	0.3888 *** (6.10)	0.3178 *** (4.57)	0.3449 *** (5.35)
C1	0.1775 *** (3.23)	0.1690 *** (4.25)	0.1730 *** (3.80)	0.1661 * (1.92)	0.1778 *** (3.04)
C2	0.4278 *** (3.26)	0.5103 *** (3.93)	0.4422 *** (3.57)	0.3857 * (1.92)	0.2812 * (1.79)
ΔlnL	0.3813 *** (6.04)	0.4189 *** (5.84)	0.3945 *** (5.89)	0.3201 *** (4.54)	0.3590 *** (5.69)

续表

自变量	混合 OLS	FE	RE	DIFF - GMM	SYS - GMM
ΔlnK	0.0712*** (4.88)	0.0697*** (4.43)	0.0702*** (4.58)	0.0878*** (5.57)	0.0811*** (4.34)
ΔlnOpen	0.0049 (0.41)	0.0145 (1.36)	0.0090 (0.82)	0.0205 (1.49)	0.0276*** (2.80)
t	-0.0004** (-2.22)	-0.0005** (-2.39)	-0.0005** (-2.52)	-0.0001 (-0.07)	0.0006 (0.98)
常数项	0.0084*** (2.67)	0.0118*** (3.44)	0.0105*** (2.97)	—	-0.0017 (-0.26)
R^2	0.7844	0.7364	0.7348	—	—
F/Wald (p)	169.31 (0.0000)	106.27 (0.0000)	1270.36 (0.0000)	560.30 (0.0000)	821.48 (0.0000)
AR（2）检验	—	—	—	0.250	0.315
Hansen 检验	—	—	—	0.155	0.402
观察值	759	759	759	603	678
ΔlnInter 的偏效应	—	—	—	—	-0.0127
ΔlnIntra 的偏效应	—	—	—	—	0.1982

注：①*、**、***分别表示在10%、5%、1%的水平下显著相关，括号内的数值为对应估计值的t统计量，下同；②C1 = ΔlnInter × ΔlnGDPS，C2 = ΔlnIntra × ΔlnGDPS，下同；③混合 OLS、FE 和 RE 均采用聚类稳健标准误进行估计，DIFF - GMM 和 SYS - GMM 均采用两步稳健标准误进行估计[①]，下同；④DIFF - GMM 和 SYS - GMM 的差分方程均采用被解释变量的二阶和三阶滞后及各解释变量的一阶至三阶滞后作为工具变量，SYS - GMM 的水平方程采用各解释变量的一阶差分作为工具变量，同时在估计中加入 Collapse 选项对工具变量进行控制，以避免工具变量过多导致的估计偏差。

就四个核心解释变量对经济增长的估计系数及显著性来看，以技术密集型制造业占比衡量的产业间升级（ΔlnInter）的估计系数显著为负，而以工业劳动生产率衡量的产业内升级（ΔlnIntra）的估计系数显著为正。这意味着制造业产业

① 虽然两步估计是更为渐进高效的方法，但使用两步法得到的系数标准误具有严重偏小的倾向（Arellano 和 Bond，1991；Blundell 和 Bond，1998）。Xtabond2 命令提供了一个对有限样本的两步法协方差矩阵进行校正的方法，该方法由 Windmeijer 在 2005 年提出，可以使稳健的两步法估计结果比一步法更有效，对 SYS - GMM 尤其如此（Roodman，2009）。因此，这里使用稳健标准误对其进行校正。

间升级对经济增长具有直接的抑制作用，而产业内升级对经济增长具有直接促进作用，而且在系数绝对值的大小上后者远大于前者。该结果在一定程度上印证了第五章偏离份额分析中得到的结构效应对制造业生产率的提升效应较弱，而内部增长效应对制造业生产率贡献很大这一结论。制造业产业间升级和产业内升级与服务业交互项（C1、C2）的估计系数也都显著为正。这说明，两种升级方式均可通过服务业传导促进经济增长，与前文第六章分析得到的结论也较为吻合。

然而，上述四个核心解释变量的系数无法说明制造业产业间升级和产业内升级对经济增长的总影响。因此，这里通过计算产业间升级和产业内升级对经济增长的偏效应来进一步考察制造业两种升级方式对经济增长的总影响。根据本章模型（7－5）得到：

$$\frac{\partial \Delta \mathrm{lnY}}{\partial \Delta \mathrm{lnInter}} = \beta_1 + \beta_4 \Delta \mathrm{lnGDPS} \qquad (7-12)$$

$$\frac{\partial \Delta \mathrm{lnY}}{\partial \Delta \mathrm{lnIntra}} = \beta_2 + \beta_5 \Delta \mathrm{lnGDPS} \qquad (7-13)$$

根据式（7－12）和式（7－13）计算可得产业间升级和产业内升级对经济增长的偏效应[①]。其中，产业间升级对经济增长的偏效应为－0.0127，而产业内升级对经济增长的偏效应为0.1982，前者在绝对值上远小于后者。这说明就世界整体层面来看，制造业产业间升级对经济增长表现出显著的抑制作用，而产业内升级对经济增长表现出显著的促进作用，而且后者对经济增长的促进程度远大于前者的抑制程度。鉴于不同收入水平国家的制造业升级可能对经济增长产生的影响不同，这里不对世界整体层面的结果作进一步的解释，而选择对不同收入水平经济体进行回归后再作具体分析，以使结论更具有针对性和政策借鉴性。

（二）基于人均 GDP 变动的回归分析

表7－5为全部经济体层面制造业升级对人均 GDP 变动影响的实证回归结果。不同的解释变量在不同模型中的估计结果存在微小的差异，四个核心解释变量除了产业间升级（ΔlnInter）这一变量估计系数的显著性不同外，其他三个变量基本保持了较好的一致性，说明模型回归结果仍然具有一定的稳健性。从 SYS－GMM 的回归结果来看，二阶序列相关性检验和工具变量有效性检验统计量的 p 值均在5%以上，故接受残差项不存在序列相关和工具变量有效的两个原假

① ΔlnGDPS 采用所有样本服务业增加值对数的差分变量的均值，因此是平均水平上的偏效应。

设，则说明模型估计结果是合理有效的。就各解释变量的估计系数来看，滞后被解释变量、劳动、资本、对外开放以及服务业增加值的估计系数均显著为正，符合理论和实际情况。就制造业升级指标及其与服务业交互项的回归系数来看，除了产业间升级的系数仍然为负但不显著外，其他三个变量同上述以 ΔlnGDP 为被解释变量的回归结果一样，估计系数显著为正。这意味着，制造业产业间升级和产业内升级都可以通过服务业的传导显著促进人均水平的经济增长。同时，制造业产业内升级对人均 GDP 增长具有显著且稳健的直接促进作用，但产业间升级对人均 GDP 增长的直接影响不显著。

表 7－5　全部经济体制造业升级对人均 GDP 变动影响的模型估计结果

自变量	混合 OLS	FE	RE	DIFF－GMM	SYS－GMM
L. ΔlnPGDP	—	—	—	0. 1447*** (3. 77)	0. 1776*** (2. 70)
ΔlnInter	－0. 0337** (－2. 58)	－0. 0247*** (－2. 84)	－0. 0277*** (－2. 80)	－0. 0269* (－1. 93)	－0. 0596 (－1. 43)
ΔlnIntra	0. 1958*** (5. 02)	0. 1834*** (5. 66)	0. 1811*** (5. 48)	0. 2142*** (5. 66)	0. 2466*** (3. 87)
ΔlnGDPS	0. 3847*** (6. 09)	0. 3444*** (5. 44)	0. 3514*** (5. 43)	0. 3306*** (5. 76)	0. 2059*** (3. 92)
C1	0. 1941*** (3. 05)	0. 2003*** (3. 65)	0. 1924*** (3. 56)	0. 1642** (1. 98)	0. 2343* (1. 73)
C2	0. 5801** (2. 54)	0. 6136*** (3. 40)	0. 5618*** (2. 92)	0. 4681** (2. 09)	0. 5417** (2. 36)
ΔlnL	0. 0143 (0. 12)	0. 2962*** (3. 83)	0. 1838* (1. 90)	0. 2989*** (3. 62)	0. 2436** (2. 26)
ΔlnK	0. 0902*** (4. 82)	0. 0731*** (4. 63)	0. 0793*** (4. 71)	0. 0858*** (5. 13)	0. 0990*** (4. 10)
ΔlnOpen	0. 0238 (1. 66)	0. 0245** (2. 05)	0. 0236* (1. 85)	0. 0241 (1. 50)	0. 0651*** (2. 72)
t	－0. 0008*** (－3. 07)	－0. 0005** (－2. 45)	－0. 0007*** (－3. 22)	0. 0007 (1. 10)	0. 0000 (0. 01)

续表

自变量	混合 OLS	FE	RE	DIFF - GMM	SYS - GMM
常数项	0.0087** (2.15)	0.0057 (1.65)	0.0073* (1.94)	—	-0.0002 (-0.05)
R^2	0.6753	0.7025	0.6974	—	—
F/Wald (p)	97.51 (0.0000)	92.24 (0.0000)	832.97 (0.0000)	545.68 (0.0000)	629.29 (0.0000)
AR（2）检验	—	—	—	0.450	0.892
Hansen 检验	—	—	—	0.215	0.998
观察值	759	759	759	603	678
ΔlnInter 的偏效应	—	—	—	—	0.0091
ΔlnIntra 的偏效应	—	—	—	—	0.2677

注：DIFF - GMM 采用被解释变量的二阶和三阶滞后及各解释变量的一阶至四阶滞后作为工具变量，SYS - GMM 的差分方程采用被解释变量的二阶和三阶滞后及各解释变量的所有滞后作为工具变量，SYS - GMM 的水平方程采用各解释变量的一阶差分作为工具变量，同时加入 Collapse 选项以避免工具变量过多导致的估计偏差。

从制造业升级对人均 GDP 增长的总影响来看，产业间升级和产业内升级的偏效应分别为 0.0091、0.2677，前者远小于后者。同上述以 ΔlnGDP 为被解释变量的回归结果相比，制造业产业间升级对经济增长的偏效应由负变为正，这主要是由于产业间升级对经济增长的直接影响由显著变为不显著导致的。而产业内升级对经济增长的偏效应始终为正。综合以 ΔlnGDP 为被解释变量和以 ΔlnPGDP 为被解释变量的回归结果，得到的结论是，产业间升级对经济增长的总影响并不稳健，而产业内升级对经济增长具有显著且稳健的促进作用①。进一步地，由于产业间升级偏效应的不稳健性主要源自其对经济增长直接影响的不稳健性，因此，若将不稳健的直接影响除去，产业间升级对经济增长的总影响具有微弱的促进作用。

① 由于第四章相关性分析是采用各变量的水平量（或者取对数）进行的，而这里的回归是基于各变量取对数后的差分变量进行的，因此回归结果并不与前文得到的制造业升级与经济增长的正相关关系相矛盾。

二、高收入经济体制造业升级的总经济增长效应

（一）基于 GDP 变动的回归分析

表 7－6 是高收入经济体层面制造业升级对 GDP 变动影响的实证回归结果。同所有经济体的回归结果相似，不同解释变量在不同模型中的估计结果也存在略微的差异，但四个核心解释变量的估计结果仍然保持高度一致，其显著程度也高于所有经济体的估计水平。从 SYS－GMM 的回归结果来看，二阶序列相关性检验和工具变量有效性检验统计量的 P 值均大于 0.05。其中，AR（2）为 0.913，Hansen 检验为 0.299，说明 SYS－GMM 的估计结果是一致的和有效的。从各控制变量的显著性和回归系数来看，因变量的滞后一期、服务业增加值、资本和对外开放程度的估计系数均显著为正，与理论预期和实际情况相符合。劳动投入的回归系数虽不显著，但系数符号为正，也符合实际情况。

表 7－6　高收入经济体制造业升级对 GDP 变动影响的模型估计结果

自变量	混合 OLS	FE	RE	DIFF－GMM	SYS－GMM
L. ΔlnGDP	—	—	—	0.1126** (2.00)	0.1257** (2.07)
ΔlnInter	−0.0256** (−2.26)	−0.0263** (−2.63)	−0.0257** (−2.31)	−0.0361** (−2.55)	−0.0377*** (−2.71)
ΔlnIntra	0.1161*** (5.19)	0.1123*** (4.94)	0.1150*** (5.11)	0.1446*** (4.14)	0.1217*** (3.27)
ΔlnGDPS	0.4898*** (7.00)	0.4445*** (6.12)	0.4815*** (6.80)	0.5355*** (4.17)	0.4533*** (3.63)
C1	0.5260*** (7.40)	0.4919*** (7.22)	0.5196*** (7.37)	0.4898*** (5.68)	0.4617*** (6.47)
C2	1.4138*** (3.30)	1.0690** (2.21)	1.3676*** (3.17)	1.3173* (1.73)	1.4916*** (2.77)
ΔlnL	0.1253** (2.05)	0.1841** (2.64)	0.1324** (2.15)	0.0930 (0.75)	0.0476 (0.41)
ΔlnK	0.0390*** (3.80)	0.0381*** (4.73)	0.0391*** (3.87)	0.0287*** (3.05)	0.0363** (2.38)

续表

自变量	混合 OLS	FE	RE	DIFF - GMM	SYS - GMM
ΔlnOpen	0.0277*** (2.99)	0.0280** (2.64)	0.0278*** (2.95)	0.04839*** (3.88)	0.0595*** (4.19)
t	-0.0006*** (-2.92)	-0.0006*** (-3.03)	-0.0006*** (-3.00)	0.0006 (0.61)	-0.0000 (-0.10)
常数项	0.0095*** (3.53)	0.0103*** (3.84)	0.0098*** (3.61)	—	0.0030 (0.37)
R^2	0.8374	0.8195	0.8154	—	—
F/Wald (p)	126.34 (0.0000)	100.23 (0.0000)	1121.12 (0.0000)	567.65 (0.0000)	1135.65 (0.0000)
AR（2）检验	—	—	—	0.747	0.913
Hansen 检验	—	—	—	0.427	0.299
观察值	466	466	466	382	423
ΔlnInter 的偏效应	—	—	—	—	-0.0252
ΔlnIntra 的偏效应	—	—	—	—	0.1622

注：DIFF - GMM 和 SYS - GMM 的差分方程均采用被解释变量的二阶和三阶滞后及各解释变量的一阶和二阶滞后作为工具变量，SYS - GMM 的水平方程采用各解释变量的一阶差分作为工具变量，同时加入 Collapse 选项以避免工具变量过多导致的估计偏差。

就制造业升级指标及其与服务业交互项的回归系数来看，同所有经济体的回归结果相似，制造业产业间升级（ΔlnInter）的估计系数显著为负，而其他三个变量（ΔlnInter、C1、C2）的估计系数显著为正。这说明，以 GDP 的变动为被解释变量，高收入经济体制造业产业间升级对 GDP 增长的直接影响为负，产业内升级对 GDP 增长的直接影响为正。不过，两种升级方式均能通过服务业传导而促进经济增长。进一步地，从制造业两种升级方式对经济增长的总影响来看，产业间升级和产业内升级的偏效应分别为 -0.0252、0.1622，后者在绝对值上仍然远大于前者。这说明，高收入经济体制造业产业间升级对经济增长的总影响显著为负，而产业内升级对经济增长的总影响显著为正，而且后者的促进程度远大于前者的抑制程度。

（二）基于人均 GDP 变动的回归分析

表 7 - 7 是高收入经济体层面制造业升级对人均 GDP 变动影响的实证回归结

果。四个核心解释变量的回归系数及其显著程度在不同的模型中呈现出高度的一致性，其显著程度同样高于世界整体水平。SYS－GMM 估计同时通过了序列相关性检验和工具变量的有效性检验，保证了估计结果的一致性和有效性。就各解释变量的回归结果来看，滞后因变量、服务业增加值、资本、劳动以及对外开放程度等控制变量的回归系数均符合理论预期和实际情况。

表 7－7　高收入经济体制造业升级对人均 GDP 变动影响的模型估计结果

自变量	混合 OLS	FE	RE	DIFF－GMM	SYS－GMM
L. ΔlnPGDP	—	—	—	0.0749* (1.85)	0.0761* (1.72)
ΔlnInter	－0.0212 (－1.35)	－0.0177 (－1.66)	－0.0211 (－1.53)	－0.0045 (－0.42)	－0.0136 (－0.88)
ΔlnIntra	0.1282*** (4.16)	0.1560*** (6.23)	0.1348*** (4.88)	0.1576*** (5.36)	0.1245*** (3.25)
ΔlnGDPS	0.5883*** (7.19)	0.6137*** (10.14)	0.5861*** (7.40)	0.6771*** (6.36)	0.6025*** (5.88)
C1	0.3786*** (7.89)	0.4145*** (5.95)	0.3825*** (7.52)	0.3067*** (3.23)	0.4623*** (5.98)
C2	2.3142*** (3.91)	1.7133*** (2.72)	2.0516*** (3.60)	2.1059*** (3.03)	2.1484*** (4.25)
ΔlnL	－0.0847 (－0.93)	0.1874** (2.47)	0.0268 (0.30)	0.1503** (2.47)	0.0650 (0.66)
ΔlnK	0.07512*** (3.55)	0.0519*** (4.72)	0.0673*** (3.88)	0.0642*** (4.61)	0.0647*** (3.09)
ΔlnOpen	0.0546*** (4.81)	0.0451*** (4.40)	0.0499*** (4.59)	0.0432*** (3.16)	0.0474** (2.50)
t	－0.0007** (－2.22)	－0.0002 (－1.21)	－0.0005** (－2.02)	0.0004 (0.94)	－0.0002 (－0.27)
常数项	0.0013 (0.33)	－0.0060** (－2.46)	－0.0012 (－0.39)	—	－0.0057 (－0.70)
R^2	0.7836	0.8457	0.8322	—	—
F/Wald (p)	207.45 (0.0000)	227.27 (0.0000)	2249.24 (0.0000)	892.56 (0.0000)	828.28 (0.0000)

续表

自变量	混合 OLS	FE	RE	DIFF - GMM	SYS - GMM
AR（2）检验	—	—	—	0.742	0.644
Hansen 检验	—	—	—	0.507	0.135
观察值	466	466	466	382	423
ΔlnInter 的偏效应	—	—	—	—	0.0125
ΔlnIntra 的偏效应	—	—	—	—	0.1828

注：DIFF - GMM 采用被解释变量的二阶和三阶滞后及各解释变量的一阶至三阶滞后作为工具变量，SYS - GMM 的差分方程采用被解释变量的二阶和三阶滞后及各解释变量的一阶和二阶滞后作为工具变量，SYS - GMM 的水平方程采用各解释变量的一阶差分作为工具变量，同时加入 Collapse 选项以避免工具变量过多导致的估计偏差。

就制造业升级指标及其与服务业交互项的回归系数来看，高收入经济体表现出与世界整体层面较为相似的结果，即制造业产业间升级对经济增长的直接影响为负，但并不显著，而产业内升级对经济增长的直接影响显著为正。同时，两种产业升级方式与服务业交互项的回归系数均显著为正。从制造业升级对人均水平经济增长的总影响来看，产业间升级和产业内升级的偏效应分别为 0.0125、0.1828，前者在数值大小上同样远小于后者。同上述以 ΔlnGDP 为被解释变量的回归结果相比，制造业产业间升级对经济增长的偏效应由负变为正，这主要是由于产业间升级对经济增长的直接影响由显著变为不显著导致的。而产业内升级对经济增长的偏效应始终为正。进一步地，若将不稳健的直接影响除去，高收入经济体产业间升级对经济增长的总影响同样表现出微弱的促进作用。

三、中低收入经济体制造业升级的总经济增长效应

（一）基于 GDP 变动的回归分析

表 7 - 8 是中低收入国家层面制造业升级对 GDP 变动影响的实证回归结果。在核心解释变量中，制造业产业间升级及其与服务业交互项的估计结果在除 DIFF - GMM 模型外的其他所有模型中保持了较好的一致性，而产业内升级及其与服务业交互项的回归系数及显著性在所有模型中都保持了较好的一致性，说明 SYS - GMM 估计结果具有一定程度的稳健性。从 SYS - GMM 的回归结果来看，二阶序列相关性检验和工具变量有效性检验统计量的 p 值均在 0.05 以上，故接

受残差项不存在序列相关和工具变量均有效的两个原假设。从各控制变量的回归系数来看，滞后被解释变量、服务业增加值、劳动和资本的系数均显著为正，符合理论预期与实际情况。对外开放程度的系数不显著，这可能是由于中低收入国家在全球价值链中通常被锁定在低端生产环节上，从而在国际贸易活动中并没有享受到专业化分工带来的比较利益，也符合中低收入国家的实际情况。

表 7-8 中低收入经济体制造业升级对 GDP 变动影响的模型估计结果

自变量	混合 OLS	FE	RE	DIFF-GMM	SYS-GMM
L. ΔlnGDP	—	—	—	0.0807 (0.94)	0.1561* (1.72)
ΔlnInter	-0.0381** (-2.12)	-0.0357** (-2.24)	-0.0373** (-2.16)	-0.0286 (-0.53)	-0.0350** (-2.09)
ΔlnIntra	0.1644*** (2.81)	0.1424** (2.62)	0.1575*** (2.80)	0.1705** (2.36)	0.1437*** (3.89)
ΔlnGDPS	0.3184*** (4.59)	0.2661*** (4.34)	0.3067*** (4.47)	0.2387*** (3.16)	0.1977*** (3.42)
C1	0.1596** (2.23)	0.1832*** (2.79)	0.1643** (2.35)	0.3208 (1.08)	0.2048*** (3.39)
C2	0.4875*** (2.71)	0.5485*** (2.74)	0.4901*** (2.76)	0.6201** (2.18)	0.3155** (2.13)
ΔlnL	0.2319*** (2.74)	0.2807*** (3.20)	0.2332*** (2.80)	0.3981*** (2.61)	0.3231*** (3.12)
ΔlnK	0.0845*** (3.85)	0.0766*** (2.90)	0.0828*** (3.58)	0.0882*** (3.96)	0.1016*** (5.90)
ΔlnOpen	-0.0100 (-0.53)	0.0038 (-0.23)	-0.0089 (-0.49)	0.0282 (0.57)	0.0131 (0.79)
t	-0.0006 (-1.50)	-0.0006 (-1.43)	-0.0006 (-1.59)	0.0000 (0.00)	0.0007 (0.80)
常数项	0.0221*** (3.56)	0.0257*** (4.81)	0.0232*** (3.77)	—	0.0075 (0.73)
R^2	0.6077	0.5703	0.5658	—	—
F/Wald (p)	40.04 (0.0000)	23.24 (0.0000)	336.08 (0.0000)	417.2 (0.0000)	253.84 (0.0000)

续表

自变量	混合 OLS	FE	RE	DIFF - GMM	SYS - GMM
AR（2）检验	—	—	—	0.967	0.783
Hansen 检验	—	—	—	1.000	0.548
观察值	293	293	293	221	255
ΔlnInter 的偏效应	—	—	—	—	-0.0232
ΔlnIntra 的偏效应	—	—	—	—	0.1619

注：DIFF - GMM 采用被解释变量的二阶和三阶滞后及各解释变量的所有滞后作为工具变量，SYS - GMM 采用被解释变量的二阶和三阶滞后及各解释变量的一阶和二阶滞后作为工具变量，SYS - GMM 的水平方程采用各解释变量的一阶差分作为工具变量，同时加入 Collapse 选项以避免工具变量过多导致的估计偏差。

就制造业升级指标及其与服务业交互项的回归系数来看，中低收入国家的回归结果与世界整体层面及高收入经济体的结果相似，表现为产业间升级对经济增长的直接影响显著为负，产业内升级对经济增长的直接影响显著为正。同时，制造业两种升级方式与服务业交互项的回归系数均显著为正。这说明，以 GDP 的变动为被解释变量，中低收入国家制造业产业间升级对经济增长具有显著的直接抑制作用，而产业内升级对经济增长表现出显著的直接促进作用。不过，两者均能通过服务业传导而促进经济增长。从制造业升级对经济增长的总影响来看，产业间升级的偏效应为 -0.0232，而产业内升级的偏效应为 0.1619，前者的绝对值同样远小于后者的绝对值。这说明，中低收入经济体同高收入经济体一样，制造业产业间升级对经济增长的总影响显著为负，而产业内升级对经济增长的总影响显著为正，而且后者对经济增长的促进程度远大于前者的抑制程度。

（二）基于人均 GDP 变动的回归分析

表 7-9 是中低收入国家层面制造业升级对人均 GDP 变动影响的实证回归结果。在四个核心解释变量中，仅制造业产业间升级与服务业的交互项在 DIFF - GMM 中的估计系数不显著，其他三个变量在所有模型中均具有相同的显著性和系数符号。从 SYS - GMM 的估计结果来看，二阶序列相关性检验和工具变量有效性检验统计量的 p 值分别为 0.999、0.431，由此满足了模型合理有效的检验要求。被解释变量的滞后项、服务业增加值、劳动、资本、对外开放程度等控制变量的估计结果均符合理论和实际情况。

表 7-9 中低收入经济体制造业升级对人均 GDP 变动影响的模型估计结果

自变量	混合 OLS	FE	RE	DIFF-GMM	SYS-GMM
L. ΔlnPGDP	—	—	—	0.1858*	0.2673***
				(1.87)	(3.23)
ΔlnInter	-0.0395**	-0.0376**	-0.0377**	-0.0316**	-0.0288*
	(-2.32)	(-2.40)	(-2.42)	(-1.97)	(-1.87)
ΔlnIntra	0.1720***	0.1433**	0.1509***	0.1347**	0.1639***
	(2.89)	(2.66)	(2.81)	(2.55)	(3.63)
ΔlnGDPS	0.3192***	0.2703***	0.2930***	0.2064***	0.2051***
	(4.12)	(4.39)	(4.02)	(4.13)	(4.10)
C1	0.1382*	0.1884***	0.1588**	0.1724	0.1794***
	(1.95)	(2.84)	(2.38)	(1.34)	(2.58)
C2	0.4066**	0.5560***	0.4436**	0.4456*	0.3121**
	(2.07)	(2.75)	(2.39)	(1.79)	(2.20)
ΔlnL	0.0483	0.2566***	0.1234	0.2209**	0.3252***
	(0.54)	(2.96)	(1.47)	(2.21)	(3.47)
ΔlnK	0.0879***	0.0803***	0.0834***	0.0894***	0.0938***
	(3.71)	(3.11)	(3.29)	(3.02)	(4.30)
ΔlnOpen	-0.0013	-0.0047	-0.0037	0.0044	0.0087
	(-0.06)	(-0.29)	(-0.20)	(0.21)	(0.41)
t	-0.0007	-0.0008	-0.0008*	-0.0002	0.0002
	(-1.57)	(-1.57)	(-1.79)	(-0.26)	(0.29)
常数项	0.0161**	0.0181***	0.0178**	—	-0.0002
	(2.19)	(3.14)	(2.48)		(-0.02)
R^2	0.5525	0.5688	0.5569	—	—
F/Wald	23.9	22.58	206	148.58	345.58
(p)	(0.0000)	(0.0000)	(0.0000)	(0.0000)	(0.0000)
AR (2) 检验	—		—	0.989	0.999
Hansen 检验	—	—	—	0.433	0.431
观察值	293	293	293	221	255
ΔlnInter 的偏效应	—	—	—	—	-0.0185
ΔlnIntra 的偏效应	—	—	—	—	0.1819

注：DIFF-GMM 和 SYS-GMM 的差分方程均采用被解释变量的二阶和三阶滞后及各解释变量的一阶至三阶滞后作为工具变量，SYS-GMM 的水平方程采用各解释变量的一阶差分作为工具变量，同时加入 Collapse 选项以避免工具变量过多导致的估计偏差。

就制造业升级指标及其与服务业交互项的回归系数来看，与世界整体层面和高收入经济体的回归结果存在差异，中低收入国家制造业产业间升级对人均 GDP 增长的直接影响显著为负，产业内升级对人均 GDP 增长的直接影响显著为正，两者均可以通过服务业传导而促进经济增长。四个核心解释变量的回归系数符号及显著性与上述以 ΔlnGDP 为被解释变量的回归结果完全一致，证明了中低收入国家模型回归所得结果的稳健性。从制造业升级对人均水平经济增长的总影响来看，产业间升级和产业内升级的偏效应分别为 -0.0185、0.1819，后者的绝对值仍然远大于前者的绝对值。同上述以 ΔlnGDP 为被解释变量的回归结果相比，制造业产业间升级和产业内升级对经济增长的偏效应均保持了系数显著性和系数符号的一致性。这说明，对中低收入国家来说，制造业产业间升级对经济增长具有显著且稳健的抑制作用，而产业内升级对经济增长具有显著且稳健的促进作用，且后者的促进程度远大于前者的抑制程度。

四、进一步综合分析

（一）高收入经济体回归结果的综合分析

综合以 ΔlnGDP 为被解释变量和以 ΔlnPGDP 为被解释变量的回归结果，高收入经济体产业内升级对经济增长的直接回归系数显著为正，而产业间升级对经济增长的直接回归系数不稳健。同时，两种升级方式与服务业交互项的回归系数均显著为正，且产业内升级与服务业交互项的回归系数大于产业间升级与服务业交互项的回归系数。这说明，制造业产业内升级对经济增长具有直接促进作用，而产业间升级对经济增长的直接影响不稳健。不过，两者均能通过服务业传导而促进经济增长，且产业内升级通过服务业传导产生的经济增长效应大于产业间升级。就制造业升级对经济增长的总影响来看，在剔除不稳健的直接影响的情况下，产业间升级对经济增长的偏效应十分微弱，而产业内升级对经济增长的偏效应显著为正。前者是因为，高收入经济体制造业结构本身已经处于较高层次，技术密集型行业占比较大，产业结构升级空间十分有限；后者是因为，虽然大多高收入经济体科技水平处于世界前沿，技术创新面临着较大的困难和不确定性，但其较为成熟的产业体系和比较完善的制度配套环境不仅更易于激发创新的产生，重要的是还使创新的产业化过程变得较为顺畅，这在很大程度上降低了制造业升级的成本，提高了产业内升级的效率。

（二）中低收入经济体回归结果的综合分析

综合以 ΔlnGDP 为被解释变量和以 ΔlnPGDP 为被解释变量的回归结果，中低收入经济体制造业产业间升级对经济增长的直接影响显著为负，产业内升级对经济增长的直接影响显著为正。同时，两种升级方式与服务业交互项的回归系数均显著为正，同样表现为产业内升级与服务业交互项的回归系数大于产业间升级与服务业交互项的回归系数。这说明，制造业产业间升级对经济增长具有直接抑制作用，而产业内升级对经济增长具有直接的促进作用。不过，两者均能通过服务业传导而促进经济增长，而且产业内升级通过服务业传导产生的经济增长效应大于产业间升级。就制造业升级对经济增长的总影响来看，产业内升级对经济增长的偏效应显著为正，而产业间升级对经济增长的偏效应显著为负。这主要是因为，虽然中低收入国家技术密集型制造业相对规模较小，与高收入经济体相比具有较大的产业结构升级空间。但是，一方面由于大多中低收入国家技术水平较为落后，通常处于对高收入国家的技术引进和模仿阶段，因而在技术密集型行业的全球价值链中处于微笑曲线的最低端，其技术含量和附加价值较低，导致技术密集型行业相对规模的扩大并不一定能带动经济的有效增长，甚至有可能由于创造的价值小于原来非技术密集型行业创造的价值而产生对经济增长的抑制作用。作为世界第一制造业大国的中国，低端加工、低端制造特征表现得尤为突出。如世界市场中的苹果手机虽然很大规模是中国工人制造的，但中国在很多情况下只是对现成的零部件进行加工组装，而并不掌握涉及关键部件的芯片、摄像头等核心技术及软件开发、管理、营销等高附加值环节，因此在国际产业链分工中只能赚取少许的加工费。Kraemer 等（2011）研究发现，中国代工苹果手机只能获得 2% 的利润。事实上，包括中国在内的许多中低收入国家通常处于世界价值链的附属地位，在技术密集型行业上尤其如此。另一方面根据林毅夫教授新结构主义经济学的观点，一国应按照自身的要素禀赋结构升级产业结构，这样才能形成具有竞争力的产业体系。然而，一些中低收入国家往往忽略自身的要素禀赋基础，而盲目以高收入经济体，尤其是发达经济体的产业结构为升级目标，从而导致形成与本国比较优势相脱离的缺乏自生能力的产业结构体系，损害了经济可持续发展的基础，抑制了经济增长。这就是单纯的产业结构升级或者忽略要素禀赋而进行的盲目的结构升级不仅不能促进经济增长，甚至还会对经济增长产生抑制作用的原因所在。

（三）不同收入水平经济体回归结果的比较分析

就不同收入水平经济体的比较来看，高收入经济体产业内升级对经济增长的直接影响系数略微小于中低收入国家，这一方面是因为高收入经济体制造技术大多处于世界前沿，产业内升级依赖的技术创新面临较大的困难和不确定性，在一定程度上弱化了产业内升级对经济增长的直接促进作用；另一方面中低收入国家产业内升级水平较低，从而更易于利用现有技术实现产业内升级并产生对经济增长的直接促进作用。然而，不同的是，高收入经济体产业内升级对经济增长的总影响大于中低收入国家。一方面是因为高收入经济体服务业发展较好，而且制造业与服务业的融合程度和融合效率都较高，为制造业升级通过服务业传导促进经济增长创造了良好的条件；另一方面虽然大多高收入经济体科技水平处于世界前沿，技术创新面临着较大的困难和不确定性，但其较为成熟的产业体系和比较完善的制度配套环境，不仅更易于激发创新的产生，重要的是还使创新的产业化过程变得较为顺畅，这在很大程度上降低了制造业升级的成本，提高了产业内升级的效率。两方面共同作用使高收入经济体产业内升级对经济增长的总影响大于中低收入国家。另外，高收入经济体制造业两种升级方式与服务业交互项的回归系数均大于中低收入国家，这主要是因为高收入经济体制造业与服务业的融合发展程度和融合层次都较高，因而制造业升级通过服务业这一间接传导机制能够表现出更大的经济增长效应。

第四节　本章小结

不同升级方式对经济增长的直接影响不同，不管是高收入经济体还是中低收入国家，产业内升级在以 ΔlnGDP 为被解释变量和以 ΔlnPGDP 为被解释变量的模型中，直接回归系数均显著为正，说明产业内升级对经济增长具有显著的直接促进作用。就系数大小来看，高收入经济体的回归系数略微小于中低收入国家，这一方面是因为高收入经济体制造技术水平较高，大多处于世界前沿，因而产业内升级依赖的技术创新面临较大的困难和不确定性，在一定程度上弱化了产业内升级对经济增长的直接促进作用；另一方面中低收入国家产业内升级水平较低，从而更易于利用现有技术实现产业内升级并产生对经济增长的直接促进作用。产业间升级对经济增长的直接影响与不同的发展水平有关。就高收入经济体来看，产业间升级的直接回归系数在以 ΔlnGDP 为被解释变量的模型中显著为负，而在以 ΔlnPGDP 为被解释变量的模型中不显著，说明产业间升级对高收入经济体经济增长的直接影响不稳健。就中低收入国家来看，产业间升级的直接回归系数在两个模型中均显著为负，说明产业间升级对中低收入国家的经济增长具有显著的直接抑制作用。

制造业升级与服务业交互项的回归系数显著为正，说明制造业升级可以通过服务业的传导显著促进经济增长。从系数大小方面来看，产业内升级与服务业交互项的估计系数大于产业间升级与服务业交互项的估计系数，这意味着产业内升级通过服务业的传导产生的经济增长效应大于产业间升级，这一特征在高收入经济体中尤其明显。对不同收入水平经济体的比较分析发现，高收入经济体制造业的两种升级方式与服务业交互项的回归系数均大于中低收入国家，这主要是因为高收入经济体服务业较为发达，制造业与服务业的融合发展程度和融合层次都较高，进而融合效率也较高。而中低收入国家服务业发展较为落后，制造业与服务业的融合发展程度及融合层次都相对较低，其融合效率也较低。因此，高收入经济体的制造业升级通过服务业这一间接传导机制能够表现出更大的经济增长效应。

不同升级方式对经济增长的总影响也存在差别，制造业产业内升级对经济增长的偏效应显著为正，说明产业内升级对经济增长具有显著的促进作用。从偏效应值的大小来看，高收入经济体产业内升级对经济增长的偏效应大于中低收入国家。一方面是因为高收入经济体服务业发展较好，而且制造业与服务业的融合程度和融合效率都较高，为制造业升级通过服务业传导促进经济增长创造了良好的条件；另一方面，虽然大多高收入经济体科技水平处于世界前沿，技术创新面临着较大的困难和不确定性，但其较为成熟的产业体系和比较完善的制度配套环境，不仅更易于激发创新的产生，更重要的是还使创新的产业化过程变得较为顺畅，这在很大程度上降低了制造业升级的成本，提高了产业内升级的效率。两方面共同作用使高收入经济体产业内升级对经济增长的总影响大于中低收入国家。

制造业产业间升级对经济增长的总影响在不同收入水平国家中表现不同。就高收入经济体来看，在剔除不稳健的直接影响的情况下，产业间升级对经济增长的偏效应十分微弱。这主要是因为，高收入经济体制造业结构本身已经处于较高层次，技术密集型行业占比较大，产业结构升级空间十分有限。相应地，制造业结构升级表现出对经济增长较小的促进作用。就中低收入国家来看，制造业产业间升级对经济增长具有显著的抑制作用。这是因为，虽然中低收入国家技术密集型制造业相对规模较小，与高收入经济体相比具有较大的产业结构升级空间。但是，一方面，由于大多中低收入国家技术水平较为落后，通常处于对高收入国家的技术引进和模仿阶段，因而在技术密集型行业的全球价值链中处于微笑曲线的最低端，技术含量和附加价值较低，导致技术密集型行业规模的扩大并不一定能带动经济的有效增长，甚至有可能由于创造的价值小于原来非技术密集型行业创造的价值而产生对经济增长的抑制作用；另一方面，根据林毅夫教授新结构主义经济学的观点，一国应按照自身的要素禀赋结构升级产业结构，这样才能形成具有竞争力的产业体系。然而，一些中低收入国家往往忽略自身的要素禀赋基础，而盲目地以高收入经济体，尤其是发达经济体的产业结构为升级目标，从而导致形成与本国比较优势相脱离的缺乏自生能力的产业结构体系，损害了经济可持续发展的基础，抑制了经济增长。这就是单纯的产业结构升级或者忽略要素禀赋而进行的盲目的结构升级不仅不能促进经济增长，甚至还对经济增长产生抑制作用的原因所在。

第八章　结论与政策建议

本章将对研究结论进行概括和总结，并在此基础上，结合我国制造业发展的实际情况，同时借鉴发达国家制造业升级的经验，从而更有效地促进经济增长的角度为中国制造业升级提出政策建议。最后基于研究中存在的不足对未来可进一步开展的研究进行展望。

第一节　研究结论

作为国民经济的基础，制造业是各国经济增长战略和产业结构调整战略的重要领域。在稳增长、调结构、转方式的国际背景下，制造业升级成为各国产业政策制定的着力点和重要方向。伴随着以大数据、互联网、云计算等新技术为特征的新一轮科技革命的不断推进，制造业向高端化和服务化方向的升级成为产业发展的必然趋势，也是新时期经济增长的重要特征。相应地，制造业升级也成为各领域关注的重点问题。文章通过对制造业升级的经济增长效应进行系统、全面的研究，得到以下几方面结论：

一、产业内升级对生产率增长的贡献远大于产业间升级

结构变动对制造业总体劳动生产率的影响程度远弱于各行业生产率变动对制造业总体劳动生产率的影响程度，即内部增长效应要远大于资源再配置效应。这意味着制造业劳动生产率的增长主要是由制造业各行业的产业内升级带来的，而不是基于劳动力在不同行业间流动的产业间升级产生的。这主要是由于各国并没

有出现劳动力大规模地从低生产率或低生产率增长率的行业向高生产率或高生产率增长率的行业流动。研究结果一方面肯定了产业内升级对生产率提升的巨大促进作用。另一方面，各国不同制造业行业间的生产率及生产率增长率的差异也意味着制造业具有巨大的结构调整空间，发挥产业间升级对制造业生产率的促进作用是各国制造业结构调整的关键。这对发展水平较低的中等收入国家尤为重要，因为这些国家的高技术和中高技术等技术密集度较高的制造业行业在相对规模上比高收入经济体发展弱，因而具有更大的结构转变和调整空间。

二、产业内升级生产率提升效应的构成与发展水平密切相关

在金融危机发生前，中等收入国家高技术行业劳动生产率的提高对内部增长效应的贡献程度整体来看低于高收入经济体，而低技术和中低技术行业生产率的提高对内部增长效应的贡献程度整体来看强于高收入经济体。这说明，高收入经济体制造业生产率的提高更依赖于技术密集型制造业行业生产率的提高，而中等收入国家则更依赖于非技术密集型制造业行业生产率的提高。在金融危机发生后，更多的高收入经济体表现出高技术和中高技术行业生产率的提高对制造业整体生产率提高的贡献之和大于低技术和中低技术行业贡献之和的现象，而更多的中等收入国家表现出低技术和中低技术行业生产率的提高对整体生产率提高的贡献之和大于高技术和中高技术行业贡献之和的现象。这意味着，中等收入国家技术密集型行业生产率的提高对制造业整体生产率提高的贡献在金融危机后表现出更加弱于高收入经济体的现象。这个分析结论在很大程度上揭示了中等收入国家技术密集型制造业发展弱、生产率增长慢这一事实。

三、两种升级方式对服务业均具有规模扩大和层次提升的双重效应

不同制造业行业对服务业表现出不同程度的依赖度和供给度，大多数经济体表现为高技术和中高技术密集型制造业对服务业的依赖度均大于低技术和中低技术制造业对服务业的依赖度，高技术和中高技术密集型制造业对服务业的供给度均大于中低技术制造业对服务业的供给度。这说明，制造业升级的高技术和中高技术密集型制造业的更快发展会产生对服务业更大的需求和供给，从而驱动服务业规模的扩大，即制造业产业间升级对服务业具有规模扩大效应。就中国而言，虽然各类制造业行业对服务业的依赖度和供给度同样表现为高技术密集型制造业对服务业的依赖度和供给度均大于低技术和中低技术制造业对服务业的依赖度和

供给度。但是各行业对服务业的依赖度和供给度均低于中等收入国家的平均水平，尤其是技术密集型制造业对服务业的依赖度在中等收入国家中最小。这说明中国制造业与服务业的融合发展程度很低，同时也说明在对服务业规模扩大的促进作用方面，中国制造业升级具有很大的提升空间。

不同制造业行业对知识密集型生产性服务业的依赖度和供给度在大多数经济体中表现为高技术和中高技术密集型制造业对知识密集型生产性服务业的依赖度大于低技术和中低技术制造业对知识密集型生产性服务业的依赖度，高技术密集型制造业对知识密集型生产性服务业的供给度大于低技术和中低技术制造业对知识密集型生产性服务业的供给度。这说明技术含量高的制造业行业的发展会产生对知识密集型生产性服务业的更大需求和更高程度的供给，从而促进知识密集型生产性服务业的发展，有助于提升服务业的发展层次，即制造业产业间升级对服务业发展具有层次提升效应。就中国来看，高技术和中高技术密集型制造业对知识密集型生产性服务业的依赖度大于低技术和中低技术制造业对知识密集型生产性服务业的依赖度。但依赖度指标值在中等收入国家中均排在倒数位置，远小于中等收入国家的平均水平，意味着需求层面中国制造业在对服务业发展层次的促进作用上具有巨大的提升空间。然而，中国各制造业行业对知识密集型生产性服务业的供给度均大于中等收入国家的平均水平，尤其是高技术密集型制造业最为明显。该行业对知识密集型生产性服务业的供给支撑作用远大于其他三类制造业行业，意味着中国制造业升级在供给层面对服务业具有较为明显且较大程度的层次提升效应。

与高收入经济体相比，中等收入国家不同技术密集度的制造业行业对服务业整体及不同层次服务业的依赖度和供给度均存在较大的差距，尤其体现在不同制造业行业对知识密集型生产性服务业的依赖度和供给度方面。这主要是由于，中等收入国家大多生产技术水平落后，在不同制造业行业的全球价值链中处于微笑曲线的低端生产加工环节，制造业与服务业的融合发展程度低，导致中等收入国家制造业对服务业整体和知识密集型生产性服务业的依赖度和供给度均远低于高收入经济体。另外，低端生产环节使中等收入国家难以形成对高端服务业的需求和供给，导致其在对知识密集型生产性服务业的依赖度和供给度上与高收入经济体的差距表现得更为明显。这意味着，制造业产业内升级同产业间升级一样，对服务业也存在着规模扩大和层次提升的双重效应。

四、两种升级方式均可以通过服务业传导显著促进经济增长

不管是高收入经济体还是中低收入经济体，制造业产业间升级和产业内升级均可通过服务业的传导显著促进经济增长。从系数大小上来看，产业内升级与服务业交互项的估计系数大于产业间升级与服务业交互项的估计系数，这意味着产业内升级通过服务业的传导产生的经济增长效应大于产业间升级的经济增长效应，这一特征在高收入经济体中尤其明显。对不同收入水平经济体的比较分析发现，高收入经济体制造业的两种升级方式与服务业交互项的系数均大于中低收入国家，这主要是因为高收入经济体服务业较为发达，制造业与服务业的融合发展程度和融合层次都较高，而中低收入国家服务业发展较为落后，制造业与服务业的融合发展程度及融合层次都相对较低。因此，高收入经济体的制造业升级通过服务业这一间接传导机制能够表现出更大的经济增长效应。

五、产业间升级对经济增长的直接影响和总影响与发展水平相关

制造业产业间升级对经济增长的直接影响与发展水平有关，表现为高收入经济体产业间升级对经济增长的直接影响不稳健，而中低收入国家产业间升级对经济增长具有显著的直接抑制作用。就对经济增长的总影响来看，不同收入水平经济体表现得也不同。在剔除不稳健的直接影响的情况下，高收入经济体产业间升级对经济增长的偏效应十分微弱。这主要是因为，高收入经济体制造业结构本身已经处于较高层次，技术密集型行业占比较大，因而产业结构升级空间十分有限。相应地，制造业结构升级表现出对经济增长较小的促进作用。中低收入国家产业间升级对经济增长具有显著的抑制作用。这是因为，虽然中低收入国家技术密集型制造业相对规模较小，与高收入经济体相比具有较大的产业结构升级空间。但是，一方面由于大多中低收入国家技术水平较为落后，通常处于对高收入经济体的技术引进和模仿阶段，因而在技术密集型行业的全球价值链中处于微笑曲线的最低端，技术含量和附加价值较低，导致技术密集型行业规模的扩大并不一定能带动经济的有效增长，甚至有可能由于创造的价值小于原来非技术密集型行业创造的价值而产生对经济增长的抑制作用；另一方面，根据林毅夫教授新结构主义经济学的观点，一国应按照自身的要素禀赋结构升级产业结构，这样才能形成具有竞争力的产业体系。然而，一些中低收入国家往往忽略自身的要素禀赋基础，而盲目地以高收入经济体，尤其是发达经济体的产业结构为升级目标，从

而导致形成与本国比较优势相脱离的缺乏自生能力的产业结构体系，损害了经济可持续发展的基础，抑制了经济增长。这就是单纯的产业结构升级或者忽略要素禀赋而进行的盲目的结构升级不仅不能促进经济增长，甚至还会对经济增长产生抑制作用的原因所在。

六、产业内升级对经济增长的直接影响和总影响显著为正

不管是高收入经济体还是中低收入国家，制造业产业内升级对经济增长均具有显著的直接促进作用。就系数大小来看，高收入经济体的回归系数略微小于中低收入国家的回归系数，这一方面是因为高收入经济体制造技术大多处于世界前沿，产业内升级依赖的技术创新面临较大的困难和不确定性，在一定程度上弱化了产业内升级对经济增长的直接促进作用；另一方面中低收入国家产业内升级水平较低，从而更易于利用现有技术实现产业内升级并对经济增长产生直接的积极影响。相应地，制造业产业内升级对经济增长的总影响也显著为正。然而，从偏效应值的大小来看，高收入经济体产业内升级对经济增长的偏效应大于中低收入国家。这主要是因为，一方面，高收入经济体服务业发展较好，而且制造业与服务业的融合程度和融合效率都较高，为制造业升级通过服务业传导促进经济增长创造了良好的条件；另一方面，虽然大多数高收入经济体的科技水平处于世界前沿，技术创新面临着较大的困难和不确定性，但其较为成熟的产业体系和比较完善的制度配套环境，不仅更易于激发创新的产生，更重要的是还能使创新的产业化过程变得较为顺畅，这在很大程度上能够降低制造业升级的成本，从而提高产业内升级的效率。两方面共同作用使高收入经济体产业内升级对经济增长的总影响大于中低收入国家。

第二节　政策建议

制造业升级是世界各国在金融危机后稳增长、促转型的重要战略措施，也是新一轮科技革命中产业发展的必然趋势。然而，目前中国制造业发展还存在诸多问题，最为典型的是低层次、低质量的产品无法满足随收入水平的提高而不断提升的对高层次、高质量产品的需求，表现为在制造业的生产和消费领域出现产能

过剩与海外购热潮并存的现象。而隐藏在这些背后的则是不合理的产业结构和落后的生产技术导致的缺乏竞争力的中国制造。因此，对处于转型升级关键时期的中国来说，需要借助新一轮科技革命的历史机遇，以制造业供给侧结构性改革为主线，并借鉴发达国家制造业升级的经验，重点做好以下几方面工作：

一、加强技术创新和人才培养，构建产业内升级的根本动力

目前，我国制造业升级层次和升级速度都与高收入经济体存在较大的差距，在各制造业行业的全球价值链中处于低端生产环节。这一方面是由于我国技术水平低、创新能力弱导致核心技术、自有品牌等较为缺乏，另一方面是由于我国人力资本呈现明显的结构性短缺，表现为学术型人才丰富而工程型和技能型人才短缺，特别是高端技术创新型人才及高级技能人才十分缺乏，与创新需求和制造领域的人才需求形成了巨大的缺口，成为我国制造业升级，尤其是产业内升级的巨大障碍。

发达国家制造业升级的经验表明，技术进步和创新是制造业升级的根本动力。如美国和德国都十分注重对基础性研究和技术创新的研发投入以及企业在技术创新中的主体地位，积极构建多元主体分工协作的科研创新体系。日本独具特色地建立了产、官、学相结合的技术创新联盟。发达国家有效的知识产权市场是创新者实现赚钱效应最有力的制度工具，创新成果在技术市场上通过交易实现的收益是大量高技术中小型创新创业企业的主导盈利模式。同时，各国都十分重视对技术创新人才和制造技术工人的培养，如德国独具特色的“双元制”职业教育是“德国制造”的基石。美国和日本众多的工业实验室，为大批应用型科技人才和技术人才的培育提供了产业基地。发达国家对创新的高度重视，是其制造技术始终站在世界前沿，在全球制造业价值链中占据高端的秘密武器。

借鉴发达国家的经验，发挥技术创新对制造业升级的支撑和引领作用，是中国提升各制造业行业的产业内升级水平，从而增强其经济增长效应的关键。中国要建立和完善竞争政策的作用机制，通过体制机制创新创造良好的万众创新环境，促进制造业中的中小微企业公平地参与市场竞争。同时，建设强有力的知识产权保护制度，基于创新者赚钱效应形成最有效的创新激励，激发中小微企业的积极性，发挥其对颠覆式创新的巨大推动作用。另外，要注重对技术创新人才、技术产业化应用人才、先进制造业技术工人等专业人才的培养。在加大对基础性研究支持力度的基础上，可借鉴德国的“双元制”职业教育体制以及美国和日

本的工业实验室等人才培养机制和措施，基于中国实际建立具有中国特色的偏向性制造技术人才培养机制和工业实验室，强化职业教育，构建功能强大的专业性培训市场，为培养技术创新人才和产业化应用人才提供制度保证和良好载体，如扩大制造技术专业领域的招生名额，建设更多的校企合作工业实验室，等等。

二、提升要素禀赋结构，打造产业间升级的内生基础

相比于高收入经济体，中低收入国家技术密集度较高的制造业行业规模发展较弱，因而具有更大的制造业结构调整空间。因此，与高收入经济体更注重制造业各类行业的产业内升级不同的是，中低收入国家不仅要依靠技术进步提升各行业的产业内升级水平，还应注重高技术和中高技术行业相对规模扩大的产业间升级。这一方面是因为技术密集度较高的制造业具有更高的劳动生产率。结构主义理论表明，这种基于要素流动的产业间升级能够带来生产效率的提升。另一方面张其仔（2008）认为，产业度会随着产业间升级的进行而不断提高。这是因为，产业间升级会引入新的产业，更多的选择有助于形成新的成长性较高的产业内升级。这意味着，产业间升级能为产业内升级提供良好的升级基础。

新结构主义经济学认为，根据要素禀赋结构升级产业结构是经济持续高效发展的最佳模式，能够使经济体获得最大的竞争优势并实现最优的经济增长路径。而产业结构实质上是由一国所具有的要素禀赋结构内生决定的。这意味着，发展中国家若想要升级产业结构，必须首先升级其要素禀赋结构，只有与要素禀赋结构相对应的产业升级才是一国最具有竞争优势的产业发展方向。因此，在新科技革命中及在国际产业分工格局重塑的背景下，中国一方面要在坚持竞争性和普惠性原则的基础上，积极实施功能性和普惠性的产业政策，发挥产业政策在制造业结构调整中的重要作用，致力于升级我国的要素禀赋结构。事实上，功能性和普惠性的产业政策就是针对共性薄弱环节提供资源配置和支持以强化产业升级。因此要利用好产业投资引导基金，积极支持技术密集型行业，尤其是高技术行业中的基础研究和共性知识的开发，让所有的企业都能够共享。另一方面要抓住经济一体化中产业转移的机遇，利用好国际资源，即通过技术引进和技术外溢等方式对技术创新进行整合，甚至可以在一些优势领域的关键技术环节实施技术赶超战略，实现要素结构的跨越式提升。

三、注重技术密集型行业的产业内升级，激发产业间升级的经济增长效应

中低收入国家的技术密集型制造业处于价值链的低端生产环节，产品的科技含量和附加值率都较低，因而其相对规模的扩大，以及非技术密集型制造业相对规模的缩小并没有表现出显著的经济增长效应，甚至还产生对经济增长的抑制作用。这意味着对中低收入国家来说，要想实现产业间升级对经济增长的促进作用，其前提是升级的目标行业，即技术密集型制造业能够产生比非技术密集型制造业更高的生产率和附加值率。张其仔（2008）指出，当产业内升级水平较高时，进行产业间升级就可以跳到一个较高的位置。因此，提升技术密集型制造业的技术水平，从科技含量和附加值低的低端生产环节攀升到科技含量和附加值较高的中高端生产环节，是中低收入国家技术密集型制造业相对规模的扩大形成有效经济增长的关键，是产业间升级促进经济增长的前提条件。

在创新驱动制造业升级的过程中，中国应更加注重技术密集型制造领域的技术创新，尤其是对关键环节和核心技术进行优先、重点突破。积极实施制造业创新中心建设工程，围绕技术密集型领域的重点行业，如新一代信息技术、增材制造、生物医药等领域涉及的关键共性技术、成果产业化等进行攻坚克难，实现从中低端生产环节向中高端和高端生产环节的跳跃，打造中国制造品牌，提升参与国际市场的竞争力。通过提高技术密集型制造业的产业内升级水平，来进一步激发产业间升级的经济增长效应。

四、推动传统制造业改造升级，淘汰落后和过剩产能

产业内升级对经济增长的影响不仅仅来自新兴产业或高技术产业等先进制造业，传统制造业的产业内升级也能对经济增长产生积极的影响，尤其是对于存在大规模传统产业的中低收入国家来说更是如此。这主要是因为，传统产业的生产技术往往处于较低水平，产品的科技含量和附加价值都较低，相比于高技术产业具有更大的技术进步和产业内升级空间。因此，对中国来说，制造业升级不能只是追求新兴产业或高技术产业的发展，也应对体量庞大的传统制造业进行改造升级，积极发展新经济，这是制造业升级的本质要求和重要表现，也是当前中国供给侧结构性改革体现在产业层面的主要障碍。

就对传统制造业的改造升级来看，主要体现在以下两个方面：一是在制造企业中推广应用以互联网为特征的数字信息技术，鼓励企业吸收采用现代化生产和

管理方式，以实现关键工序的自动化和数字化，提升产品的质量和效率。同时，积极推行绿色制造，重塑传统产业。二是对电力、煤炭、钢铁等高污染、高消耗行业进行落后产能的淘汰，化解钢铁、水泥、平板玻璃、电解铝等传统行业以及光伏、多晶硅等新兴产业领域的过剩产能。因此，在产能过剩领域严禁新增产能项目的前提下，中国一方面要建立有效的行业退出机制，实施差别性和惩罚性的水价、电价，引导僵尸企业和绝对过剩产能在维持社会稳定和产业组织生态平衡的前提下主动、有序退出市场。另一方面要通过税收抵扣和减免、制定税收分享比例等措施及建立跨区域的利益协调和共享机制，促进跨企业、跨产业和跨区域的结构重组，本着少破产清算的原则化解过剩产能。同时，还可以充分利用“一带一路”的建设契机，加强与沿线国家在投资、基建等领域的合作，开拓国外市场产能利用空间。

五、提高制造业与服务业的融合发展程度，促进两者协同升级

服务业尤其是生产性服务业的发展有助于促进制造业升级已成为学术界的共识。事实上，正如结论中所指出的，制造业升级对服务业同样具有规模扩大和层次提升的双重效应。因此，制造业与服务业之间存在着一种相互依赖、相互促进的循环升级机制。然而，中等收入国家制造业与服务业两者的融合发展程度较低，尤其是在与知识密集型生产性服务业的融合发展程度上和高收入经济体存在较大差距，成为中等收入国家制造业与服务业协同升级的障碍。进一步地，中国制造业与服务业的融合发展程度尤其低，处于中等收入国家平均水平之下，特别是体现在制造业的服务化水平上。一方面是因为我国制造业技术水平较低，本身产生的对服务业的需求就较小；另一方面我国生产性服务业与制造业的企业间合作关系主要靠硬性的契约安排，而不是靠软性的信任机制，从而导致企业间合作处于一种点共生和间歇共生状态，合作关系难以持久（黄永春等，2013）。相应地，虽然制造业升级通过服务业能够产生显著的经济增长效应，但由于较低的融合程度使得包括中国在内的中低收入国家制造业升级通过服务业产生的经济增长效应远弱于高收入经济体。因此，对中国来说，提高制造业与服务业的融合发展程度，特别是制造业的服务化水平，是实现两者协同升级，从而进一步有效促进经济增长的关键。

中国要紧抓经济服务化这一发展潮流，积极发挥服务型制造联盟的支撑和引领作用，提高制造业的服务化水平，发展服务型制造。这既是制造业与服务业融

合发展的新型产业形态，也是制造业提质增效、转型升级的内在要求，同时还是推进制造业供给侧结构性改革的重要途径和重要举措。以此文件为指导，在坚持市场基础性地位的前提下，努力构建有效的法律体系和机制，促进形成良好的企业信用体系，营造自由竞争的产业发展和共生环境。同时大力发展中介性的服务组织，以帮助制造业企业基于创新对生产组织形式及运营管理方式进行变革，优化改进商业发展模式，树立产品即服务的发展理念，不断地增加服务要素在制造投入和产品销售中的比重，推动制造业从加工组装的生产活动向“制造 + 服务”转型，从单纯出售产品向出售“产品 + 服务”转变，为发挥制造业与服务业两者协同升级的循环促进作用，从而更好地促进经济增长奠定基础。

第三节　研究展望

本书尝试以尽可能多的国家和地区为研究对象，并基于世界银行对各国收入水平的分类，从制造业产业间升级和产业内升级两个视角，以及制造业升级的直接经济增长效应、间接经济增长效应和总经济增长效应三个层面展开分析，使研究内容更全面、更系统。然而，在实际的研究过程中，由于数据、行业统计分类、时间以及自身能力等诸多方面的限制，本书还存在很大的改进和拓展空间，主要体现在以下三个方面：

第一，以全要素生产率增长率替代劳动生产率增长率进行偏离份额分析。由于数据的限制，各国制造业整体及分行业的资本存量难以估算，因而在对制造业的间接经济增长效应进行分析时，偏离份额模型选择的生产率分解指标是各国制造业的劳动生产率增长率。而实际上，全要素生产率增长率是衡量制造业生产率增长更为全面、更为准确，也更为合适的指标。因此，基于制造业的全要素生产率增长率进行偏离份额分析在理论上更具有研究意义。在未来数据可得的情况下，可对世界各国进行基于全要素生产率增长率的偏离份额分析，以得到更有意义的实证分析结果。

第二，从更细的行业分类角度衡量技术密集型制造业的发展情况。虽然《国际工业统计年鉴》中有不少国家的制造业增加值数据，但大多都是高收入国家的数据，中低收入国家的数据相对较少，尤其是中国数据的可用性较差。同时，不同年份统计的国家还存在差异，而且有些国家在同一年份采用的国际标准产业分类的版本不同，这就导致在进行国家、行业统一后得到的样本数较少。为将包括中国在内的更多中低收入国家纳入研究范围，在对各国制造业升级情况及其与经济增长相关性的分析中，以及在动态面板模型中对制造业产业间升级指标的构建，都是以世界银行数据库中的化学品和机械及运输设备两大类行业的占比作为技术密集型行业的近似替代。虽然这两类行业基本涵盖了 OECD 界定的高技术和中高技术行业的细分行业类别，在很大程度上可以作为技术密集型制造业的近似替代，但仍可能会降低指标的精确程度，从而对实证研究结果产生一定影响。因此，可在不追求样本数量的情况下对一些存在三位代码行业的国家进行进一步的分析，或者在未来各国细分行业数据可得的情况下进行更为全面的分析，以验证本书实证分析得到的结论。

第三，纳入更多有价值的研究内容。虽然本书已从制造业升级的直接经济增长效应、间接经济增长效应以及总经济增长效应三个层面进行实证分析，但内容主要还是聚焦于宏观层面的经济增长上。然而，制造业升级与经济增长是一个十分重要且涉及较多内容的研究领域，如经济增长并不仅仅表现为 GDP 和人均 GDP 的增加。在其他方面，像就业、创新、资源环境等都是经济增长的重要方面，而且均表现出与制造业升级十分密切的联系。而本书并没有将制造业升级对就业和创新的影响，以及制造业升级对资源环境进而对可持续增长的影响等一些当前比较重要或热点的问题纳入实证分析范围。这些都是制造业升级与经济增长领域中值得深入研究的内容，尤其是在制造业高端化、服务化升级与智能化、绿色化转型的国际产业发展环境下，基于世界各国的数据进行研究将会更有价值。因此，在本书研究的基础上，可以进一步将上述内容纳入研究范围，基于实证分析从多个角度探讨制造业升级对经济增长的影响，以使研究内容不仅从形式上更为全面，在实质上也更为系统。

参考文献

[1] Acemoglu, D., Guerrieri, V., "Capital Deepening and Nonbalanced Economic Growth", *Journal of Political Economy*, 2008, 116 (3): 467 ~ 498.

[2] Arellano, M., Bond, S., "Some Tests of Specification for Panel Data: Monte Carlo Evidence and an Application to Employment Equations", *Review of Economic Studies*, 1991, 58 (2): 277 ~ 297.

[3] Baum, C. F., Schaffer, M. E., Stillman, S., "Instrumental Variables and GMM: Estimation and Testing", *Stata Journal*, 2003, 3 (1): 1 ~ 31.

[4] Baumol, W. J., "Macroeconomics of Unbalanced Growth: The Anatomy of Urban Crisis", *American Economic Review*, 1967, 57 (3): 415 ~ 426.

[5] Bayudan – Dacuycuy, C., "The Philippine Export Portfolio in the Product Space: Potentials, Possibilities and Policy Challenges", *Economics Bulletin*, 2012, 32 (1): 59 ~ 66.

[6] Bhagwati, J. N., "Splintering and Disembodiment of Services and Developing Nations", *World Economy*, 2007, 7 (2): 133 ~ 144.

[7] Blundell, R., Bond, S., "GMM Estimation with Persistent Panel Data: An Application to Production Functions", *Econometric Reviews*, 2000, 19 (3): 321 ~ 340.

[8] Bogliacino, F., Lucchese, M., Pianta, M., "Job Creation in Business Services: Innovation, Demand, and Polarisation", *Structural Change and Economic Dynamics*, 2013, 25 (1): 95 ~ 109.

[9] Bowen, D. E., "A Framework for Analyzing Customer Service Orientations in Manufacturing", *Academy of Management Review*, 1989, 14 (1): 75.

[10] Chenery, H. B., "Patterns of Industrial Growth", *American Economic Review*, 1960, 50 (4): 624 ~ 654.

[11] Chenery, H. B., Taylor, L., "Development Patterns: Among Countries and Over Time", *Review of Economics & Statistics*, 1968, 50 (4): 391 ~ 416.

[12] Chenery, H. B., "The Structuralist Approach to Development Policy", *American Economic Review*, 1975, 65 (2): 310 ~ 316.

[13] Coffey, W. J., "Forward and Backward Linkages of Producer Service Establishments: Evidencefrom the Montreal Metropolitan Area", *Urban Geography*, 1991, 17 (7): 22 ~ 26.

[14] Cohen, S. S., Zysman, J., "Manufacturing Matters: The Myth of the Post – Industrial Economy", *Journal of Economic Issues*, 1988, 54 (3): 97 ~ 103.

[15] Daniels, P. W., Services Industries: A Geographical Appraisal, London: Methuen, 1985.

[16] Denison, E. F., "Why Growth Rates Differ: Postwar Experience in Nine Western Countries", Brookings Institution Working Paper, 1967.

[17] Dowrick, S., Gemmell, N., "Industrialization, Catching – up, and Economic Growth: A Comparative Study Across the World's Capitalist Economies", *The Economic Journal*, 1989, 101 (405): 263 ~ 275.

[18] Dreyer, J. T., "Economic Development in Tibet under the People's Republic of China", *Journal of Contemporary China*, 2003, 12 (36): 411 ~ 430.

[19] Echevarria, C., "Changes in Sectoral Composition Associated with Economic Growth", *International Economic Review*, 1997, 38 (2): 431 ~ 452.

[20] Ernst, D., "Global Production Network and Industrial Upgrading – Knowledge Centered Approach", *East – Wester Center Working Paper: Economic Series*, 2001.

[21] Eswaran, M., Kotwal, A., "The Role of the Service Sector in the Process of Industrialization", *Journal of Development Economics*, 2002, 68 (2): 401 ~ 420.

[22] European Commission, "A stronger European Industry for Growth and Economic Recovery", Brussel: European Commission, 2012.

[23] Fabricant, S., "Employment inManufacturing, 1899 ~ 1939", *NBER*,

New York, 1942.

[24] Fagerberg, J., "Technological Progress, Structural Change and Productivity Growth: A Comparative Study", *Structural Change and Economic Dynamics*, 2000, 11 (4): 393 ~ 411.

[25] Fernandez, R., Palazuelos, E., "European Union Economies Facing 'Baumol's Disease' within the Service Sector", *Journal of Common Market Studies*, 2012, 50 (2): 231 ~ 249.

[26] Foellmi, R., Zweimüller, J., "Structural Change, Engel's Consumption Cycles and Kaldor's Facts of Economic Growth", *Journal of Monetary Economics*, 2008, 55 (7): 1317 ~ 1328.

[27] Franke, R., Kalmbach, P., "Structural Change in the Manufacturing Sector and itsImpact on Business – Related Services: An Input – output Study for Germany", *Structural Change and Economic Dynamics*, 2005, 16 (4): 467 ~ 488.

[28] Gereffi, G., "International Trade and Industrial Upgrading in the Apparel Commodity Chain", *Journal of International Economics*, 1999, 48 (1): 37 ~ 70.

[29] Gereffi, G., "Shifting Governance Structures in Global Commodity Chains, with Special Reference to the Internet", *American Behavioral Scientist*, 2001, 44 (10): 1615 ~ 1637.

[30] Gereffi, G., Humphrey, J., Sturgeon, T., "The Governance of Global Value Chains", *Review of International Political Economy*, 2005, 12 (1): 78 ~ 104.

[31] Griliches, Z., *Output Measurement in the Service Sectors*, Chicago: University of Chicago Press, 1992.

[32] Grossman, G. M., Helpman, E., *Innovation and Growth in the Global Economy*, Cambridge: MIT Press, 1991.

[33] Guerrieri, P., Meliciani, V., "Technology and International Competitiveness: The Interdependence between Manufacturing and Producer Service", *Structure Change and Economic Dynamics*, 2005, 16 (2): 489 ~ 502.

[34] Hansen, N., "Do Producer Services Induce Regional Economic Development?", *Journal of Regional Science*, 1990, 30 (4): 465 ~ 476.

[35] Hartwig, J., "Testing the Baumol – nordhaus Model with EU KLEMS Data", *Review of Income and Wealth*, 2011, 57 (3): 471 ~ 489.

[36] Hausmann, R. , Klinger, B. , "The Structure of the Product Space and the Evolution of Comparative Advantage", CID Working Paper, No. 126, 2007.

[37] Hidalgo, C. A. , Klinger, B. , Barabási, A. L. , et al. , "The Product Space Conditions the Development of Nations", *Science*, 2007, 317 (5837): 482.

[38] Hoffmann, W. G. , *The Growth of Industrial Economics*, Manchester: Manchester University Press, 1958.

[39] Humphrey, J. , Schmitz, H. , "Governance and Upgrading: Linking Industrial Cluster and Global Value Chains Research", IDS Working Paper, No. 12, Institute of Development Studies, University of Susssex, 2000.

[40] Humphrey, J. , Schmitz, H. , "How Does Insertion in Global Value Chains Affect Upgrading inIndustrialClusters", *Regional Studies*, 2002, 36 (9): 1017 ~ 1027.

[41] Jorgenson, D. W. , Ho, M. S. , Stiroh, K. J. , "Lessons from the US Growth Resurgence", *Journal of Policy Modeling*, 2003, 25 (5): 453 ~ 470.

[42] Joshi, S. , "Tertiary Sector - Driven Growth in India: Impact on Employment and Poverty", *Economic and Political Weekly*, 2004, 39 (37): 11 ~ 17.

[43] Kaldor, N. , "*Capital Accumulation and Economic Growth*" //*The Theory of Capital*, London: Palgrave Macmillan, 1961.

[44] Kaplinsky, R. , Morris, M. , "A Handbook for Value Chain Research", International Development Research Center \ [http: //www. ids. ac. uk/ids/ global/ pdfs/vchnov01. pdf \ ], Kimani, P. M, 2001.

[45] Klodt, H. , "Structural Change towards Services: The German Experience", IGS Discussion Paper, University of Birmingham, 2000.

[46] Kogut, B. , "Designing Global Strategies: Comparative and Competitive Value - Added Chains", *Sloan Management Review*, 1985, 26 (4): 15 ~ 28.

[47] Kongsamut, P. , Rebelo, S. , Xie, D. , "Beyond Balanced Growth", *Review of Economic Studies*, 1997, 68 (4): 869 ~ 882.

[48] Kox, H. L. M. , Rubalcaba, L. , "Analysing the Contribution of Business Servicesto European Economic Growth", University Library of Munich, Germany, 2007.

[49] Kraemer, K. L. , Linden, G. , Dedrick, J. , "Capturing Value in Global

Networks: Apple's iPad andiPhone", University of California, Berkeley and Syracuse University, 2011.

[50] Krammer, S. M. S., "International R&D Spillovers in Emerging Markets: The Impact of Trade and Foreign Direct Investment", *The Journal of International Trade and Economic Development*, 2010, 19 (4): 591 ~623.

[51] Kuznets, S., National Income: A Summary of Findings, New York: Arno Press, 1946.

[52] Kuznets, S., "Modern Economic Growth: Findings and Reflections", *American Economic Review*, 1971, 63 (3): 247 ~258.

[53] Kuznets, S., "Growth and Structural Shifts", in Galenson W. (ed.), Economic Growth and StructuralChange in Taiwan, Ithaca: Cornell University Press, 1979: 1473 ~1478.

[54] Lucas, R. E., "Making A Miracle", *Econometrica*, 1993, 61 (2): 251 ~272.

[55] Maddison, A., "Productivity in an Expanding Economy", *Economic Journal*, 1952, 62 (247): 584 ~594.

[56] Makun, P., Macpherson, D., "Externally – Assisted Product Innovation in the Manufacturing Sector: The Role of Location, Inhouse R&D and Outside Technical Support", *Regional Studies*, 1997, 31 (7): 659 ~668.

[57] Marceau, J., Martinez, D. C., "Selling Solutions: Product – Service Packages as Links between New and Old Economies", Presented at the DRUID Summer Conference on "Industrial Dynamics of the New and Old Economy – Who is Embracing Whom?", Copenhagen/Elsinore, 2002.

[58] Maroto – Sanchez, A., "Productivity in European Private and Public Services: A Growth Accounting Exercise", *Journal of Service Science Research*, 2010, 2 (1): 25 ~53.

[59] Martinelli, F., "Producer Services Location and Regional Development"// Daniels, Service Industries: A Geographical Appraisal, London: Methuen, 1985.

[60] Massell, B. F., "A Disaggregated View of Technical Change", *Journal of Political Economy*, 1961, 69 (6): 547 ~557.

[61] Mcmillan, M., Rodrik, D., "Globalization, Structural Change and Pro-

ductivity Growth", IFPRI Discussion Paper, No. 1160, 2012.

[62] Moore, J. H., "A Measurement of Structural Change in Output", *Review of Income and Wealth*, 1978, 24 (1): 105 ~ 118.

[63] Ngai, L. R., Pissarides, C. A., "Structural Change in a Multisector Model of Growth", *American Economic Review*, 2007, 97 (1): 429 ~ 443.

[64] Nordhaus, W. D., "Baumol's Diseases: A Macroeconomic Perspective", NBER Working Paper, No. 12218, 2006.

[65] Noyelle, T. J., Stanback, T. M., *The Economic Transformation of American Cities*, Totowa: Row - man and Allan - held, NJ, 1984.

[66] O'Farrell, P. N., Hitchens, D. M. W. N., "Research Policy and Review 32. Producer Services and Regional Development: A Review of Some Major Conceptual Policy and Research Issues", *Environment and Planning A*, 1990, 22 (9): 1141 ~ 1154.

[67] Oulton, N., "Must the Growth Rate Decline? Baumol's Unbalanced Growth Revisited", *Bank of England Working Papers*, 2001, 53 (4): 605 ~ 627.

[68] Pappas, N., Sheehan, P., "The New Manufacturing: Linkage Between Production and Service Activities" //Sheehan, P., Tegart, G., Working for the Future Melbourne, Wellington, NZ: Victoria University Press, 1998: 127 ~ 155.

[69] Park, S. H., "Intersectoral Relationships between Manufacturing and Services: New Evidence from Selected Pacific Basin Countries", *Asean Economic Bulletin*, 1994, 10 (3): 245 ~ 263.

[70] Park, S. H., Chan, K. S., "A Cross Country Input Output Analysis of Intersectoral Relationships between Manufacturing and Service and their Employment Implications", *World Development*, 1989, 17 (2): 199 ~ 212.

[71] Pasinetti, L. L., *Structural Change and Economic Growth*, Cambridge: Cambridge University Press, 1981.

[72] Peneder, M., "Structural Change and Aggregate Growth", WIFO Working Paper, No. 182, Austrian Institute of Economic Research, Vienna, 2002.

[73] Poon, S. C., "Beyond the Global Production Networks: A Case of Further Upgrading of Taiwan's Information Technology Industry", *International Journal of Technology and Globalisation*, 2004, 1 (1): 130 ~ 144.

[74] Pugno, M., "The Service Paradox and Endogenous Economic Growth", *Structural Change and Economic Dynamics*, 2006, 17 (1): 99 ~ 115.

[75] Reinstaller, A., Sieber, S., "Changes in the Export Structure in Austria and the EU", *WIFO Monatsberichte*, 2012, 85 (8): 657 ~ 668.

[76] Riddle, D., "Service – Led Growth: The Role of the Service Sector in World Development", Praeger, New York, 1986.

[77] Romer, D., Advanced Macroeconomics, Boston: McGraw – Hill, 2000.

[78] Roodman, D., "How to do Xtabond2: An Introduction to Difference and System GMM in Stata", *Stata Journal*, 2009, 9 (1): 86 ~ 136.

[79] Rowthorn, R, Ramaswamy, R., "Growth, Trade and Deindustrialisation", *IMF Economic Review*, 1999, 46 (1): 18 ~ 41.

[80] Sachs, J., Woo, W. T., "Structural Factors in the Economic Reforms of China, Eastern Europe, and the Former Soviet Union", *Economic Policy*, 1994, 9 (18): 102 ~ 145.

[81] Salter, W. E. G., Productivity and Technical Change, Cambridge: Cambridge University Press, 1960.

[82] Schmitz, H., Knorringa, P., "Learning from Global Buyers", *The Journal of Development Studies*, 2000, 37 (2): 177 ~ 205.

[83] Sepp, J., Varblane, U., "The Decomposition of Productivity Gap between Estonia and Korea", Econ – Stor Working Paper, Ordnungspolitische Diskurse, No. 2014 – 3, 2014.

[84] Shugan, S. M., "Explanations for the Growth of Services" //Rust RT, Oliver RL., Service Quality: New Directions in Theory and Practice, Thousand Oaks, CA: Sage Publications, 1994: 72 ~ 94.

[85] Singh, L., "Technological Progress, Structural Change and Productivity Growth in the Manufacturing Sector of South Korea", *World Review of Science Technology and Sustainable Development*, 2004, 1 (1): 13 + 37 ~ 49.

[86] Timmer, M. P., Szirmai, A., "Productivity Growth in Asian Manufacturing: The Structural BonusHypothesis Examined", *Structural Change and Economic Dynamics*, 2000, 11 (4): 371 ~ 392.

[87] Verspagen, B., "Uneven Growth between Interdependent Economies: An

Evolutionary Viewon Technology Gaps, Trade and Growth", *Economic Journal*, 1992, 104 (426): 1214.

[88] Vincenti, C. D., "Baumol's Disease, Production Externalities and Productivity Effects of Intersectoral Transfers", *Metroeconomica*, 2007, 58 (3): 395 ~ 412.

[89] White, A. L., Feng, L., "Servicizing: The Quiet Transition to Extended Product Responsibility", Tellus Institute, 1999.

[90] Wilber, S., "The Service Sector and Long - Run Economic Growth", Mimeo, 2002.

[91] Zuleta, H., Young, A. T., "Labor Shares ina Model of Induced Innovation", *Structural Change and Economic Dynamics*, 2010, 24 (3): 112 ~ 122.

[92] 阿瑟·刘易斯:《二元经济论》,北京经济学院出版社 1989 年版.

[93] 白重恩,张琼:《中国经济减速的生产率解释》,《比较》2014 年第 4 期,第 1 ~ 26 页.

[94] 蔡昉,王德文:《中国经济增长可持续性与劳动贡献》,《经济研究》1999 年第 10 期,第 62 ~ 68 页.

[95] 陈超:《进口贸易、FDI 与国际知识资本溢出——来自跨国面板数据的经验分析》,《世界经济研究》2016 年第 2 期,第 90 ~ 100 页.

[96] 程大中:《中国生产性服务业的水平、结构及影响——基于投入产出法的国际比较研究》,《经济研究》2008 年第 1 期,第 75 ~ 88 页.

[97] 陈强:《高级计量经济学及 Stata 应用》,高等教育出版社 2014 年版.

[98] 陈体标:《经济结构变化和经济增长》,《经济学》2007 年第 4 期,第 1053 ~ 1074 页.

[99] 陈宪,黄建锋:《分工、互动与融合:服务业与制造业关系演进的实证研究》,《中国软科学》2004 第 10 期,第 65 ~ 71 页.

[100] 陈晓光,龚六堂:《经济结构变化与经济增长》,《经济学》2005 年第 3 期,第 583 ~ 604 页.

[101] 陈艳莹,赵旭:《制造业服务外包对服务业劳动生产率的影响——基于中美两国行业数据的比较研究》,《暨南大学学报哲学社会科学版》2011 年第 6 期,第 56 ~ 67 页.

[102] 陈殷,李金勇:《生产性服务业区位模式及影响机制研究》,《上海经

济研究》2004 年第 7 期，第 52 ~ 57 页 .

［103］楚明钦：《生产性服务与装备制造业融合程度的国际比较——基于 OECD 投入产出表的分析》，《国际经贸探索》2014 年第 2 期，第 52 ~ 63 页 .

［104］戴伯勋，沈宏达：《现代产业经济学》，经济管理出版社 2001 年版 .

［105］付凌晖：《我国产业结构高级化与经济增长关系的实证研究》，《统计研究》2010 年第 8 期，第 79 ~ 81 页 .

［106］干春晖，郑若谷：《改革开放以来产业结构演进与生产率增长研究》，《中国工业经济》2009 年第 2 期，第 55 ~ 65 页 .

［107］干春晖，郑若谷，余典范：《中国产业结构变迁对经济增长和波动的影响》，《经济研究》2011 年第 5 期，第 4 ~ 16 页 .

［108］高觉民，李晓慧：《生产性服务业与制造业的互动机理：理论与实证》，《中国工业经济》2011 年第 6 期，第 151 ~ 160 页 .

［109］高燕：《产业升级的测定及制约因素分析》，《统计研究》2006 年第 4 期，第 47 ~ 49 页 .

［110］工业化与城市化协调发展研究课题组：《工业化与城市化关系的经济学分析》，《中国社会科学》2002 年第 2 期，第 44 ~ 45 页 .

［111］关雪凌，丁振辉：《日本产业结构变迁与经济增长》，《世界经济研究》2012 年第 7 期，第 80 ~ 86 页 .

［112］顾乃华，毕斗斗，任旺兵：《生产性服务业与制造业互动发展：文献综述》，《经济学家》2006 年第 6 期，第 35 ~ 41 页 .

［113］郭克莎：《结构优化与经济发展》，广东经济出版社 2001 年版 .

［114］郭克莎：《工业增长质量研究》，经济管理出版社 2007 年版 .

［115］郭克莎：《三次产业增长因素及其变动特点分析》，《经济研究》1992 年第 2 期，第 51 ~ 61 页 .

［116］郭佩颖：《产业结构变动与经济增长的收敛性》，吉林大学博士学位论文，2013 年 .

［117］郭庆然：《中国制造业结构变动研究（1953 ~ 2011）》，人民出版社 2014 年版 .

［118］郭熙保：《农业剩余劳动力及其转移问题》，《世界经济》2002 年第 12 期，第 25 ~ 32 页 .

［119］韩国珍：《结构变动对中国工业生产率增长的影响研究》，兰州大学

博士学位论文，2015 年.

［120］赫伯特·格鲁伯，迈克尔·沃克，陈彪如：《服务业的增长原因与影响》，上海三联书店 1993 年版.

［121］黄茂兴，李军军：《技术选择、产业结构升级与经济增长》，《经济研究》2009 年第 7 期，第 143 ~ 151 页.

［122］黄少军：《服务业与经济增长》，经济科学出版社 2000 年版.

［123］黄永春，郑江淮，杨以文等：《中国"去工业化"与美国"再工业化"冲突之谜解析——来自服务业与制造业交互外部性的分析》，《中国工业经济》2013 年第 3 期，第 7 ~ 19 页.

［124］霍利斯·钱纳里，摩西·赛尔奎因：《发展的型式：1950 ~ 1970》，经济科学出版社 1988 年版.

［125］霍利斯·钱纳里，谢尔曼·鲁宾逊，摩西·赛尔奎因等：《工业化和经济增长的比较研究》，格致出版社 2015 年版.

［126］胡晓鹏，李庆科：《生产性服务业与制造业共生关系研究——对苏、浙、沪投入产出表的动态比较》，《数量经济技术经济研究》2009 年第 2 期，第 33 ~ 46 页.

［127］胡永泰：《中国全要素生产率：来自农业部门劳动力再配置的首要作用》，《经济研究》1998 年第 3 期，第 33 ~ 41 页.

［128］加里·皮萨诺，威利·史：《制造繁荣：美国为什么需要制造业复兴》，机械工业信息研究院战略与规划研究所译，机械工业出版社 2014 年版.

［129］江东：《产业升级的再认识：一个分析框架》，《现代商业》2010 年第 5 期，第 196 ~ 197 页.

［130］金碚：《中国工业的转型升级》，《中国工业经济》2011 年第 7 期，第 5 ~ 14 页.

［131］金德尔·伯格，布鲁斯·赫里克：《经济发展》，上海译文出版社 1986 年版.

［132］靖学青：《产业结构高级化与经济增长——对长三角地区的实证分析》，《南通大学学报（哲学社会科学版）》2005 年第 3 期，第 45 ~ 49 页.

［133］靖学青：《上海产业升级测度及评析》，《上海经济研究》2008 年第 6 期，第 53 ~ 59 页.

［134］柯军：《产业结构升级与经济增长的关系》，《统计与决策》2008 年

第 11 期，第 83 ~ 84 页.

［135］梁晶晶，黄繁华：《制造业对生产性服务业产出增长的作用效果——基于中国投入产出表的实证分析》，《上海财经大学学报》2007 年第 5 期，第 83 ~ 90 页.

［136］联合国工业发展组织：《2016 年工业发展报告》，2016 年.

［137］李春生，张连城：《我国经济增长与产业结构的互动关系研究——基于 VAR 模型的实证分析》，《工业技术经济》2015 年第 6 期，第 28 ~ 35 页.

［138］李冠霖：《第三产业投入产出分析》，中国物价出版社 2002 年版.

［139］李建华，孙蚌珠：《服务业的结构和"成本病"的克服——Baumol 模型的扩展和实证》，《财经研究》2012 年第 11 期，第 27 ~ 37 页.

［140］李美云：《基于价值链重构的制造业和服务业间产业融合研究》，《社会工作与管理》2011 年第 5 期，第 34 ~ 40 页.

［141］林峰：《可持续发展与产业结构调整》，社会科学文献出版社 2006 年版.

［142］林毅夫：《新结构经济学》，北京大学出版社 2014 年版.

［143］林毅夫：《新结构经济学——重构发展经济学的框架》，《经济学（季刊）》2011 年第 1 期，第 1 ~ 32 页.

［144］李尚骜，龚六堂：《非一致性偏好、内生偏好结构与经济结构变迁》，《经济研究》2012 年第 7 期，第 35 ~ 47 页.

［145］李文秀，夏杰长：《基于自主创新的制造业与服务业融合：机理与路径》，《南京大学学报（哲学·人文科学·社会科学版）》2012 年第 2 期，第60 ~ 67 页.

［146］李晓华：《中国工业的发展差距与转型升级路径》，《经济研究参考》2013 年第 51 期，第 15 ~ 30 + 51 页.

［147］李小平，卢现祥：《中国制造业的结构变动和生产率增长》，《世界经济》2007 年第 5 期，第 52 ~ 64 页.

［148］李悦：《产业经济学》，中国人民大学出版社 2004 年版.

［149］李子奈，潘文卿：《计量经济学（第二版）》，高等教育出版社 2000 年版.

［150］刘常勇，刘阳春：《产业升级转型的技术与市场生命周期——以新兴经济的高科技产业为例》，《中山大学学报（社会科学版）》2009 年第 1 期，第 187 ~ 193 页.

［151］刘健:《中国产业结构升级论》, 中国言实出版社 2000 年版.

［152］刘家顺, 杨洁, 孙玉娟:《产业经济学》, 中国社会科学出版社 2006 年版.

［153］刘起运:《关于投入产出模型结构分析的规范化问题》,《数量经济技术经济研究》1992 年第 4 期, 第 65 ~ 71 页.

［154］刘起运:《关于投入产出系数结构分析方法的研究》,《统计研究》2002 年第 2 期, 第 40 ~ 42 页.

［155］刘书瀚, 张瑞, 刘立霞:《中国生产性服务业和制造业的产业关联分析》,《南开经济研究》2010 年第 6 期, 第 65 ~ 74 页.

［156］刘伟, 张辉:《中国经济增长中的产业结构变迁和技术进步》,《经济研究》2008 年第 11 期, 第 4 ~ 15 页.

［157］刘志彪, 王国生, 安国良:《现代产业经济分析》, 南京大学出版社 2001 年版.

［158］刘志彪:《产业升级的发展效应及其动因分析》,《南京师范大学学报(社会科学版)》2000 年第 2 期, 第 3 ~ 10 页.

［159］罗斯托:《从起飞进入持续增长的经济学》, 四川人民出版社 2000 年版.

［160］吕明元:《产业结构升级与经济发展方式转型关系的实证研究与国际比较》, 中国经济出版社 2015 年版.

［161］吕铁:《制造业结构变化对生产率增长的影响研究》,《管理世界》2002 年第 2 期, 第 87 ~ 94 页.

［162］吕政, 刘勇, 王钦:《中国生产性服务业发展的战略选择——基于产业互动的研究视角》,《中国工业经济》2006 年第 8 期, 第 5 ~ 12 页.

［163］迈克尔·波特:《竞争战略》, 陈小悦译, 华夏出版社 1997 年版.

［164］迈克尔·波特:《国家竞争优势》, 李明轩, 邱如美译, 华夏出版社 2002 年版.

［165］牛凌云, 窦丽琛:《关于工业增加值率指标的探讨和分析》,《河北经贸大学学报》2000 年第 6 期, 第 74 ~ 78 页.

［166］潘文卿:《中国农业剩余劳动力转移效益测评》,《统计研究》1999 年第 4 期, 第 31 ~ 34 页.

［167］乔均, 施建军:《生产性服务业与制造业互动发展研究述评》,《经济学动态》2009 年第 11 期, 第 130 ~ 135 页.

［168］盛丰：《生产性服务业集聚与制造业升级：机制与经验——来自230个城市数据的空间计量分析》，《产业经济研究》2014年第2期，第32~39页.

［169］沈利生：《中国经济增长质量与增加值率变动分析》，《吉林大学社会科学学报》2009年第3期，第125~134页.

［170］沈利生：《重新审视传统的影响力系数公式——评影响力系数公式的两个缺陷》，《数量经济技术经济研究》2010年第2期，第133~141页.

［171］沈利生，王恒：《增加值率下降意味着什么》，《经济研究》2006年第3期，第59~66页.

［172］沈利生，吴振宇：《出口对中国GDP增长的贡献——基于投入产出表的实证分析》，《经济研究》2003年第11期，第33~41页.

［173］史忠良：《新编产业经济学》，中国社会科学出版社2007年版.

［174］孙宝强：《产业升级理论研究中的争论与反思》，《天津商业大学学报》2011年第4期，第55~62页.

［175］孙理军，严良：《全球价值链上中国制造业转型升级绩效的国际比较》，《宏观经济研究》2016年第1期，第73~85页.

［176］孙彦红：《欧盟“再工业化”战略解析》，《欧洲研究》2013年第5期，第59~76页.

［177］唐晓华：《现代产业经济学导论》，经济管理出版社2011年版.

［178］谭晶荣，颜敏霞，邓强等：《转型升级水平测度及劳动生产效率影响因素估测——以长三角16个城市为例》，《商业经济与管理》2012年第5期，第72~81页.

［179］涂颖清：《全球价值链下我国制造业升级研究》，复旦大学博士学位论文，2010年.

［180］王德文，王美艳，陈兰：《中国工业的结构调整、效率与劳动配置》，《经济研究》2004年第4期，第41~49页.

［181］王国平：《产业升级规律与中国特色的产业升级道路》，《上海行政学院学报》2013年第1期，第4~15页.

［182］王佳，张金水：《外生冲击沿部门传导的作用机制和影响研究——基于中国七部门DSGE模型的数值模拟》，《数量经济技术经济研究》2011年第3期，第127~139页.

［183］王金照，王金石：《工业增加值率的国际比较及启示》，《经济纵横》

2012 年第 8 期，第 35 ~ 41 页 .

［184］ 王鹏，尤济红：《产业结构调整中的要素配置效率——兼对“结构红利假说”的再检验》，《经济学动态》2015 年第 10 期，第 70 ~ 80 页 .

［185］ 王述英：《工业化与产业结构跨越式升级》，中国财政经济出版社 2005 年版 .

［186］ 王晓红：《制造业与服务业融合发展的六大趋势》，《中国经济周刊》2014 年第 25 期，第 22 ~ 23 页 .

［187］ 王霄琼：《中国制造业结构变动和生产率增长的相关性分析》，南开大学博士学位论文，2014 年 .

［188］ 王玉燕，林汉川，刘慧龙等：《中国工业转型升级的若干问题研究》，企业管理出版社 2016 年版 .

［189］ 吴崇伯：《论东盟国家的产业升级》，《亚太经济》1988 年第 1 期，第 26 ~ 30 页 .

［190］ 伍业君，张其仔，徐娟：《产品空间与比较优势演化述评》，《经济评论》2012 年第 4 期，第 145 ~ 152 页 .

［191］ 向铁梅，黄静波：《国民经济行业分类与国际标准产业分类中制造业大类分类的比较分析》，《对外经贸实务》2008 年第 11 期，第 33 ~ 36 页 .

［192］ 肖挺，刘华：《中国服务业制造化的产业绩效分析》，《软科学》2013 年第 8 期，第 15 ~ 19 页 .

［193］ 辛超，张平，袁富华：《资本与劳动力配置结构效应——中国案例与国际比较》，《中国工业经济》2015 年第 2 期，第 5 ~ 17 页 .

［194］ 徐德云：《产业结构升级形态决定、测度的一个理论解释及验证》，《财政研究》2008 年第 1 期，第 45 ~ 49 页 .

［195］ 徐东华：《我国产业转换与产业升级问题》，《经济管理》1999 年第 5 期，第 45 ~ 47 页 .

［196］ 徐建荣：《转型期中国制造业结构变动研究》，南京航空航天大学博士学位论文，2008 年 .

［197］ 杨建文：《产业经济学》，学林出版社 2004 年版 .

［198］ 杨绍波：《效率改进、产业结构升级对经济增长的影响研究》，东北财经大学博士学位论文，2014 年 .

［199］ 姚小远：《论制造业服务化——制造业与服务业融合发展的新型模

式》,《上海师范大学学报（哲学社会科学版）》2014 年第 11 期，第 60 ~ 71 页 .

［200］姚战琪:《生产率增长与要素再配置效应：中国的经验研究》,《经济研究》2009 年第 11 期，第 130 ~ 143 页 .

［201］尹伟华:《中日制造业参与全球价值链分工模式及地位分析——基于世界投入产出表》,《经济理论与经济管理》2016 年第 5 期，第 100 ~ 112 页 .

［202］殷醒民:《制造业结构的转型与经济发展：中国 1978 ~ 1988 年制造业内部结构的调整》，复旦大学出版社 1999 年版 .

［203］袁勤俭:《国际标准产业分类体系的演化》,《统计与信息论坛》2004 年第 1 期，第 26 ~ 29 页 .

［204］于春海，常海龙：《再论我国制造业增加值率下降的原因——基于 WIOD 数据的分析》,《经济理论与经济管理》2015 年第 2 期，第 20 ~ 30 页 .

［205］喻春娇，郑光凤:《湖北省生产性服务业与制造业的互动发展程度分析》,《经济地理》2010 年第 11 期，第 1859 ~ 1864 页 .

［206］俞剑，方福前:《结构变迁与经济增长的传导机制演变》,《经济学动态》2015 年第 7 期，第 112 ~ 125 页 .

［207］曾世宏，郑江淮:《产品空间结构理论对我国转变经济发展方式的启示》,《经济纵横》2008 年第 11 期，第 21 ~ 23 页 .

［208］曾先峰，李国平：《资源再配置与中国工业增长：1985 ~ 2007 年》,《数量经济技术经济研究》2011 年第 9 期，第 3 ~ 18 页 .

［209］张辉：《全球价值链下北京产业升级研究》，北京大学出版社 2007 年版.

［210］张建平:《欧盟“再工业化”战略对我国制造业发展的启示》,《河北经贸大学学报》2016 年第 2 期，第 80 ~ 84 页 .

［211］张军，陈诗一，Gary H. Jefferson:《结构改革与中国工业增长》,《经济研究》2009 年第 7 期，第 4 ~ 20 页 .

［212］张立群，邓晶:《江苏省产业结构优化的测算研究》，江苏省外国经济学说研究会成立 30 周年暨 2013 年学术年会论文集，2013 年 .

［213］张其仔:《比较优势的演化与中国产业升级路径的选择》,《中国工业经济》2008 年第 9 期，第 58 ~ 68 页 .

［214］张其仔，李蕾:《制造业转型升级与地区经济增长》,《经济与管理研究》2017 年第 2 期，第 97 ~ 111 页 .

[215] 张耀辉:《产业创新:新经济下的产业升级模式》,《数量经济技术经济研究》2002 年第 1 期,第 14 ~ 17 页.

[216] 张占斌, 孙飞:《聚焦供给侧改革:七大举措化解产能过剩》,人民网财经频道, http: //finance. china. com/industrial/11173306/20160223/21586338. html, 2016 年.

[217] 詹浩勇:《生产性服务业集聚与制造业转型升级研究》,西南财经大学博士学位论文, 2013 年.

[218] 赵春雨, 朱承亮, 安树伟:《生产率增长、要素重置与中国经济增长——基于分行业的经验研究》,《中国工业经济》2011 年第 8 期,第 79 ~ 88 页.

[219] 赵丽芬:《美国和日本产业转型升级的经验与启示》,《产业经济评论》2015 年第 1 期,第 100 ~ 104 页.

[220] 郑春荣, 望路:《德国制造业转型升级的经验与启示》,《人民论坛·学术前沿》2015 年第 11 期,第 40 ~ 48 页.

[221] 郑玉歆:《80 年代中国制造业生产率变动及其来源》//郑玉歆, 罗斯基:《体制转换中的中国工业生产率》,社会科学文献出版社 1993 年版.

[222] 植草益:《信息通讯业的产业融合》,《中国工业经济》2001 年第 2 期,第 35 ~ 43 页.

[223] 中华人民共和国国务院:《中国制造 2025》, 2015 年.

[224] 钟韵, 赵玉英:《我国中等城市制造业对服务业发展的影响研究——以东部沿海地区为例》,《产经评论》2015 年第 1 期,第 15 ~ 24 页.

[225] 周昌林, 魏建良:《产业结构水平测度模型与实证分析——以上海、深圳、宁波为例》,《上海经济研究》2007 年第 6 期,第 15 ~ 21 页.

[226] 周达:《中国制造业结构变动研究 1981 ~ 2006》,知识产权出版社 2008 年版.

[227] 周大鹏:《制造业服务化对产业转型升级的影响》,《世界经济研究》2013 年第 9 期,第 17 ~ 22 + 48 + 87 页.

[228] 周海蓉:《发达国家“再工业化”战略的主要举措及对上海启示》,《科学发展》2016 年第 8 期,第 69 ~ 75 页.

[229] 周静:《我国生产性服务业与制造业的互动效应研究》,上海人民出版社 2015 年版.

[230] 周振华:《产业融合:产业发展及经济增长的新动力》,《中国工业经

济》2003年第4期，第46~52页.

[231] 朱慧明，韩玉启:《产业结构与经济增长关系的实证分析》，《运筹与管理》2003年第2期，第68~72页.

[232] 朱胜勇:《发达国家生产性服务业发展的影响因素——基于OECD国家生产性服务业的分析》，《城市问题》2009年第7期，第90~96页.

[233] 朱卫平，陈林:《产业升级的内涵与模式研究——以广东产业升级为例》，《经济学家》2011年第2期，第60~66页.

[234] 佐贯利雄:《日本经济的结构分析》，辽宁人民出版社1988年版.

附　录

附录 A　高收入经济体不同技术密集型制造业对主要服务业行业的依赖度

附表 A-1　高收入经济体不同技术密集型制造业对批发零售和运输仓储的依赖度

单位:%

国家/地区	批发零售				运输仓储			
	低技术型	中低技术型	中高技术型	高技术型	低技术型	中低技术型	中高技术型	高技术型
澳大利亚	15.57	13.88	14.36	14.33	10.91	10.23	10.08	8.04
奥地利	15.41	12.94	16.32	15.44	7.42	6.96	6.16	5.56
比利时	19.98	12.32	14.72	16.91	6.31	5.25	6.60	6.67
文莱	16.02	2.83	4.19	17.89	0.24	0.02	0.06	0.05
加拿大	18.69	15.92	18.36	20.08	7.09	6.85	7.62	7.91
智利	14.07	14.57	11.86	10.76	7.32	5.61	7.04	5.81
克罗地亚	13.98	11.70	9.12	4.82	1.34	1.78	1.23	1.22
塞浦路斯	24.01	25.17	29.36	32.99	1.79	3.83	9.56	9.36
捷克	18.24	13.26	14.36	14.70	5.55	6.54	5.15	5.11
丹麦	20.07	12.73	19.89	21.49	2.27	2.81	2.93	4.49
爱沙尼亚	14.73	13.11	16.08	13.59	12.43	12.89	13.35	9.21

续表

国家/地区	批发零售				运输仓储			
	低技术型	中低技术型	中高技术型	高技术型	低技术型	中低技术型	中高技术型	高技术型
芬兰	14.78	10.70	12.25	11.39	14.93	8.71	8.70	7.81
法国	16.46	12.78	14.51	11.93	4.85	5.80	4.38	4.06
德国	12.83	11.75	10.20	11.66	6.74	7.84	5.14	6.98
希腊	22.41	28.68	19.10	15.92	1.93	1.63	2.30	2.73
中国香港	57.96	41.98	46.70	48.13	0.22	0.30	0.87	3.56
匈牙利	15.38	16.63	14.45	12.11	4.87	7.09	5.08	4.33
冰岛	10.84	14.07	16.60	12.09	1.91	3.08	3.30	3.14
爱尔兰	8.72	13.18	5.48	3.76	4.44	9.70	2.99	2.39
以色列	14.02	12.63	13.61	12.04	5.13	5.69	4.79	4.67
意大利	21.36	14.44	16.32	17.89	9.00	7.78	7.88	7.57
日本	17.38	12.96	15.49	15.72	5.26	5.43	3.86	3.94
韩国	7.93	6.85	6.11	7.16	4.19	4.09	2.59	2.24
拉脱维亚	18.60	20.17	20.20	22.11	11.93	13.65	11.51	11.65
立陶宛	17.52	8.71	19.28	19.94	8.37	47.48	13.20	9.63
卢森堡	42.55	36.91	37.10	34.55	0.91	1.48	2.03	2.08
马耳他	20.06	18.05	21.47	10.00	2.23	2.10	2.02	0.55
荷兰	21.11	12.42	17.16	11.42	2.45	1.60	1.99	2.08
新西兰	14.04	11.75	11.72	12.65	6.15	6.49	4.35	3.95
挪威	14.60	10.32	12.11	15.27	7.46	5.11	6.95	6.66
波兰	19.26	16.53	16.43	22.49	5.38	6.63	5.76	5.93
葡萄牙	18.24	12.87	16.85	20.83	4.14	5.81	5.51	4.67
沙特阿拉伯	19.66	6.01	9.91	18.88	5.10	1.72	3.35	4.49
新加坡	31.20	28.35	22.47	22.87	4.14	3.56	2.95	3.08
斯洛伐克	19.75	19.85	15.36	20.19	8.27	10.25	7.28	7.99
斯洛文尼亚	17.81	12.71	14.35	17.24	7.76	6.58	7.32	6.83
西班牙	15.25	11.79	14.06	15.41	8.74	9.31	9.16	7.82
瑞典	12.22	12.18	12.73	11.88	15.03	10.62	8.69	5.16
瑞士	20.48	18.11	10.33	14.83	9.40	9.77	4.60	8.54
英国	18.77	13.99	20.48	23.85	7.79	6.25	6.50	6.50
美国	14.72	14.70	12.67	12.15	5.30	5.34	3.97	3.59
平均	18.70	15.38	16.20	16.81	6.02	6.92	5.58	5.32

附表 A－2　高收入经济体不同技术密集型制造业对金融媒介和研发及其他商务活动的依赖度

单位：%

国家/地区	金融媒介				研发及其他商务活动			
	低技术型	中低技术型	中高技术型	高技术型	低技术型	中低技术型	中高技术型	高技术型
澳大利亚	3.36	3.61	3.73	4.23	10.89	11.10	18.30	23.02
奥地利	4.18	4.27	4.44	6.36	8.98	7.92	10.09	15.17
比利时	4.24	4.59	4.91	4.98	11.77	10.43	13.25	19.05
文莱	6.44	3.79	1.71	1.39	2.27	1.17	0.61	0.51
加拿大	6.72	6.93	8.36	15.19	5.66	5.00	6.67	9.95
智利	3.76	3.54	3.84	4.58	12.35	9.53	20.40	13.11
克罗地亚	3.39	4.24	5.18	15.85	8.42	11.93	17.53	24.67
塞浦路斯	2.78	2.65	3.95	1.73	2.57	2.25	4.19	1.79
捷克	3.14	3.67	3.22	2.62	6.43	6.15	7.09	8.93
丹麦	6.18	6.93	6.09	6.19	13.31	12.99	14.72	16.45
爱沙尼亚	2.09	2.40	2.54	2.58	6.26	6.71	8.76	8.50
芬兰	1.84	2.11	2.68	1.69	5.93	6.05	9.54	27.68
法国	6.10	5.21	5.07	5.85	15.64	18.15	20.54	31.38
德国	3.98	3.96	3.27	4.13	12.86	11.40	12.53	17.19
希腊	6.78	6.21	8.44	14.71	7.52	5.84	12.17	12.99
中国香港	4.74	2.77	4.16	4.79	8.05	4.29	7.74	10.73
匈牙利	3.42	4.22	3.71	2.75	7.34	8.36	11.25	11.64
冰岛	5.41	10.57	10.20	10.64	5.03	11.77	10.39	10.83
爱尔兰	2.09	3.11	2.88	1.11	9.68	5.64	16.24	3.22
以色列	6.95	7.72	8.83	12.17	12.80	15.66	18.38	21.93
意大利	4.47	4.87	4.32	5.25	9.37	8.66	11.39	16.52
日本	2.67	2.18	1.73	2.00	6.73	4.88	5.93	7.16
韩国	3.90	3.26	2.65	2.64	3.49	2.99	3.41	6.47
拉脱维亚	2.29	2.91	3.97	5.85	5.26	5.08	7.63	7.29
立陶宛	2.09	1.93	2.82	3.55	4.44	4.54	4.05	3.48
卢森堡	0.63	0.52	0.54	0.61	8.40	3.44	4.69	8.83
马耳他	3.72	4.16	3.69	0.77	2.72	2.18	2.41	0.47
荷兰	5.64	5.51	5.63	7.68	8.87	7.42	10.02	32.41
新西兰	3.30	3.92	3.83	2.67	8.84	10.87	11.41	9.56

续表

国家/地区	金融媒介				研发及其他商务活动			
	低技术型	中低技术型	中高技术型	高技术型	低技术型	中低技术型	中高技术型	高技术型
挪威	3.32	2.99	4.70	6.21	6.74	5.02	6.47	8.66
波兰	2.75	3.09	3.05	3.20	5.72	6.40	8.72	6.85
葡萄牙	6.06	5.61	7.10	7.11	9.02	7.77	10.03	9.08
沙特阿拉伯	6.40	1.84	3.45	5.57	3.44	0.78	2.12	4.08
新加坡	3.62	2.79	3.03	2.87	5.64	3.02	4.94	5.03
斯洛伐克	1.92	1.89	1.67	1.26	6.93	5.76	8.25	9.30
斯洛文尼亚	3.89	3.92	4.40	5.80	10.77	8.81	12.31	15.09
西班牙	3.18	3.37	3.14	3.62	7.27	5.77	7.80	14.69
瑞典	2.81	2.63	2.94	2.86	9.97	10.04	17.01	26.94
瑞士	3.30	5.97	2.64	3.79	4.77	12.18	44.51	20.49
英国	5.43	5.68	6.97	4.56	11.00	7.10	10.33	12.64
美国	4.60	3.51	3.29	4.37	11.21	8.75	11.45	18.55
平均	3.99	4.03	4.21	5.02	7.91	7.41	10.86	12.98

附录 B 中等收入经济体不同技术密集型制造业对主要服务业行业的依赖度

附表 B-1 中等收入经济体不同技术密集型制造业对批发零售和运输仓储的依赖度

单位:%

国家	批发零售				运输仓储			
	低技术型	中低技术型	中高技术型	高技术型	低技术型	中低技术型	中高技术型	高技术型
阿根廷	11.90	8.50	12.75	14.42	7.66	5.91	5.61	6.67
巴西	14.75	10.36	9.66	10.49	3.44	3.10	2.95	3.12
保加利亚	10.21	12.01	9.72	12.85	9.40	12.21	12.02	10.96
柬埔寨	5.58	5.26	4.34	6.03	4.17	6.05	3.21	5.15

续表

国家	批发零售				运输仓储			
	低技术型	中低技术型	中高技术型	高技术型	低技术型	中低技术型	中高技术型	高技术型
中国	5.93	4.22	4.01	4.86	2.76	3.54	3.12	2.81
哥伦比亚	12.46	8.85	10.25	8.62	6.60	6.32	7.45	8.32
哥斯达黎加	15.89	19.90	20.53	24.42	5.99	11.93	8.45	10.35
印度	13.06	11.85	10.04	9.49	8.44	6.94	6.17	8.17
印度尼西亚	12.89	11.10	10.04	10.56	4.77	4.32	4.30	8.66
马来西亚	7.18	5.60	5.94	10.08	2.75	3.50	2.91	3.68
墨西哥	22.06	14.63	18.91	29.34	5.22	3.71	5.18	9.49
菲律宾	16.24	16.87	13.95	15.74	1.68	1.81	1.65	1.23
罗马尼亚	11.80	16.62	11.94	11.92	6.23	9.57	7.98	9.13
俄罗斯	22.70	18.98	20.06	20.60	7.89	12.34	9.85	9.07
南非	15.68	14.88	14.70	13.95	8.78	8.15	8.50	8.25
泰国	9.13	9.23	6.75	10.48	3.20	3.99	3.38	6.22
突尼斯	10.33	6.91	7.79	14.62	3.48	5.71	4.52	6.26
土耳其	13.59	10.04	9.82	12.34	10.91	11.32	10.30	11.57
越南	11.23	10.17	10.95	15.12	0.05	0.05	0.06	0.09
平均	12.77	11.37	11.17	13.47	5.44	6.34	5.67	6.80

附表 B-2 中等收入经济体不同技术密集型制造业对金融媒介和研发及其他商务活动的依赖度

单位:%

国家	金融媒介				研发及其他商务活动			
	低技术型	中低技术型	中高技术型	高技术型	低技术型	中低技术型	中高技术型	高技术型
阿根廷	2.04	1.92	2.15	3.41	6.57	6.17	9.82	9.56
巴西	3.94	4.60	5.89	6.30	7.20	6.82	9.66	11.85
保加利亚	6.31	7.25	8.82	9.88	6.18	3.97	6.72	6.13
柬埔寨	0.58	2.08	1.73	2.21	0.43	8.99	12.73	8.70
中国	2.33	2.43	2.34	3.29	4.07	3.28	4.44	5.60
哥伦比亚	3.19	2.95	3.61	3.54	7.93	5.94	9.25	10.58
哥斯达黎加	10.00	15.86	16.79	9.28	4.06	4.97	7.43	6.30

续表

国家	金融媒介				研发及其他商务活动			
	低技术型	中低技术型	中高技术型	高技术型	低技术型	中低技术型	中高技术型	高技术型
印度	6.60	4.73	6.77	8.12	0.32	0.19	0.32	0.53
印度尼西亚	3.28	2.90	3.40	3.16	0.78	1.44	1.66	3.31
马来西亚	4.68	6.63	4.65	8.78	0.56	1.36	1.04	1.78
墨西哥	1.69	2.26	2.35	2.13	7.16	6.14	9.07	10.47
菲律宾	2.56	3.19	3.08	1.86	2.03	1.39	1.56	1.22
罗马尼亚	2.53	2.74	3.26	4.97	1.64	1.65	2.18	2.43
俄罗斯	3.69	4.65	4.49	4.85	2.54	3.22	3.62	3.83
南非	5.59	5.11	6.43	12.42	5.95	5.78	9.60	7.14
泰国	5.18	5.69	4.97	6.15	1.93	2.30	2.25	3.05
突尼斯	2.37	3.94	3.95	4.62	0.51	0.58	1.66	1.10
土耳其	2.22	3.85	3.60	4.07	2.49	3.26	4.63	6.78
越南	1.32	1.68	3.20	4.82	0.47	0.91	1.78	1.74
平均	3.69	4.44	4.81	5.47	3.31	3.60	5.23	5.37

附录C 高收入经济体不同技术密集型制造业对主要服务业行业的供给度

附表C-1 高收入经济体不同技术密集型制造业对批发零售和运输仓储的供给度

单位：%

国家/地区	批发零售				运输仓储			
	低技术型	中低技术型	中高技术型	高技术型	低技术型	中低技术型	中高技术型	高技术型
澳大利亚	11.43	5.30	9.63	8.14	3.90	3.96	10.57	5.31
奥地利	6.63	5.07	6.88	8.15	3.84	4.58	3.21	3.38
比利时	9.42	4.66	6.61	9.42	4.34	6.02	3.69	5.26
文莱	1.07	1.89	4.81	0.00	1.42	17.97	5.97	0.00

续表

国家/地区	批发零售				运输仓储			
	低技术型	中低技术型	中高技术型	高技术型	低技术型	中低技术型	中高技术型	高技术型
加拿大	4.40	8.43	10.71	6.29	1.23	6.04	4.01	1.50
智利	9.12	5.67	6.60	5.65	1.91	13.95	2.94	4.77
克罗地亚	7.21	8.19	7.77	7.24	1.92	8.42	7.40	3.63
塞浦路斯	7.10	4.59	9.79	2.09	1.36	2.52	3.62	0.41
捷克	7.18	5.89	7.88	3.28	3.51	5.24	4.35	1.85
丹麦	8.98	11.14	11.70	15.46	5.62	20.58	5.24	4.34
爱沙尼亚	6.01	5.46	5.90	3.51	6.60	7.93	7.90	3.66
芬兰	5.98	3.76	4.13	7.53	4.38	8.26	4.42	3.87
法国	5.86	6.16	4.70	6.28	1.95	5.17	2.77	1.67
德国	5.43	4.44	3.43	5.89	2.63	5.36	2.28	2.23
希腊	7.55	6.91	5.67	11.08	5.53	13.57	4.78	6.13
中国香港	25.54	17.59	23.32	9.08	10.54	9.24	29.66	6.14
匈牙利	7.84	5.98	6.56	3.71	2.42	8.15	2.88	1.06
冰岛	5.58	4.47	3.31	4.30	7.03	4.69	5.92	5.88
爱尔兰	3.49	3.61	0.91	0.91	3.17	5.21	1.00	0.89
以色列	4.79	4.49	1.60	2.88	2.25	2.71	2.31	2.10
意大利	9.90	9.74	9.77	11.34	4.51	6.15	4.67	4.65
日本	7.06	6.65	7.51	10.27	2.52	4.16	1.24	1.24
韩国	4.31	2.22	1.51	1.78	1.25	4.42	3.17	0.81
拉脱维亚	9.98	7.58	9.32	10.65	6.64	7.64	26.99	8.31
立陶宛	5.64	5.63	4.76	5.57	7.53	7.78	4.89	3.47
卢森堡	8.24	8.64	8.90	7.32	2.11	4.36	8.73	3.53
马耳他	6.63	4.44	5.05	1.33	8.56	6.64	7.54	8.51
荷兰	6.39	6.24	5.44	9.57	2.86	8.17	3.60	4.75
新西兰	3.79	4.87	5.25	4.86	1.19	3.11	2.79	1.47
挪威	8.56	5.22	6.42	10.51	5.35	21.04	17.50	5.46
波兰	11.00	7.94	6.85	6.49	3.08	8.82	5.25	3.32
葡萄牙	5.59	7.67	6.51	10.14	2.75	8.85	2.83	2.77
沙特阿拉伯	3.51	2.84	3.38	4.53	1.63	7.28	3.15	4.04

续表

国家/地区	批发零售				运输仓储			
	低技术型	中低技术型	中高技术型	高技术型	低技术型	中低技术型	中高技术型	高技术型
新加坡	6.42	3.55	3.25	3.57	7.73	19.06	5.29	2.23
斯洛伐克	10.81	6.12	6.13	5.86	3.96	6.51	3.41	1.33
斯洛文尼亚	8.42	4.59	6.39	8.06	3.59	2.39	3.69	3.85
西班牙	4.20	4.67	5.16	5.29	2.95	7.98	5.40	5.09
瑞典	4.59	3.60	5.77	7.57	6.77	9.04	8.28	8.21
瑞士	8.91	5.24	4.89	6.20	3.55	3.89	9.02	5.57
英国	8.60	7.27	8.32	5.14	3.22	5.11	4.14	2.98
美国	6.08	4.18	4.08	6.35	1.45	7.57	2.45	1.47
平均	7.30	5.92	6.50	6.42	3.87	7.79	6.07	3.59

附表 C-2　高收入经济体不同技术密集型制造业对金融媒介和研发及其他商务活动的供给度

单位：%

国家/地区	金融媒介				研发及其他商务活动			
	低技术型	中低技术型	中高技术型	高技术型	低技术型	中低技术型	中高技术型	高技术型
澳大利亚	1.05	0.55	0.72	1.20	7.98	4.02	7.08	10.59
奥地利	2.29	1.09	1.75	3.30	6.13	2.48	4.39	7.22
比利时	1.63	0.86	1.06	2.67	6.87	3.27	4.09	7.58
文莱	0.91	0.20	3.60	0.00	1.31	0.40	4.69	0.00
加拿大	2.85	3.05	2.05	3.11	10.73	1.56	1.75	4.77
智利	1.55	0.59	1.49	2.98	2.22	1.36	3.13	3.44
克罗地亚	1.81	1.02	1.30	2.07	9.96	6.31	7.44	3.32
塞浦路斯	2.34	1.71	2.18	0.74	1.82	1.38	1.91	0.57
捷克	1.18	0.52	0.53	1.04	5.67	2.29	2.27	2.45
丹麦	3.47	1.26	1.77	1.64	10.47	3.42	3.31	6.80
爱沙尼亚	1.08	0.48	0.52	0.53	3.75	1.94	2.50	1.91
芬兰	1.84	0.72	0.79	3.06	4.32	1.64	3.01	9.93
法国	3.65	0.91	0.74	1.97	7.12	4.01	4.11	7.88
德国	2.89	0.86	1.03	2.98	5.61	1.68	1.74	3.51

续表

国家/地区	金融媒介				研发及其他商务活动			
	低技术型	中低技术型	中高技术型	高技术型	低技术型	中低技术型	中高技术型	高技术型
希腊	1.59	0.60	0.83	1.28	5.19	2.39	3.36	3.46
中国香港	6.02	1.59	2.54	3.41	9.69	4.06	5.71	3.78
匈牙利	1.15	0.65	0.68	1.10	3.52	2.30	2.11	1.92
冰岛	2.38	0.97	1.32	3.07	2.21	1.29	1.51	3.30
爱尔兰	2.29	0.86	0.31	0.60	5.85	1.67	1.05	0.91
以色列	1.63	0.44	0.29	0.40	8.24	1.96	1.51	1.51
意大利	1.07	0.64	0.71	2.30	5.07	2.94	3.95	6.83
日本	3.39	0.58	0.38	0.92	3.79	0.96	0.75	1.31
韩国	1.43	0.47	0.46	0.78	2.54	0.72	1.02	2.64
拉脱维亚	1.20	0.93	1.64	2.93	3.23	2.13	2.48	5.21
立陶宛	1.04	0.75	0.47	0.66	1.35	2.54	0.98	1.91
卢森堡	46.42	7.96	13.66	42.33	2.72	2.66	4.07	2.82
马耳他	3.85	1.62	1.18	1.49	8.52	3.14	2.90	2.26
荷兰	3.00	1.12	1.12	3.89	4.96	3.00	2.95	9.12
新西兰	1.09	0.83	0.85	1.09	3.32	2.45	3.22	7.80
挪威	1.63	0.50	0.62	1.27	5.84	3.01	4.42	19.21
波兰	1.78	1.51	0.89	1.60	2.63	2.07	2.28	3.02
葡萄牙	1.63	0.83	0.95	1.68	3.90	2.64	2.91	4.18
沙特阿拉伯	0.89	0.16	0.23	3.52	2.66	0.22	0.75	2.51
新加坡	2.71	0.72	0.96	1.71	3.46	1.64	2.95	2.96
斯洛伐克	0.77	0.21	0.17	0.12	6.02	1.70	1.40	0.94
斯洛文尼亚	1.82	0.55	0.77	1.63	5.61	2.91	5.05	6.33
西班牙	1.43	0.61	0.81	2.07	5.30	1.59	2.77	3.70
瑞典	1.50	0.59	0.93	1.77	7.74	3.12	4.93	8.65
瑞士	6.51	1.86	2.52	2.50	2.76	2.32	2.81	1.57
英国	4.56	2.05	2.74	3.62	5.67	2.44	4.16	4.17
美国	4.06	1.45	1.58	3.57	5.11	2.98	4.04	5.72
平均	3.30	1.10	1.44	2.89	5.14	2.36	3.11	4.58

附录D　中等收入经济体不同技术密集型制造业对主要服务业行业的供给度

附表 D-1　中等收入经济体不同技术密集型制造业对批发零售和运输仓储的供给度

单位：%

国家	批发零售				运输仓储			
	低技术型	中低技术型	中高技术型	高技术型	低技术型	中低技术型	中高技术型	高技术型
阿根廷	4.28	3.50	3.03	4.62	2.44	7.94	3.65	2.49
巴西	3.72	2.88	2.31	2.99	1.42	4.43	2.29	1.13
保加利亚	10.44	8.67	7.49	7.00	4.38	17.46	10.02	7.27
柬埔寨	4.36	7.13	2.98	6.92	4.64	12.89	14.97	6.56
中国	2.19	1.22	1.78	2.26	1.50	2.84	2.31	1.13
哥伦比亚	5.21	5.50	4.77	4.75	1.29	12.78	3.70	4.98
哥斯达黎加	2.95	4.07	3.02	3.94	2.30	13.13	2.50	2.14
印度	2.44	1.50	0.85	1.20	7.31	11.27	7.89	4.66
印度尼西亚	3.50	4.69	2.19	1.74	1.76	11.07	3.99	2.62
马来西亚	4.26	4.47	4.97	1.09	1.01	9.30	4.79	0.51
墨西哥	11.09	4.63	3.95	2.43	1.41	12.43	3.66	0.69
菲律宾	3.78	6.57	2.27	0.52	3.85	9.83	3.73	2.12
罗马尼亚	15.29	8.35	8.20	19.36	6.08	9.58	20.57	6.45
俄罗斯	13.31	6.93	8.96	9.26	4.40	7.81	9.66	10.06
南非	12.23	6.41	5.99	3.90	3.35	5.63	6.14	2.75
泰国	2.53	3.12	3.29	0.73	2.16	18.58	2.10	0.28
突尼斯	4.88	1.35	4.90	1.20	0.42	0.70	1.99	0.23
土耳其	3.12	2.80	3.58	4.42	4.41	6.27	5.80	4.02
越南	8.48	5.78	6.32	8.71	1.35	2.11	1.70	1.02
平均	6.21	4.71	4.26	4.58	2.92	9.27	5.86	3.22

附表 D-2 中等收入经济体不同技术密集型制造业对金融媒介和研发及其他商务活动的供给度

单位：%

国家	金融媒介				研发及其他商务活动			
	低技术型	中低技术型	中高技术型	高技术型	低技术型	中低技术型	中高技术型	高技术型
阿根廷	1.52	0.81	0.91	1.80	2.98	1.11	1.53	2.99
巴西	2.84	0.92	0.92	2.42	8.34	2.59	2.29	4.86
保加利亚	1.47	0.61	0.93	2.66	2.80	1.51	2.62	4.20
柬埔寨	0.66	0.25	0.79	1.64	0.25	0.22	0.74	0.93
中国	1.10	0.50	0.69	1.22	4.74	2.85	4.69	10.38
哥伦比亚	1.20	1.10	0.48	3.09	1.77	1.42	0.67	2.94
哥斯达黎加	1.31	0.64	0.63	1.30	3.38	2.07	1.80	1.86
印度	1.67	0.82	0.82	4.02	0.69	0.33	0.48	3.30
印度尼西亚	0.61	0.60	0.44	1.05	0.41	0.47	0.88	0.53
马来西亚	2.02	0.85	1.05	0.42	0.60	0.74	0.65	0.13
墨西哥	2.19	0.33	0.51	1.79	2.63	0.76	0.97	1.41
菲律宾	2.11	3.44	1.15	0.33	3.02	3.46	5.56	0.59
罗马尼亚	1.24	0.51	0.45	2.27	1.13	0.80	1.07	1.33
俄罗斯	1.83	0.74	1.44	1.58	4.06	2.13	2.83	2.63
南非	1.46	0.58	0.54	1.18	6.31	3.46	3.86	3.46
泰国	1.27	0.77	0.58	0.11	2.00	1.39	0.75	0.57
突尼斯	0.49	0.27	0.28	0.20	0.92	0.35	1.37	0.26
土耳其	0.76	0.58	0.52	1.11	1.97	1.08	1.59	3.24
越南	0.89	0.36	0.44	2.45	0.21	0.34	0.31	0.34
平均	1.40	0.77	0.71	1.61	2.54	1.43	1.82	2.42

附录 E　动态面板计量经济模型中的 75 个经济体

附表 E　动态面板计量经济模型中的 39 个高收入经济体和 36 个中低收入经济体

类别	具体国家或地区
高收入经济体（39 个）	澳大利亚、奥地利、比利时、加拿大、塞浦路斯、捷克、丹麦、爱沙尼亚、芬兰、法国、德国、希腊、中国香港、匈牙利、冰岛、爱尔兰、意大利、日本、韩国、拉脱维亚、立陶宛、卢森堡、马耳他、荷兰、新西兰、挪威、波兰、葡萄牙、卡塔尔、新加坡、斯洛伐克、斯洛文尼亚、西班牙、瑞典、瑞士、特立尼达和多巴哥、英国、美国、乌拉圭
中低收入经济体（36 个）	阿尔巴尼亚、阿塞拜疆、巴西、保加利亚、中国、哥伦比亚、厄瓜多尔、埃及、埃塞俄比亚、斐济、格鲁吉亚、印度、印度尼西亚、伊朗、约旦、吉尔吉斯斯坦、马其顿、马达加斯加、马来西亚、毛里求斯、墨西哥、摩尔多瓦、蒙古国、摩洛哥、纳米比亚、秘鲁、菲律宾、罗马尼亚、俄罗斯、塞尔维亚、南非、斯里兰卡、坦桑尼亚、突尼斯、土耳其、越南

后 记

光阴荏苒，日月如梭，博士毕业已两年有余。回顾博士期间的点点滴滴，有遇到困难时不知所措的迷茫，有本书写作中的辛酸与快乐，也有受人帮助时的无言感激，心中感慨万千。多年的学习生活让我学到了很多，在此，感谢老师给我的指导，感谢同学给我的帮助，感谢家人给我的关怀。

首先，要特别感谢我的博士生导师张其仔研究员。张老师知识渊博、治学严谨、学术思想丰富，对前沿问题具有敏锐的洞察力，而且为人性格谦和，关心学生，具有很强的责任心。博士入学之初，张老师就向我推荐了产业经济学专业的经典书籍，鼓励我学习一些十分重要的经济学研究工具和方法，还带领我参加一些课题调研活动，为后来的专著写作打下了一定的基础。博士三年的学习生活中，张老师给了我极大的支持和帮助，使我在困难和挫折中不断进步。在小论文的写作中，每当遇到瓶颈而停滞不前时，总能从张老师那里得到有价值的观点和启发。博士毕业论文写作是一项巨大的工程，从选题、前沿综述、开题到写作定稿，张老师自始至终给予了悉心的指导，为论文的写作提出了大量中肯的、宝贵的意见，使得论文在一次又一次的修改中不断完善，最终得以顺利完成，而这正是本书的重要素材来源。

其次，感谢工经所的黄群慧、史丹、黄速建、李海舰、吕政、吕铁、陈耀、张世贤、刘戒骄、杜莹芬、曹建海等老师在前沿综述和开题报告中从论文的结构、思路上提出的中肯建议。感谢李钢、白玫、原磊、张航燕、石碧华、郭朝先等老师在课题报告的写作中给予的指导和帮助。还有蒙娃老师和王楠老师，谢谢两位老师为我的辛勤付出。

再次，感谢我的舍友陈魁。我们共同创造了一个像家一样温暖的宿舍，谢谢你的陪伴以及生活中给我的种种帮助。感谢跟我一届的于鑫姐，谢谢你在我遇到困难、不知所措时给我的指导，在我心情不好、情绪低落时倾听我诉说，给了我极大的心灵安慰。感谢我的师弟王罗汉和师妹张建英，以及我们同届的张丽丽、薛晓光、汪彬、朱凤梅、石先进、包龙飞、李鸿磊、李亚光、闫俊花、邱永辉、李玮、金殿臣、杨国丽等同学，正是他们的陪伴使我的学习生活充满了乐趣，他们给予了我太多的关心和帮助，我将会永远珍藏和他们一起学习、一起成长的美好时光。

最后，感谢我的父母和哥哥嫂子、姐姐姐夫，谢谢他们给我创造良好的生活条件，让我能够静心学习。正是他们的奉献和支持，推动我不断前进。博士三年，由于学习紧张，每次都是匆匆回家、匆匆离开，陪伴他们的时间实在太少。感觉特别愧对我的爸爸妈妈，特别是爸爸身体还不好。谢谢姐姐姐夫陪在他们身边，谢谢哥哥嫂子经常回家看望父母，谢谢我的小侄子、侄女和小外甥女，带给他们家庭的幸福和快乐，让我能够不必时时牵挂。

本著作的完成，既为博士阶段的学术科研画上了一个完美的句号，也即将开启我新的学术生涯。未来，我将带着在小院积累的精神财富，继续秉承“笃学慎思、明辨尚行”的社科校训，怀着一颗求知和感恩的心，踏上新的人生征程，用努力来回报所有爱我和帮助我的人。